1990年、『ツイン・ピークス』のキャストと。ABCテレビのナンバーツーからABCエンターテイメントの社長になった直後。短期間に大量のことを学んだ。
*The Walt Disney Company*

1995年、キャピタル・シティーズ/ABCのCEO、トム・マーフィーと。ディズニーに買収された日。 *The Walt Disney Company*

1995年8月、後に上司となるディズニーCEOのマイケル・アイズナーと。　*The Walt Disney Company*

1996年、ABCスポーツで若造の私のメンターだったルーン・アーリッジと。私に「イノベーションか、死か」と教えてくれたのはルーンだった。　*The Walt Disney Company*

2005年、クパチーノのアップル本社にて同社 CEO のスティーブ・ジョブズと登壇。新しいビデオ iPod で ABC の番組を配信することを発表。両社の関係にとって大きな突破口になった。
*Justin Sullivan/Getty Images*

2012年10月、ジョージ・ルーカスと。ルーカスフィルムと『スター・ウォーズ』の買収契約に署名するところ。　*The Walt Disney Company*

2013年、東京で。幼馴染みのミッキーと。
*Bob Iger personal collection*

2014年のアカデミー賞授賞式で妻のウィローと（ヨーダのドレス！）。
*The Walt Disney Company*

2015年のアカデミー賞のレッドカーペットで妻のウィローと（今回はヨーダのドレスではない）。
*The Walt Disney Company*

2016年、ウォルト・ディズニーその人と。彼がすべてのはじまり。
*The Walt Disney Company*

上海ディズニーランドのオープニングを控えてスピーチの準備をしているところ。オーランドのディズニーワールドで起きたワニ事件の悲劇を知らされた直後。 *Bob Iger personal collection*

上海ディズニーランドのディズニー城にて。開園直前。
*The Walt Disney Company*

2016年、上海ディズニーランドのビビディ・バビディ・ブティックの舞台裏でキャストやクルーと。 *The Walt Disney Company*

上海ディズニーランドの公式テープカットセレモニー。中国共産党国務院副総理の汪洋、上海市党委員会書記の韓正と。
*The Walt Disney Company*

2018年、ロスでの『ブラックパンサー』のプレミアにて、
主演のチャドウィック・ボーズマンと。
*The Walt Disney Company*

ハヤカワ文庫NF

〈NF600〉

# ディズニーＣＥＯが大切にしている10のこと

ロバート・アイガー

関　美和訳

早川書房

8938

THE RIDE OF A LIFETIME

*Lessons Learned from 15 Years as CEO of the Walt Disney Company*

by

Robert Iger



Translated by
Miwa Seki
Published 2023 in Japan by
HAYAKAWA PUBLISHING, INC.
This book is published in Japan by
arrangement with
ICM PARTNERS
acting in association with CURTIS BROWN LIMITED
through THE ENGLISH AGENCY (JAPAN) LTD.

ウィローへ
君なしでは、この旅はあり得なかった

ケイト、アマンダ、マックス、そしてウィルへ
みんなの愛と理解に、そしてみんなが与えてくれたすべての喜びに、ありがとう

現在および過去のディズニーのキャストと社員の皆さんに
皆さんを誇りに思い、心の底から感謝しています

# 目次

## 第2部　導く　LEADING

# ディズニーCEOが大切にしている10のこと

# プロローグ

二〇一六年六月、私は中国を訪れていた。この一八年間で四〇回目、過去半年で一一回目の訪問だ。今回はいよいよ、上海ディズニーランドの開園に備えた最終確認の旅になる。この時、私はウォルト・ディズニー・カンパニーの最高経営責任者（CEO）として一一年目を迎え、上海ディズニーランドの開園を花道に引退するつもりだった。ディズニーの経営はスリルと興奮の連続で、上海ディズニーランドの開園は私のキャリアの集大成になるはずだった。ちょうどいい潮時《しおどき》だと感じていたが、人生というものは思い通りにいかないものだ。思いがけない時にまさかということが起きる。私がいまだにディズニーを経営していることが、そのいい証拠だろう。その週に上海で起きたこともまた、もっと深い意味でまさかの出来事だった。

上海ディズニーランドの開園予定日は六月一六日の木曜日。その週の月曜には、第一陣の賓客《ひんきゃく》が到着する予定になっていた。ディズニーの取締役と経営陣、その家族、提携企業、投資家、証券会社のアナリストといった面々がやってくる。各国のマスコミはすでに大挙してつめかけていたし、さらに多くのメディアがくるはずだ。私はその時点ですでに上海に二週間滞在していて、気力だけで走っている状態だった。一九九八年に候補地探しのためにはじめて中国を訪問して以来、上海ディズニーランドのプロジェクトに最初から関わってきた人間は、私しかいなかった。そして、いよいよその成果を世界にお披露目《ひろめ》する日がすぐそこまできていた。

ウォルト・ディズニーがカリフォルニア州アナハイムにディズニーランドを建設してから六一年。これまでにディズニーランドを開園した都市は他に、フロリダ州オーランド、パリ、東京、香港の四か所だ。面積の広さではオーランドのディズニーワールドが今も最大だが、上海は違う意味で別格だった。ディズニー史上最大級の投資額が、このプロジェクトに注ぎ込まれていた。数字だけでは全貌は表せないが、その壮大さを多少は伝えられるかもしれない。建設費用は総額六〇億ドル。面積は九六三エーカー（約三・九平方キロメートル）で、アナハイムの一一倍の広さになる。建設過程でこの敷地内に寝泊まりしていた作業員はおよそ一万四〇〇〇名にのぼった。中国の六都市でキャストを募集し、舞台とストリートショーに出演する一〇〇〇人の歌手、ダンサー、俳優を集めた。完成までの一八年間に、私が会った国家主席は三人、上海市長は五人、共産党幹部の数は多すぎて覚えていない（そのうちのひとりは汚職で逮捕され、プロジェクトの交渉中に中国北部に姿を消した。そのせいで、プロジェクトが二年ほど頓挫《とんざ》してしまった）。

土地の確保、提携企業への利益分配、経営権について果てしない交渉を繰り返し、中国人労働者の安全確保と職場環境の整備といった深刻な問題から、開園日のテープカットといった些細《ささい》な問題まで細かく考えてきた。上海ディズニーランドを完成させるまでの道のりはまさに、地政学を身をもって学ぶことであり、文化的な侵略と見られないようにグローバルな事業拡大の可能性を慎重に探ってゆく作業でもあった。私はプロジェクトに関わるメンバー全員に、「本物のディズニーに忠実に、かつ中国ならではの」体験を作り出すよう、口を酸《す》っぱくして言っていた。それが、不可能なほど難しい挑戦であることは、よくわかっていた。

上海にいた私とチームのもとに、オーランドで起きた銃乱射事件のニュースが飛び込んできたのは、六月一二日、日曜の夕方だった。銃撃事件の現場となったクラブは、ディズニーワールドからわずか二五キロ弱の場所にあるパルスというナイトクラブだった。オーランドのディズニーワールドで働く従業員は七万人を超える。その晩銃撃された被害者の中に従業員がいないかどうかの確認を、私たちはハラハラしながら待っていた。保安部門の責任者のロン・アイデンは私たちと一緒に上海に前乗りしていたが、すぐにアメリカの関係者たちに連絡を取りはじめた。私たちが第一報を受けたとき、オーランドはまだ夜明け前だった。上海とは一三時間の時差がある。こちらの翌朝にはもっと詳しい情報がわかるはずだとロンが請け合ってくれた。

翌朝、私は朝イチで投資家との朝食会に出席し、プレゼンテーションを行なう予定になっていた。それからアメリカの朝の人気番組『グッド・モーニング・アメリカ』の司会者であるロビン・ロバーツとの長時間インタビューを収録することが決まっていた。インタビューの中で上海ディズニーランドをロビンに案内し、ロビンや番組クルーとアトラクションに乗る予定だった。その後、開園セレモニーの段取りを中国の要人たちと打ち合わせ、夜は取締役や経営陣と夕食を取り、そのあとで開園セレモニーの夜に開かれるコンサートのリハーサルを行なうことになっていた。その日あちこちに移動する私のもとに、ロンがちょくちょくやってきては最新の状況を説明してくれた。

銃乱射事件の死亡者は五〇人に達し、負傷者も同じくらいの人数にのぼっていることがわかった。犯人の名前はオマル・マティーンだということも知らされた。ロンの指揮下にある保安チームがデータベースを当たってみたところ、数か月前にマティーンがオーランドのマジック・キングダムを訪れていたことがわかった。さらに、銃撃の直前の週末には、ディズニー・スプリングスにあるハウス・オブ・ブルース近くの入り口の外側をウロウロしている犯人の姿が、監視カメラの映像に収められていた。

私のキャリアの中でもとりわけ背筋の寒くなるようなことがわかったのは、しばらくあとになってからだった。事件から二年後、殺人の共犯として裁かれていたマティーンの妻の裁判の中で（のちに妻は無罪になった）、犯人の当初のターゲットがディズニーワールドだったことが明らかにされた。FBI捜査官がロンにそのことを教えてくれたのだ。犯行現場で犯人の携帯電話が見つかり、電波塔の位置からその晩の犯人の足取りが判明した。FBIが足取りをたどったところ、監視カメラの映像から、犯人がハウス・オブ・ブルースの入り口付近をうろついていたことがわかった。その晩、ハウス・オブ・ブルースではヘビメタバンドのコンサートが行なわれていたため、いつもより五人も多く警官が出動し、拳銃装備で警備にあたっていた。犯人は周囲を五分ほどうろついたあと、車に戻る姿が監視カメラに収められていた。

監視カメラの映像から、マティーンがセミオートマチックのライフルと、セミオートマチックの拳銃をベビーカーの中に隠し、その上から買ったばかりの毛布をかけていたこともわかった。毛布で武器を隠し、ベビーカーを押して入り口を通り抜けるつもりだったらしいと、捜査官は言っていた。

ディズニーのパーク&リゾート部門を統括するボブ・チャペックも私と一緒に上海に前乗りしていたため、ロンが新しい情報を知らせてくれるたび、ボブと私は対応を話し合った。被害者の中に従業員がいたかどうかも心配だったが、ディズニーがターゲットになっていたことがマスコミに漏れる心配も出てきた。犯人が当初ディズニーを狙っていたことは大きなニュースになるはずだし、ディズニーファンや地域住民も動揺するに違いない。そんな緊迫した状況の中では、信頼できる仕事仲間だけとしか、極秘の情報を話し合えない。CEOとして緊急事態に直面するたび、人として尊敬できる優秀で冷静な仲間が周りにいてくれることが、何よりもありがたかった。ボブがまず最初にやったのは、ディズニーワールドの統括責任者であるジョージ・カログリディスを上海からオーランドに戻らせ、現場の人たちへの支援を強化することだった。

犯人の携帯電話の履歴から、車に戻ったあとに犯人がオーランドのナイトクラブを検索していたことがわかった。検索で最初にあがった店まで運転して行くと、入り口前が工事中で、渋滞が起きていた。二番目にあがったのがパルスで、ここが乱射事件の現場になった。犯行の詳細が明らかになるにつれ、恐怖と被害者を悼む気持ちが高まると同時に、犯人が私たちの厳重な警備に阻まれて「自分たちが難を逃れた」ことに申し訳なくもほっとしていた。

私はよく、「仕事上で、夜も眠れなくなってしまうほどの心配事は何ですか」と聞かれる。実のところ、仕事で眠れないほど悩むことはあまりない。もともと脳のつくりがそうなっているのか、幼い頃に家庭内の混乱から自分を守るために防衛本能が発達したからなのか、長年の仕事で自制心を身につけたからなのか、そのすべての組み合わせなのかわからないが、物事がうまくいかなくてもそれほど不安を感じない性格なのだ。悪い知らせを受けても、問題解決の落とし所を探すチャンスだと考えるし、災難は力を発揮できる機会だと思うタイプだ。とはいえ、ディズニーという象徴的な企業が犯罪のターゲットになりやすいことは充分に自覚していたし、私たちがどれほど警戒を高めても、すべてに備えることができないことも、重い事実として心にのしかかっていた。

予想もしないことが起きると、人は本能的に危機の深刻さを順位づけしはじめる。そんな時には、自分の中にある「危険度センサー」に頼るしかない。深刻な危機が目の前に迫っている場合には、今やっていることをすべて中断しなければならないこともある。しかし、今すぐに対応すべき深刻な危機であっても、「ここで自分は距離を置いて一旦別のことに集中し、あとで戻ってきた方がいい」と自分に言い聞かせる場合もある。たとえ自分が「最終的な責任者」でも、その場で自分にできることがない時には、手を出さない場合もある。仲間が正しく対処してくれると信じ、自分は目の前のやるべきことに集中した方がいい。

オーランドから遠く離れた地球の裏側の上海で、私が自分に言い聞かせていたのも、まさにこれだった。上海ディズニーランドの開園は、一九七一年にディズニーワールドが開園して以来最も重要な出来事だった。約一〇〇年のディズニーの歴史の中で、これほどの巨額を投資し、成功するにしろ失敗するにしろ、ここまで大きな可能性を秘めたプロジェクトはなかった。私はオーランドのチームと危機対応の手順を信頼し、乱射事件を無理やり頭から締め出して、開園セレモニーの最後の詰めに気持ちを向けた。

ディズニーには事故や災害が起きた時のために、従業員を追跡する仕組みがある。飛行機事故や台風や山火事があると、誰が行方不明か、誰が避難しているか、誰が友人や家族やペットを亡くしたか、誰の家屋が被害を受けたかが報告される。ディズニーは世界中に二〇万人を超える社員がいるため、何らかの大災害が起きた場合にディズニーの社員が巻き込まれている可能性は少なくない。二〇一五年にパリで同時多発テロが起きた時には、私たちが一緒に仕事をしている広告代理店の社員が殺されたという報告が、数時間で届いた。二〇一七年の秋にラスベガスで銃乱射事件が起きた時は、六〇人を超えるディズニー社員がその屋外コンサートの現場にいたという報告をただちに受け取った。現場にいた社員のうち五〇人は、殺されたり怪我をした被害者の知り合いだった。実際に撃たれた社員も三人いた。そして、死亡者の中に、ディズニーランドで働いていた社員がひとりいた。

上海の火曜の朝までには、フロリダの銃乱射事件で死亡した被害者のうちの二人がディズニーのパート社員だったことがわかった。また、この事件で友達や親戚を亡くした社員も何人かいた。私たちは心的外傷専門のカウンセラーを配置して、事件で影響を受けた社員に連絡を取り、カウンセリングを提供した。

上海ディズニーランドの開園に至るまでの数日間、私のスケジュールは分刻みで詰まっていた。パーク内を案内し、インタビューに答え、開園セレモニーの最終調整のためのリハーサルに参加し、株主や取引先や取締役との昼食会と夕食会とミーティングを主催し、中国高官に表敬訪問し、上海市児童病院に病棟を寄付し、開園セレモニーで話す予定の中国語を交えた短いスピーチを練習することになっていた。メイクや着替え、軽食の時間まで決められていた。水曜の朝には、一〇〇人ほどのVIPを招いて、ディズニーランドを案内することになっていた。大物プロデューサーのジェリー・ブラッカイマーとジョージ・ルーカスもその中にいた。私の直属の部下の何人かとその家族もそこにいた。妻のウィローと子供たちもいた。全員がヘッドホンをつけて、私の案内と解説を聞いていた。

ボブ・チャペックが近づいてきて、私を脇に寄せた瞬間のことは、今もありありと覚えている。それはアドベンチャー・アイランドとパイレート・コーブの間を歩いている時だった。例の銃乱射事件の続報だろうと思い、ボブの方に身体を傾けた。「オーランドでワニが出ました」ボブが囁《ささや》いた。「子供がワニに襲われました。小さな男の子です」

私の周りには大勢の人がいた。ボブがその時点でわかったことを教えてくれているあいだに、心の中で大きくなっていく恐怖を私は押し隠した。子供が襲われたのは、グランド・フロリディアン・ホテル・リゾートで、夜の八時半頃だった。こちらはいま朝の一〇時半。ということは、一時間前だ。「子供の安否はまだわかりません」ボブは言った。

私はともかく子供の無事を祈った。そして記憶をたどりはじめた。こんな事件が以前にあっただろうか？　フロリダのディズニーリゾートが開園してから四五年が経つが、私の知る限りゲストが襲われたことはなかった。リゾートの敷地内を頭に思い浮かべてみる。ボブによると、子供が襲われたのはビーチらしい。グランド・フロリディアンには私も何度も泊まっていたし、あそこのビーチならよく知っている。あそこには人工湖があるが、誰かが泳いでいるのは見たことがない。いや待てよ、見たことがあった。子供が手放した風船を取り戻すために湖の中へと泳いでいく男性の姿が脳裏に浮かんだ。五年ほど前のことだったろうか。風船を手にして岸に泳いで戻るその男性の写真を撮ったことを思い出した。子供のためなら親は何でもするものだな、とつい笑顔になったのだ。

私はＶＩＰの案内を終えて、さらなる情報を待っていた。どの情報を私に上げて、どの情報に私以外の誰かが対処するかについては、社内の決まりがある。普段なら、情報が正確であるとの裏付けが取れてから、私に情報が上がってくる（悪い知らせは私になかなか伝わらない、と部下にたまに嫌味を言うこともあったほどだ）。今回はいち早く知らせを受けたが、もっと詳しい情報が一刻も早く知りたくて、気が気でなかった。

ジョージ・カログリディスは、ナイトクラブでの銃乱射事件への対応のために帰国の途についていたが、子供がワニに襲われたのはちょうどジョージがオーランドに到着した頃だった。ジョージはすぐさまワニ事件への対応をはじめ、わかったことから次々に情報を送ってくれた。その時点でまだ、少年は行方不明だった。救助チームは捜索を続けていた。少年の名前はレーン・グレイブス。二歳の男の子だ。グレイブス一家はグランド・フロリディアンに宿泊中で、ビーチで上映される映画を見に水辺に降りていった。だが、雷のせいで上映が中止になったため、グレイブス一家もほかの家族もそのままビーチで子供を遊ばせていたらしい。レーン君は、バケツを手に持って、水際に近づいた。あたりは薄暗くなっていて、ワニがすぐそばの浅瀬でエサを待ち構えて水面から頭を出していた。そのワニが少年を捕らえ、水中に引きずり込んだ。グレイブス一家はネブラスカからディズニーワールドに遊びに来ていた。今は危機対応チームが家族に付き添っていた。チームのメンバーの何人かは私も知っていた。彼らが優秀であることはわかっていたし、グレイブス一家に付き添っていると知って安心したが、今回の事件は彼らにとってまたとない試練になるはずだった。

その夜、上海では開園コンサートが開かれることになっていた。五〇〇人のオーケストラに合わせて世界的に有名なピアニストの郎朗《ラン・ラン》が演奏し、中国で最も人気のある作曲家や歌手や音楽家が出演する。コンサートの前には、中国の要人と来賓のために夕食会を主催する予定だった。私は必死に目の前の仕事に集中しようとしたが、心はいつのまにかオーランドのグレイブス一家に戻っていた。世界中の数あるリゾートの中から彼らはわざわざディズニーワールドに遊びに来てくれたのに、そこで子供を失うという最悪の事態に見舞われてしまったのだと考えると、すべてが色あせて見えた。

六月一六日、木曜日。いよいよ開園日がやってきた。私は朝四時に目を覚まし、体を動かして頭をすっきりさせたあと、ラウンジで休憩していると、広報担当役員のゼニア・ムーカがやってきた。ゼニアとはもうかれこれ一〇年以上も一緒に働いている。いい時も悪い時も、彼女はいつも私に寄り添ってくれていた。ゼニアはタフな女性で、私が間違っていると思ったら面と向かって率直にそう指摘してくれるし、会社のことをいつも第一に思ってくれていた。

その時点で、ワニが子供を襲ったことは広く報道されていたが、私は自ら会社としてのコメントを出したかった。ほかの企業で危機が起きると「広報担当者」が公式声明を発表するのを見てきたが、そんなやり方が、私にはどこか卑怯《ひきょう》で冷たく感じられた。それが過失から経営者を守るための企業の仕組みであることはわかっていたが、私はいやだった。私自身が直接に声明を出したいとゼニアに言うと、ゼニアもそれが正しいとすぐに同意してくれた。

こんな悲惨な出来事を前にすると、どんな言葉も意味をなさなくなる。それでも、私はラウンジに腰を下ろして思ったことをできるだけ正直にゼニアに語った。自分も父親であり祖父であること、想像を絶するご家族の悲しみをひとりの親として少しでも理解しようとしていることを話した。ゼニアに想いを語った一五分後に、私の声明が発表された。私は部屋に戻り、開園セレモニーの準備をはじめた。妻のウィローはもう起きて外に出ていたが、息子たちはまだ眠っていた。やるべきことが手につかず、数分後にもう一度ゼニアに電話をかけた。そして、「ご家族と話したい」とゼニアに告げた。

法律顧問のアラン・ブレイバーマンもゼニアも、反対するはずだと思っていた。今回の出来事は複雑な法律問題に発展する可能性があったし、弁護士の立場からすると、企業責任を少しでも認めるような発言は控えてほしいはずだ。しかし、今度ばかりは二人とも、家族と話さずにいられない私の気持ちがわかっていたし、どちらも反対しなかった。「では、電話番号をお知らせします」とゼニアは言い、グレイブス夫妻の友人で事件後すぐに駆けつけて夫妻に寄り添っていたジェイ・ファーガソンの電話番号を、数分後には突き止めてくれた。

私はベッドの端に腰掛け、電話をかけた。何を話したらいいかわからなかったけれど、ジェイが電話に出ると、私は自分が何者かを名乗り、今上海にいることを伝えた。「ご夫妻が私と話したいかどうかわかりませんが、もし電話に出てくださるなら私からお悔やみを伝えたいと思ってお電話しました。もし私と話す気になれないのでしたら、あなたからご家族に私の哀悼の気持ちを伝えていただければありがたいです」

「少しお待ちいただけますか？」とジェイが言う。電話の向こうで話し声が聞こえたと思ったら、突然父親のマットが電話口に出た。私はとにかく話しはじめた。声明の中でも言いましたが、自分にも子供と孫がいますし、親御さんの苦しみは計り知れませんと繰り返した。この会社のトップとして、ご家族がこの苦しみを乗り越えるためにできることは何でもするつもりだということを、直接お伝えしたかったのだと伝えた。マットに私の直通番号を教えて、もし何か必要ならいつでも電話してほしいし、今私にできることがあれば何でも教えてほしいと言った。

「息子の死を無駄にしないと約束してください」マットはそう言った。その声にはすすり泣きが混じっていて、電話の後ろで妻のメリッサの泣き声も聞こえた。「二度とほかの子供にこんなことが起きないようにすると約束してください」

私は約束した。弁護士の立場からすれば、私が慎重に言葉を選ぶべきなのはわかっていたし、少しでも過失を認めるような言葉は慎《つつし》むべきなのもわかっていた。企業の枠組みの中で長く働いていると、法的に間違いのないお役所的な対応が染み付いてしまうものだが、その時の私は会社としての対応など頭になかった。ジェイに何か必要なものがあったらとにかく電話してほしいと念を押して電話を切ったものの、ベッドの端っこに座ったまま震えが収まらなかった。涙が止まらず、両目からコンタクトレンズが外れてしまい、コンタクトを手探りで探していた時に妻のウィローが部屋に入ってきた。

「今ちょうどご両親と話したよ」自分の気持ちをどう説明していいかわからなかった。妻は私に近寄って、両腕で私を包んでくれた。「私にできることはない？」と妻が訊ねる。

「とにかくやり続けるしかない」そう口に出してみたものの、何をする気力も残っていなかった。この二週間というもの気力だけで突っ走ってきた。私にとって最大のプロジェクトが完成し、それを世界にお披露目できることをわくわくしながら待ち望んでいた気持ちがしぼんでいった。三〇分後には、中国の副総理、アメリカの駐中国大使、中国の駐米大使、上海市の共産党書記、上海市長に上海ディズニーランドを案内する予定になっている。それなのに、動ける気がしなかった。

それからやっとのことでチームに連絡を取り、ホテルのラウンジで待ち合わせることにした。マットとの会話を再現するとまた泣いてしまいそうだったので、私がマットに約束したことを短くボブ・チャペックに伝えた。「任せてください」とボブは言い、その場でオーランドのチームに指令を出した（オーランドのチームは見事な仕事をしてくれた。リゾート内には数百という入り江と水路があり数千匹のワニがいる。それから二四時間以内に、ロープとフェンスが張り巡らされ、マンハッタンの二倍もある敷地中にワニ注意の看板が設置された）。

私は要人を案内する仕事に向かった。みんなでアトラクションに乗り、写真を撮った。笑顔を見せて予定された役割をこなすのは至難の業《わざ》だった。心のうちを外に見せないよう、必死に努めた。要人の案内が終わったら、集まってくれた大勢のゲストとテレビを見ている数百万を超える中国の人たちの前でテープカットを行ない、上海ディズニーランドを正式に世界に公開する予定になっていた。中国本土へのディズニーの進出は一大イベントだった。世界中から報道機関がつめかけていた。習近平主席とオバマ大統領から祝賀メッセージが届き、開園セレモニーで読み上げることになっていた。この行事の重みはいやというほどわかっていたけれど、電話越しに聞いたマットの声の痛々しさがいつまでも頭から離れなかった。

私が中国副総理から離れて歩き出すと、提携企業である上海シェンディ・グループの社長が追いかけてきて私の腕を摑んだ。「オーランドの事件に触れるなんてことはないですよね」と社長が言う。「今日は晴れの日ですからね。いいですか、晴れの日ですよ」祝賀ムードを壊すようなことは絶対に口にしませんよ、と私は社長に約束した。

それから三〇分もしないうちに、私はディズニー城の長椅子にひとり座って、演出家の合図を待っていた。合図が出たら舞台に出てスピーチをすることになっている。北京語の挨拶を暗記したはずなのに、その言葉が思い出せなかった。確かに、今日は晴れの日だ。この日を迎えられるよう、気が遠くなるほど長いあいだ必死に働いてきた人たちの努力に報いるために、そして、私や数多くのアメリカの子供たちと同じようにここに来ることを夢見る中国の人たちのために、私は目の前の仕事に集中しなければならなかった。その日は晴れの日だった。それはまた、私のキャリアの中で一番悲しい日になった。

私は同じ会社で四五年も働いてきた。最初の二二年は全米ネットワークテレビ局のＡＢ

Cで働き、一九九五年にディズニーがABCを買収してからの二三年はディズニーで過ごしてきた。そしてこの一四年間は、CEOという人もうらやむ仕事についている。ウォルトが一九二三年にディズニー社を創立して以来、CEOは私を含めて六人しかいない。

これまでには難しいことも、悲劇的な出来事もあった。だが私にとってディズニーの経営は、誰かの言葉を借りれば「世界一幸せな仕事」だ。私たちは映画、テレビ番組、ブロードウェイ・ミュージカル、ゲーム、衣装、おもちゃ、そして書籍も作っている。またテーマパークやアトラクション、ホテル、クルーズ船も建設し、運営している。世界中の一四のパークでは毎晩、パレードやショーやコンサートを行なっている。私たちの仕事は楽しい体験を作り出すことだ。これほど長いことディズニーで働いていてもいまだに、「これは夢だろうか？　どうしてこんな幸運に恵まれたんだろう？」と思うことがある。ディズニーランドではその昔、チケットの種類と値段がアトラクションの人気順にAからEまで分かれていて、一番人気のアトラクションに乗れるチケットはEチケットと呼ばれていた。ディズニーでの私の仕事はまさに、Eチケットだった。ウォルト・ディズニー・カンパニーという巨大な人気アトラクションに一四年間乗り続けているような気がする。

とはいえ、ディズニーも営利企業であり、四半期業績を問われ、株主の期待に応じることを求められる。また、世界中のほとんどすべての国でビジネスを展開していることに伴う、さまざまな責任や義務からも逃れられない。これという大事件がない時でも、常に時代に適応し、姿を変えていく力が、ディズニーの経営には必要になる。CEOの仕事は幅広く、投資家に成長戦略を描いてみせ、テーマパークの巨大な新アトラクションのデザインをイマジニアのクリエイターと共に考え、編集段階の映画について意見を伝え、保安警備や企業統治の体制について議論し、チケット価格や社員の給与体系についても話し合わなければならない。毎日が変化と挑戦の連続で、次々と気持ちを切り替えなければ仕事はこなせない。たとえば、現代のディズニープリンセスにどんな特徴が求められるか、それをどのように表したらいいのかについて語ったあと、そのことは頭から追い払って次の議論に集中し、今後八年間のマーベル映画の候補作を話し合わなければならない。しかも、そんな風にスケジュール通りに物事が進む方が珍しい。最初に語った上海での一週間がいい例だが、思いもよらない危機や失敗に見舞われることがほとんどだ。ワニによる襲撃ほどの悲劇的な事件はあまりないにしろ、いつも何かしらの事件や事故がどこかで起きている。

もちろん、これはディズニー社に限ったことではなく、どんな企業や組織でも同じことだろう。何かが起きない日の方が珍しい。この本は、ごく簡単に言えば、私流のリーダーシップの原則を書いたものだ。人や組織のいい面を育て、悪い面を抑えるような一連の原則をここに書きとめた。

私は長いこと、本の執筆には乗り気になれなかった。つい最近まで私なりの「リーダーシップの法則」なり、経営に対する考え方なりについて、人前で話すのを避けてきた。それは、自分が偉そうに語れるほどのことをまだ充分にできていないと感じていたからだ。だが、四五年間仕事をしてきて、特にこの一四年を振り返った時、私の経験を語ることで、幅広い層の人たちの役に立つかもしれないと思いはじめた。

事業を経営する人、チームを運営する人、誰かと協力して共通の目的を追求する人にとって、この本が助けになればと思っている。私はメディアとエンターテイメント業界でしか働いたことはないが、私の経験には普遍的な教訓があると感じている。たとえば、リスクを恐れず、創造性を育《はぐく》むこと。信頼の文化を築くこと。好奇心を燃やし続け、周囲の人に感動を与えること。変化を否定せず、喜んで受け入れること。経営については、何よりも誠実に正直に取り組むこと。向き合いたくないことにも正面から向き合うこと。そう言うと抽象的に聞こえるかもしれないが、長いキャリアの中で私が実際に経験した逸話や事例を読めば、これらの教訓がより具体的で身近に感じられるだろう。大企業の経営者を目指す人だけでなく、仕事や私生活で少し大胆になりたい人やもっと自信を持ちたい人にも、本書は役に立つはずだ。

この本には、私の経験がほぼ時系列で描かれている。ABCで働きはじめた日から、私は一四人の上司のもとで二〇の仕事を経験した。組織の最底辺で昼メロの雑用係もやったし、ネットワーク局の経営者として時代の先端を行くような番組も生み出した（業界の歴史に残るような大コケもした）。働いていた会社が二度も買収される憂《う》き目にあったものの、経営者として何度か企業を買収する立場にも立った。ピクサー、マーベル、ルーカスフィルム、そして直近では二一世紀フォックスが私たちの傘下に入った。私はスティーブ・ジョブズと共にエンターテイメントの未来について構想を練り、ジョージ・ルーカスが築いたスター・ウォーズの神話を語り継ぐ役目を負うことになった。メディアを創造し、伝え、楽しむ方法がテクノロジーによってどのように変わっていくのか、また今どきのファンに感動を与えながらも一〇〇年近く続いてきたブランドに忠実であり続けるにはどうしたらいいかを、毎日のように考えてきた。そして、ディズニーというブランドと世界中の数十億の人々とをつなぐため、懸命に真剣に働いてきた。

そのすべてが終わりに近づいた今、私が学んだことを振り返ってみると、真のリーダーシップに必要な一〇の原則が浮かび上がってくる。私を助けてくれたこれらの原則が、読者のみなさんの役に立つことを願っている。

## 1. 前向きであること

優れたリーダーに共通する大切な特徴のひとつは、前向きであること、つまり熱意を持って高い目標に取り組むことができるということだ。難しい選択を迫られた時や、理想的な結果が出ない時でも、前向きなリーダーはただ悲観ばかりに囚《とら》われることはない。悲観的なリーダーは人々をやる気にさせることも、チームを活気づけることもできない。

## 2. 勇気を持つこと

勇気がなければリスクは取れない。変化と競争の激しい業界では、リスクテイクは必須であり、イノベーションは欠かせない。そして真のイノベーションは、人々が勇気を持った時にはじめて生み出される。買収にも、投資にも、資本配分にも勇気が必要だし、クリエイティブな判断では特にそうだ。失敗を恐れると、創造性は破壊される。

## 3. 集中すること

最も重要で価値の高い戦略や問題やプロジェクトに、時間と労力とリソースを注ぎ込むことは極めて大切だ。またその優先順位をはっきりと頻繁に周囲に伝えることが欠かせない。

**4. 決断すること**

どれほど難しい決断であっても、必要以上に遅らせてはいけない。リーダーは多様な意見を尊重しながらも、タイムリーに決断を下し実行する必要がある。リーダーが優柔不断だと、仕事が進まず何も生み出せなくなってしまうばかりか、チームのやる気が失われてしまう。

**5. 好奇心を持つこと**

心の奥深くに強い好奇心があると、それが新しい人や場所や考え方との出会いにつながり、市場とその変化に対する気づきと理解をもたらしてくれる。イノベーションのきっかけは好奇心だ。

**6. 公平であること**

強いリーダーは誰とでも公平に丁寧に接する。他者に共感できなければリーダーは務まらない。また、リーダーは近寄りやすい存在であることも大切だ。努力の甲斐なく失敗してしまった部下には挽回《ばんかい》のチャンスを与えるべきだ。リーダーが厳しすぎるとチームに恐れと不安が充満し、風通しが悪くなってイノベーションが止まってしまう。恐れの文化は組織をダメにする。

### 7. 思慮深いこと

優れたリーダーの特徴の中で、あまり評価されないのが思慮深さだ。思慮深さとは、知識を身につけるプロセスである。思慮深いリーダーの意見や判断は信頼できるし、正しいことが多い。つまり、思慮深さとは時間をかけ、情報を集めた上で意見を形成したり判断を下すことにほかならない。

### 8. 自然体であること

ありのままのあなたでいよう。正直でいよう。自分以外の誰かのふりをしてはいけない。敬意と信頼は、嘘のないリーダーによって育まれる。

### 9. 常に最高を追求すること

最高を追求するということは、どんな犠牲を払ってでも完璧を求めるのとは違う。凡庸なものを受け入れず、「ほどほど」で妥協しないということだ。改善の余地があると思ったら、もっといいものにするために力を注ごう。ものを作る仕事であれば、最高の作品を目指そう。

## 10. 誠実であること

組織の中で、人やプロダクトに対して公平であり誠実であることは、何よりも大切だ。大きなことにも小さなことにも倫理的に高い基準を設けられるかどうかが、組織の成功を左右する。言い換えると、小さなことをないがしろにすると、すべてがダメになるということだ。

# 第1部
# LEARNING
# 学　ぶ

# 第1章　下っ端時代

この本は回想録ではない。しかし、自分の子供時代を振り返り、長い人生の中で自分のどんな性格が仕事上の成功に役立ったかを書かずに済ますことはできない。私の中で昔から変わらない性格や習慣は、遺伝と環境の微妙な掛け合わせの結果だと思う（たとえば、物心ついてからずっと私は早起きで、世界が目を覚ます前の自分だけの時間を楽しんでいた）。一方で、大人になってから意識して身につけた習慣や資質もある。父は賢く複雑な人間で、私は誰よりも父から多くの影響を受けていた。だが、多くの人がそうであるように、親への反発から学んだこともあった。

世界をもっと知りたいと私に思わせてくれたのは父だった。我が家の書斎の本棚には所狭しと本が並べられていて、父はそのすべてを読んでいた。私自身は高校生になるまであまり本に興味がなかったが、のちに本の虫になったのは父の影響だ。父は本の定期購読サービスの会員で、そのサービスを通して注文したアメリカ文学の巨匠たちの作品が我が家の本棚には並んでいた。フィッツジェラルドも、ヘミングウェイも、フォークナーも、スタインベックも、読み放題だった。フィッツジェラルドの『夜はやさし』も、ヘミングウェイの『誰がために鐘は鳴る』も、そのほかのたくさんの本も、本棚から抜き出しては貪《むさぼ》り読んでいた。すると父はもっと読むようにと私をせっついた。夕食の食卓で話題になるのは世界の出来事で、私が一〇歳かそこらになる頃には、前庭に配達されるニューヨーク・タイムズを自分で取りに行って、家族が目覚める前に台所で読むのが習慣になっていた。

私たちが住んでいたのは、ロングアイランドの労働者階級の住むオーシャンサイドという小さな町だった。私は長男で、三つ年下の妹がいる。母は温かく愛情深い人で、専業主婦だったが、私が高校に入る頃に地元の中学校の図書館で働きはじめた。父は海軍兵として従軍し、戦争から戻ってからは「売れない」ビッグバンドでトランペットを吹いていたが、音楽では食べていけないと悟ってプロの道を諦めた。ペンシルベニア大学のウォートン校でマーケティングを専攻し、卒業後すぐに食品製造企業のマーケティング部門で働きはじめ、それがきっかけで広告業界に入った。マジソン街の広告マンになり、ビール会社のオールド・ミルウォーキーや、ボウリング用品のブランズウィックを担当していたが、そのうちクビになってしまった。広告代理店を転々としていたが、出世はしなかった。父はしょっちゅう転職を繰り返していたので、私が一〇歳か一一歳になる頃には、幼いながらもなぜだろうと不思議に思いはじめたほどだった。

父は昔から政治活動に熱心で、進歩的な考え方に傾倒していた。マーティン・ルーサー・キング牧師の演説を見るためワシントン大行進に参加すると決めて強行したばかりに、仕事を失ったこともある。上司が休みを許可してくれなかったのに、勝手に仕事を休んで大行進に参加したからだ。あるいは会社を辞めて大行進に参加したのかもしれないが、そうしたことがよくあった。

私はそんな父の頑固な性格と政治活動に誇りを持っていた。父は何が正しくて何が公正かを鋭く嗅ぎ分け、いつも弱者の味方をしていた。だが一方で、気分の揺れを抑えることができず、余計なことを口にして問題を起こしていた。父が躁鬱《そううつ》病の診断を受けていて、電気ショック療法を含むいくつかの治療を試していたことを私が知ったのはあとになってからだ。私は長男だったので、父の不安定な気分の矛先が自分に向いていても、それを受け止める責任を感じていた。怖いとは思わなかったが、父の暗い面には敏感に気づいていたし、父を気の毒に思っていた。毎晩どちらの父が家に帰ってくるかは予測できなかったけれど、私は二階の自室の中で、父が入り口のドアを開けて、階段を上ってくる足音を聞くだけで、明るい父か暗い父かがはっきりとわかるようになっていた。

父は私の部屋の前を通りながら、私が「時間を有効に使っているか」をたまにチェックしていた。つまり、読書や宿題や何らかの形で自分を「向上」させることをしていれば、それは「時間を有効に使っている」ことになった。もちろん、父は私と妹に楽しいこともしてほしいと望んでいたが、私たちが時間を賢く使い、目標に集中して努力することが、父にとってはとても大切だったのだ。私が時間管理に厳しいのは（時間にこだわりすぎると言われることもある）、間違いなく父親譲りだろう。

私は幼い頃から、自分が家族を支える柱にならなければいけないと感じていた。だから家の雑用もこなした。家で何かが壊れると、母はいつも私に修理を頼んだので、小さい頃から何でも自分で修理できるようになった。テクノロジーへの好奇心も、おそらくそれがきっかけだったように思う。私は道具を使うのが好きで、物を分解してはどう動くかを調べて楽しんでいた。

両親は心配性だった。いつも、何か悪いことが起きるのではないかと気にしていた。それが生まれ持った性分なのか、後天的に身につけた不安への対応策なのかはわからないが、私自身は昔から両親とは正反対だった。心配になったことがないとは言わないが、あまり未来を悲観したことはないし、挑戦に怖気《おじけ》づいたり失敗を怖がったりはしなかった。

少し大きくなると、父が自らに失望していることに気づきはじめた。父は満足な人生を送れず、人生に失敗したと思っていた。だからこそ、子供には自分とは違ういい人生を送らせようと、私たちに努力させ成果を残させようとしていた。父は仕事を転々としていたため、小遣いが欲しければ自分で働いて稼がなければならなかった。私は中学二年の時からアルバイトをはじめた。雪かきをしたり、子守りをしたり、ホームセンターの倉庫係をやったりもした。一五歳の夏休みには、地元の学校で用務員の仕事もやった。すべての教室を回って暖房機をひとつ残らず清掃し、全部の机の下にもぐって貼りついたガムを取り除き、きれいにして新学期のはじまりに備えた。数千台もの机の下からガムを剝《は》がす作業をしていれば、根性が鍛えられる。少なくとも、単純作業に耐えられるようにはなる。

イサカ大学に進んだ私は、一年生と二年生のあいだほぼ毎週末、夜は地元のピザハットでピザを焼いていた。高校時代はあまり勉強に熱が入らず、成績はほとんどBばかりでAはあまりなかった。だが、大学ではなぜかスイッチが入った。学べることは何でも学ぼうと、私は必死に努力した。それもおそらく、父に関係があると思う。父のように人生に失敗したと思いながら生きていきたくはなかったのだろう。「成功者」のはっきりとしたイメージはなかったし、金持ちや権力者がどんなものかを具体的に思い浮かべることはできなかったけれど、失望の中で生きたくはないと心に決めていた。どんな人生になるにしろ、不満を抱え込んだり充実感のない生き方を選ぶことはありえないと思っていた。

　若い頃から自分について悩むことはあまりなかったが、父が幸せな人生を送れず、母もそれで結果的に苦しんだことは、私の心残りだ。父にはもっと自分に誇りを持ってほしかった。私も妹も愛情に飢えたことはなかった。住む家と食べ物に困ったことはない。ただし、それ以外の余裕はほとんどなかった。休暇になると近所をドライブしたり、家から数分の海辺に行ったりしていた。人前に出て恥ずかしくない服はあったけれど、余分なものはなく、ズボンが破れても新しいズボンを買うお金ができるまで、数か月もつぎを当てたまま着続けていた。私自身は貧乏だと感じたことはなかったし、周りも私を貧乏だと思ってはいなかったけれど、内実は相当苦しかったことに大人になってから気がついた。

　ずっとあとになって、ディズニーのＣＥＯに就任した私は、ニューヨークで父を昼食に連れ出した。そこで、私と父は精神の病について話し、父が人生をどう思っているかについて語り合うことができた。父と母が私たち兄妹のためにしてくれたことすべてに、両親が私たちに植え付けてくれた倫理観に、そして二人が注いでくれた愛情に、心から感謝していることを私は伝えた。二人は私たちに充分すぎるほどのことをしてくれたのだと父に話した。そして、私が感謝の気持ちを伝えることで父の失望が少しでも和らぐことを願った。私の成功を助けた資質の多くは、父から受け継いだものだということを、父にわかってほしかった。父にそれが伝わったことを願っている。

全米ネットワークテレビ局のABCで働きはじめたのは、一九七四年七月一日だ。スタジオ管理が最初の仕事だった。その前に一年だけ、ニューヨークのイサカにある小さなケーブルテレビ局でお天気キャスターと特集ニュースのレポーターを務めた。その一年間は必死に頑張ったが、まったく人に知られることもなく（パッとした仕事もできず）、一五歳の時から抱いていた夢を諦めた方がいいと悟った。私の夢はネットワークテレビ局のニュースキャスターになることだった。とはいえ、来る日も来る日もイサカの住民に天気予報を伝える仕事から（経営者として）大切なスキルを学んだと私が言うのは、半分冗談だが、半分は本気だ。そのスキルとは悪いニュースを伝える能力だ。一年のうちのおよそ半分、一〇月から四月までの長くどんよりした気候が続くあいだ、お天気キャスターは人気者とは程遠い存在だったのだ。

ABCで職にありつけたのは、伯父のボブの目が悪かったことがそもそものきっかけだ。母の兄で、私の大好きだった伯父のボブが、目の手術のために数日間マンハッタンの病院に入院することになった。たまたま伯父と同室になった男性が、ABCで働いていた。その男性はABCの下っ端管理職だったのに、伯父の前ではなぜか大物のふりをしていた。

病室で電話を受け、まるで局の命運を左右するような決定が自分の肩にかかっているように見せかけ、伯父はまんまとその嘘を信じ込んだ。伯父は退院前に、自分の甥っ子がニューヨークでテレビ制作の仕事を探しているとその男性に話した。その男性は伯父に電話番号を渡して、「電話をくれるよう甥っ子に言ってくれ」と言ったのだった。

私が伯父の話を真に受けて電話をかけると、その男性は驚いて、私が何者かもわからないようだった。伯父の話では、その男性はネットワークテレビの大物重役で、局のトップにも影響を与えられるほどの権力者らしかった。実際には権力者には程遠かったけれど、その男性の名誉のために言っておくと、彼は私が面接にこぎつけられるよう手配してくれた。ただし、面接を受けたのは、その男性が担当していた制作サービス部という小さな部署だ。ほどなくして、私はスタジオ管理者として入社することになった。

スタジオ管理者の給料は週給一五〇ドル。ABCの中では最低の賃金だった。同じ仕事をしていたのは五～六人で、ゲーム番組、昼メロ、トークショー、ニュース番組、特集番組など、ABCのマンハッタンのスタジオで制作される番組のありとあらゆる雑用を私たちがすべて一手に引き受けていた。私も数多くの人気番組を割り当てられた。『オール・マイ・チルドレン』、『ワン・ライフ・トゥ・リブ』、『ライアンズ・ホープ』、『一万ドル・ピラミッド』、『マネー・メイズ』、『ショーダウン』、『ディック・キャベット・シヨー』、ジェラルド・リベラの『グッド・ナイト・アメリカ』、ハリー・リーズナーの『ABCイブニング・ニュース』。

仕事の中身はごく単純だ。どこにでも行き、どんなことでもやる。たとえば、朝四時半にスタジオ入りして「照明さんを入れる」のも私の仕事だった。昼メロのセットは撮影の前夜に作られていて、私は日が昇る何時間も前に照明監督と裏方をスタジオに入れ、監督や俳優がリハーサルに集まるまでに照明を準備しておかなければならなかった。大道具、小道具、電気技師、メイク、衣装、ヘア係などの調整も私の仕事で、全員に現場入りさせて、その日の段取りを確かめていた。私は、そうした番組制作に関わる人たちの労働時間や彼らの苦情を記録し、組合規定への違反がないかをチェックした。ケータリングを手配し、暑い照明の下で撮影がはじめられるようにエアコンの温度を下げておくのも私の仕事だった。華やかな表舞台とは正反対の雑用だったが、テレビ番組の裏も表もすべて知ることができた。業界用語も覚えた。番組制作を支える人たち全員と知り合いにもなった。そして何よりも、長時間にわたる大量の過酷な仕事に耐える力を身につけた。あの時身につけた勤勉さが、私の中から消えることはなかった。

今でも私はほぼ毎朝、四時一五分に起きる。ただし、今は自分のためだ。早起きをして、忙しい仕事の前に、考えたり読んだり運動したりして時間を過ごす。みんながそうできるわけではないが、目の前の仕事以外のことに想いをめぐらせたり、日々の緊急事態への対応に忙殺される前の時間に、プレッシャーの少ない状態で、自由な発想で物事を別の角度から見てみる時間を毎日少しでも持つことは欠かせない。私は毎朝そんなひとりの時間を大切にしている。日中はいやでもメールや電話に気持ちも時間も取られてしまう。そうしたことに邪魔をされずに起きぬけの数時間を使えなければ、今ほどの生産性も創造性も保てなくなるだろう。

当時のテレビ業界は今とはまったく違っていた。今よりいい面もあった。競争は単純で、世界は今ほど細分化されていなかった。世間一般に共通する基本的な事実というものが存在し、その共通認識の周りに多くの人が共感するアメリカ的な物語が存在した。もちろん、今より悪い面もたくさんあった。当時の職場では、今なら許されないような下品な振る舞いや敬意を欠く行為が許されていて、人々はそれに耐えなければならなかった。私はまだしも、女性やマイノリティーはなおさら、毎日のようにいやなことがあったに違いない。白人男性の私でさえ、組織の最下層にいたことで、時折何気ない嫌がらせにあっていた。今ならクビになっているに違いない行為が当たり前の時代だった。

当時のそんな風潮を物語るエピソードがある。『ＡＢＣイブニング・ニュース』は東部標準時間の午後六時にオンエアされていた。放送が終わると、キャスターのハリー・リーズナーとマネジャーのホワイティはすぐにセットを出て、西六七丁目にあるホテル・デ・ザルティストのバーに直行していた（『ABCイブニング・ニュース』はこの古いホテルの宴会場を改装した場所から放送されていた）。ハリーは毎晩、レモンピールと氷入りのダブルエクストラ・ドライマティーニを飲んでいた。

私の仕事のひとつは、プロデューサーがその日の録画を見直すまで待って、遅い時間帯の地域で放送される前に撮り直しや更新が必要な部分があれば、それをハリーとスタジオのクルーに知らせることだった。ある晩、ハリーは二杯目のマティーニを注文しながら、私にスタジオに戻ってプロデューサーに様子を聞いてこいと言った。私はすぐに編集室に行って「ハリーから様子を聞いてこいと言われました」と伝えた。プロデューサーは思い切りバカにした目つきで私を見た。そしてズボンのチャックを下ろしてイチモツを取り出し、こう答えたのだ。「さあ、知らんね。見りゃわかるだろ」あれから四五年も経った今でも、その場面を思い出すと腹が立つ。当時に比べればやっと意識が高まり、職場は公正で平等になり嫌がらせも減ったが、ここまでくるのに時間がかかりすぎた。

一九七四年の秋、私はマジソン・スクエア・ガーデンで開かれるフランク・シナトラ・コンサートの仕事を割り当てられた。ABCはこのコンサートを「ザ・メインイベント」

と銘打って、プライムタイムに生放送する予定にしていた。私はコンサート現場の管理者だった。つまり、マジソン・スクエア・ガーデンで働く大勢の舞台クルーの使いっ走りだ。これはおいしい仕事だったし、個人的にも一大事だった。父は自宅でシナトラのレコードをひっきりなしにかけていた。今この瞬間にも、父が居間に立ち、シナトラの低音ボイスに合わせてトランペットを吹く姿がありありと目に浮かぶ。

自分がシナトラと同じ場所にいて、リハーサルに立ち会い、ちっぽけな仕事でもコンサートの手助けをしていることがあまりに幸運すぎて信じられなかった。運命の瞬間がやってきたのはコンサートがはじまる数時間前だ。プロデューサー補から、マウスウォッシュを買ってきてすぐにシナトラの楽屋に届けるよう命令されたのだ。私は数ブロック先の薬局まで走って行き、そこにある一番大きなリステリンを買った。その間ずっと、シナトラの喉の調子とコンサートの出来が私の肩にかかっているのだと考え続けていた。

私はリステリンを手に持ち、ドキドキしながら息を切らして楽屋をノックした。ドアがパッと開くと、強面のボディガードが立ちはだかっていた。ボディガードは私に、一体こんなところで何をしてるんだと聞いてきた。「リステリンを届けにきました」と答える。ボディガードが言葉を発する前に、あの聞き慣れた声が部屋の奥から聞こえた。「通してやれ」ＡＢＣの取締役会長もそこにいた。

「坊や、名前は？」

「ボブです」

「出身は？」

私はなぜか「ブルックリンです」と答えてしまった。確かに生まれはブルックリンだが、五歳の時にロングアイランドに引っ越していた。おそらく、シナトラの前で格好をつけてみたかったのだと思う。退屈な郊外の住宅街よりブルックリンの方がロマンがありそうな気がしたからだ。

「ブルックリンだって⁉」シナトラは嬉しそうに声を上げ、指が切れそうな新品の一〇〇ドル札を手渡してくれた。コンサートが終わると、シナトラはスタッフ全員におしゃれな金のライターをプレゼントした。そのライターには、「シナトラより、愛を込めて」と刻まれていた。一〇〇ドル札はすぐに使ってしまったが、そのライターは今も机の引き出しにしまっている。

シナトラ・コンサート「ザ・メインイベント」のプロデューサーは、コンサートプロモーターのジェリー・ワイントローブと、当時ABCスポーツを率いていた押しの強い四三歳のルーン・アーリッジだった。一九七四年には、ルーンはすでにテレビ業界の伝説的人物になっていた。シナトラ・コンサートも、ABCスポーツのルーンのもとで働いているプロデューサーやスタッフが担当していた。コンサート前夜、通しリハーサルが行なわれた。司会者のハワード・コセルが、リングの上でプロボクサーの名を呼ぶようにシナトラを呼び出すと（コンサートのステージはボクシングリングに似せて、アリーナの中央に組み立てられていた）、シナトラは舞台に上ってほぼ二時間歌い続けた。

私がルーンの仕事ぶりを見たのは、その時がはじめてだった。ルーンは最初から最後まで全部見て、リハーサルが終わるとすべてにダメ出しをし、ほぼ何もかもやり直すことを命じた。セットのデザインも、ハワードによるシナトラの紹介も、照明もまったく違うものに変えろと指示を出した。シナトラと観客の絡みもすべて見直せとルーンは言った。

私は雑用をこなしながら、セットがすべて取り払われ、また作り直されるのを見ていた。そのためにスタッフが流した汗と愚痴は半端ではなかった。それから二四時間経たないうちに放送されたコンサートは、間違いなくリハーサルより格段に良くなっていた。その時はルーンがどうやってそんな奇跡を起こせるのかわからなかったが、あとになってから、それがルーンのいつものやり方だと知った。ルーンは「まあまあの出来」を絶対に受け入れず、締め切りが目前に迫っていても最高のものを作るためには決して妥協しなかった（おかげで多くの人がヘトヘトになった）。

いつもの昼メロやゲーム番組の雑用に戻ると、シナトラ・コンサートの興奮は消えていった。そんな時、ちょっとした事件が起きた。私が働いていた小さな部門の部長は意地汚い悪党で、下請け業者や出入り業者に部門の予算から金を渡して自分やＡＢＣのほかの管理職のための個人的な仕事をさせ（彼はそれを「お役所仕事」と呼んでいた）、業者から賄賂をもらって懐《ふところ》を肥やしていた。また昼メロのセット用という口実で家具を買い、裏方に頼んでその家具一式を愛人を囲っていた部屋に運ばせていた。私も、手を貸すか、見て見ぬふりをするか、どちらかにしろと頼まれたが、どうも腹の虫が収まらなかった。同じ部署の人たちに、どうにかできないかと聞いて回っていたら、本人に知られてしまった。

ある日、その上司の部屋に呼びつけられた。部屋に入るとすぐ、私が社の規定に違反していると彼は責め立てた。「お前、何をたくらんでるんだ？」と彼は言う。「会社のトラックを使って引っ越ししたそうじゃないか？」

確かに、しばらくのあいだ、私は会社のトラックを使える立場にあったし、ちょうど新しいアパートに引っ越すのに会社のトラックを使おうと同僚に冗談を言ったことがあった。もちろん、そんなことはしなかったし、やっていないと言ったが、誰かが私を問題児だと彼に告げ口したのだろうとその時に気がついた。

「俺の噂を広めてるそうだな」と上司。私が否定せずにいると、彼は私をじろりとねめつけてこう言った。「いいか？　アイガー。もう先はないと思え」

二週間以内に別の部門で仕事を見つけられなければ、クビにすると言い渡された。まだ二三歳なのに、私のテレビ人生は終わったも同然だった。だが、とりあえず局内の掲示板を見に行った。当時は壁にクリップボードがぶら下がっていて、そこに求人が貼り出されていた。二五件ほどの求人はどれも私には無理そうな仕事ばかりだったが、ひとつだけABCスポーツで仕事の空きがあった。私はすぐにシナトラのコンサートで知り合いになったスタッフに電話をかけて、クビになりそうなんだと伝えた。そのスタッフは私に一三三〇（ABCの本社ビルは当時六番街の一三三〇番地にあり、「一三三〇」と呼ばれていた）に来るように言い、一か月後に私はABCスポーツのスタジオ運営管理者として雇われた。よく考えると、ABCスポーツでの新しい仕事は前の仕事より華やかだった。そして、ここでの仕事を皮切りにキャリアが開け、私の人生は変わった。スポーツ局にたどり着いたのは半分シナトラのおかげだし、半分は例のいやな上司のおかげだった。しかもあの意地汚い上司はその後、横領でクビになった。

一九七〇年代と八〇年代の全盛期、ABCスポーツは局内のドル箱部門だった。『マンデー・ナイト・フットボール』と『ワイド・ワールド・オブ・スポーツ』という超人気番組を抱えていたからだ。ABCスポーツは、大学フットボールやメジャーリーグ、ゴルフのメジャー選手権、ボクシングの世界タイトル戦の放映権を持ち、『アメリカン・スポーツマン』や『スーパースター』といった番組も放送していた。しかも、ABCは四年に一度の「オリンピック独占放送局」であり、一九六四年から一九八八年までほとんどのオリンピックを放送してきた。

スポーツ局員はABCの中でも「洒落男たち」として知られていた。洋服の着こなしも（オーダーメイドのスーツに、裸足でグッチのローファーを履いていた）、食べ物や飲み物も（昼間から高価なワインやスコッチを飲んでいた）、ハリウッドのスターや有名アスリートや政治家との交流も、すべてが憧れの的《まと》だった。スポーツ局の男たちはいつも世界中のエキゾチックな場所を飛び回っていた。パリの欧州支局にコンコルドで飛び、モンテカルロやサン・モリッツからスポーツイベントを放送していた。

そのうちに私も出世して、コンコルドに乗れる身分になった。ABCが放送していた『ワイド・ワールド・オブ・スポーツ』という番組でさまざまな場所を訪れたことは、私の人生を変えた。それまで一度も海外に出たことさえなかった私が、突然世界中を飛び回ることになったのだ（毎週、番組のオープニングで司会者のジム・マッケイのこんなセリフが流れた。「お茶の間のみなさまにさまざまなスポーツをお伝えするため、今日も地球を飛び回ります」私たちはまさにそのセリフを地で行っていた）。週末は、サーフィンの世界選手権でハワイにいることもあれば、フィギュアスケートの試合でプラハにいることも、ウェイトリフティングの選手権でブダペストにいることも、ロデオのイベントでワイオミングにいることもあった。アカプルコではクリフダイビング、オーストリアのキッツビューエルではダウンヒルスキー、中国やルーマニアやソ連では体操の選手権を取材した。

ABCスポーツが私に世界を見せてくれ、私をより洗練された人間にしてくれた。以前には想像できなかった体験もできた。パリではじめて正式なフランス料理を食べたのがいつでどんな場所だったかを、今もはっきりと覚えている。超高級ワインの「モンラッシェ」をはじめて注文した時のことも、モナコではじめて高級スポーツカーに乗った時のことも覚えている。労働者階級しかいない郊外の質素な家で育った私にとっては、クラクラするような経験だった。それに、学んだのは贅沢な暮らしだけではなかった。よく途上国を旅しては、共産圏のスポーツイベントの放映権を獲得するために、頭の堅い役人たちと交渉し、狡猾で腐敗した体制に取り入った。鉄のカーテンの向こう側にいる人々の暮らしを自分の目で見たし、現地の人たちの日常生活の厳しさもうかがい知ることができた（寒い冬の一時期、政府による計画停電の期間中に、真っ暗になったブカレストの街を見渡していたことを今も覚えている）。鉄のカーテンの向こう側にいる人もまた、普通のアメリカ人と同じ夢を抱いていることを、私は知った。政治家は世界を分断したがり、敵か味方か、善か悪かを決めつけようとするけれど、現実はそれほど単純でないことを私は知ったのだった。

仕事は華やかだったが、贅沢すぎて無責任だと言われてもおかしくなかった（し、実際に無責任だった）。だが、当時のＡＢＣスポーツは治外法権で、ＡＢＣのほかの部署と同じルールには縛られていなかった。その治外法権の中心にいたのがルーン・アーリッジだ。ルーンは一九六〇年代のはじめからＡＢＣスポーツのトップに君臨し、私が入った時にはすでにテレビ界の帝王になっていた。放送の歴史において、ルーンはスポーツ放送の視聴体験を変えた人物だった。

ルーンはまず、テレビはただスポーツイベントを放送するのではなく、物語を伝える役割があることを知っていた。そして、感動的な物語を伝えるには、秀《ひい》でた才能が必要だった。ルーンは私が一緒に働いた人間の中で誰よりも負けず嫌いでイノベーションへのこだわりが人一倍強かったが、一方で優秀な人間に囲まれていないと最高の仕事はできないことも知っていた。ジム・マッケイ、ハワード・コセル、キース・ジャクソン。フランク・ギフォード、ドン・メレディス、クリス・シェンケル。スキーのボブ・ビーティーに自動車レースのジャッキー・スチュワート。強烈な個性を放っていた彼らをお茶の間の有名人にしたのはルーンだった。

「スポーツ競技の陰にある人間ドラマ」こそ、ルーンが放送したいものだったし、『ワイド・ワールド・オブ・スポーツ』のオープニングにもそのセリフが使われていた。アスリートは目の前で繰り広げられる物語の主人公だった。彼らはどこから来たのか？　これまでにどんな困難を乗り越えてきたのだろう？　この闘いを地理や政治上の出来事にたとえるとしたら、どうなるだろう？　どうしたらこのイベントを異文化理解のきっかけにできるだろう？　ルーンは、テレビを通してただスポーツを放送するだけでなく、数百万というアメリカ中のお茶の間に世界を届けていることに、大きな喜びを感じていた。

ルーンはまた、私が一緒に働いた人の中ではじめて、テクノロジーを利用してテレビ放送の中身とその手法を革命的に変えた人物だった。カメラの切り返し、スローモーション再生、衛星生放送といった手法はすべて、ルーンが導入したものだ。ルーンは新しい機器ならとりあえず何でも試したがり、古臭いフォーマットは何でも壊したがった。視聴者と結びつき、視聴者の注意を引きつける新しい手法を、ルーンはいつも探していた。それ以来、ルーンから教わったことは、私のすべての仕事の指針になった。彼が残してくれた教訓は、イノベーションを起こさなければ死ぬということだ。そして、新しいものや証明されていないものを怖がっていたらイノベーションは起こせないことも、ルーンに教えてもらった。

ルーンはまた、完璧をとことん追求し続ける人だった。ABCスポーツに入った頃はほぼ毎週末、私は六六丁目にある地下の調整室に缶詰めになっていた。世界中から送られてくる映像を受け取ってプロデューサーやエディターに届けるのが私の仕事で、プロデューサーやエディターがその映像を編集しナレーションをかぶせて放送する。ルーンはしょっちゅう調整室にやってきたし、来られない時にはどこからでも電話をかけてきた（調整室にはそれぞれ赤い「ルーン電話」が置いてあり、スポーツイベントに持っていく移動用のルーン電話もあった）。ルーンが自宅で放送を見ている時――どこにいてもルーンはかならず放送を見ていた――気に入らないことがあるとかならず電話をかけて指摘していた。カメラアングルが悪い。話にメリハリをつけろ。次回予告がないじゃないか！

ルーンは細かいことにこれでもかとこだわった。小さなことがすべてきちんとできてはじめて、完璧な番組になる。シナトラのコンサートでやったように、放送直前にすべてにダメ出しをして最初から全部やり直しを命じることもたびたびあり、そのせいでスタッフが編集室で夜を明かすことも多かった。ルーンは怒鳴るタイプではなかったけれど、細かいことにうるさく厳しい上司で、歯に衣《きぬ》着せずにどこがダメかを伝え、当然のように修正を求め、そのための犠牲などいとわなかった。番組の質が何より優先だった。ルーンにとっては番組がすべてだったのだ。番組を作る人よりも、番組そのものの方がはるかに大切だった。ルーンと働くからには、そのことに納得していなければならなかった。最高の番組を作ることにかけるルーンの熱量は周囲を巻き込む力があった。スタッフはヘトヘトになり、イライラも溜まったけれど（ルーンはいつも番組が出来上がる直前の最後の最後で意見を言い、変更を命じていたからだ）、刺激を受けてもいた。そして、ルーンが与えてくれる刺激と感動は、不満を補って余りあるものだった。ルーンが最高の番組を作ることにどれほどこだわっているかをみんなが知っていたし、私たちはそんな彼の期待に応えたいと思っていた。

ルーンの口癖は単純だった。「もっといいものを作るために必要なことをしろ」。ルーンから学んだ数多くの教訓の中でも、何より今の私を作ってくれたのはこの言葉だ。私はリーダーの大切な資質としていつも、「完璧への飽くなき追求」を挙げている。完璧の追求にもさまざまな意味があり、「これ」と特定するのは難しい。それは特定のルールというわけではなく、どちらかというと心構えに近い。少なくとも私の理解では、どんな犠牲を払ってでも完璧でなければならないというわけではない（とはいえ、ルーンは犠牲を払っても気にしなかった）。むしろそれは、「ほどほど」をよしとしない環境を作るという意味だ。たとえば、「時間が足りない」とか「気力が残っていない」とか「気まずい話をしたくない」といった言い訳を受け入れず、「ほどほど」は所詮《しょせん》ほどほどでしかないということを自分たちに言い聞かせるということでもある。

ルーンのもとを離れてから数十年経って、『二郎は鮨《すし》の夢を見る』というドキュメンタリー映画を見た。ミシュランの三つ星を獲得し、予約の取れない店として有名な「すきやばし次郎」を経営する寿司職人の小野二郎を追った映画だ。映画の中の二郎は八〇代の後半だが、いまだに完璧を求めて努力を続けていた。二郎は、日本の職人、つまり「より良いものを求めて永遠に完璧を追求し続ける人物」を地で行く存在として描かれていた。私は映画を見て二郎に惚《ほ》れ込み、「職人」という考え方に強く惹かれるようになった。二〇一三年に仕事で東京を訪れた際、会社の人たちと「すきやばし次郎」を訪れた。二郎その人に会い、彼が黙々と仕事をし、三五分のあいだに一九貫の美しい寿司を次々と差し出してくれるのを畏敬の念で見ていた（食事のスピードが速いのは、寿司飯を人肌に保つことに二郎が並々ならぬこだわりを持っているからだ。スピードをゆるめると、寿司飯の温度が摂氏三七度を少し下回ってしまう。それが、二郎には受け入れがたいのだ）。

私はこのドキュメンタリー映画をあまりにも気に入って、ディズニーの社外研修で二五〇人の重役に映画の抜粋を見せたほどだ。二郎の例を通して、ディズニーの幹部にも「完璧への飽くなき追求」とはどういうことかをもっとよく理解してほしかった。自分の仕事に大きな誇りを持ち、完璧を求める本能とその本能を実現するための勤勉さの両方を合わせ持つとどうなるかを体現した存在が三郎だった。

ABCスポーツに入ったばかりの頃にルーンと交わした会話で、今も忘れられない面白いエピソードがある。スポーツ局はどちらかというと小所帯でルーンも同じ階にいたけれど、新人の私にとってルーンは雲の上の存在だった。普通の挨拶くらいは交わしていたが、ルーンは私を認識していなかった。そんなある日、トイレでルーンと隣同士になった。驚いたことに、ルーンは私に声をかけてきた。「調子はどうだ？」

私はすぐに言葉が出ず、しばらくして「ええ、水面に顔を出してるのが精一杯って感じです」と答えた。

ルーンは前を向いたままで私に目を向けず、即座にこう言い放った。「もっと長いシュノーケルを使うんだな」用を足したルーンは、歩き去った。

彼は言い訳を聞き入れなかった。のちにルーンと緊密に働くようになってはじめて、「できません」という返事を彼が受け入れないというのがどういう意味か、ようやくわかった。ルーンから何かをしろと言われたら、どんな手を尽くしてもやり遂げなければならないということだ。頑張ったけどできませんでしたとルーンに言おうものなら、「別の方法を探せ」と言われるだけだ。

一九七九年の卓球世界選手権は、北朝鮮の平壌で開かれる予定になっていた。ある日ルーンが私をオフィスに呼び、「面白いことになりそうだな。『ワイド・ワールド・オブ・スポーツ』で（卓球世界選手権を）放送しよう」と言う。はじめは冗談だと思った。北朝鮮で開かれるイベントの放映権を得るのが不可能なことくらい、ルーンも重々承知のはずだった。

だが、ルーンは本気だった。

それから、放映権を獲得するため、私は世界中のつてをめぐって旅に出ることになった。まずは国際卓球連盟の会長に会うため、ウェールズのカーディフを訪れた。北朝鮮への渡航許可が下りなかったので、次に北京に飛んで、北朝鮮の代表団に会った。数か月にわたる厳しい交渉を経て、やっと翌日には契約締結という日になって、アメリカ国務省のアジア局担当から電話がかかってきた。「君たちが北朝鮮とやっていることはすべて違法だぞ」と言う。「我が国の経済制裁措置により、北朝鮮とのいかなる取引も禁止されている。君たちの行為は制裁違反にあたる」

そこで完全に道は閉ざされたように見えたが、それでも私の頭の中のルーンが「別の方法を探せ」と言っていた。後でわかったことだが、国務省は私たちが北朝鮮に入国することに反対していたわけではなかった。実は、アメリカのメディアがカメラを持って北朝鮮に入り、どんな映像でもいいからカメラに収めてくることを望んでいたのだ。ただし、北朝鮮に対して放映権の代金を支払ったり、北朝鮮と契約を結ぶことを許さなかっただけだ。北朝鮮代表団に事情を説明すると、彼らはカンカンになり、すべてがご破算になるかと思われた。しかし、最終的には迂回路が見つかった。開催国からではなく、国際卓球連盟から権利を買えばいいとわかったのだ。私たちは北朝鮮政府に直接金を支払わずに済み、それでも北朝鮮は私たちを受け入れてくれ、私たちはアメリカのメディアとしてこの数十年ではじめて北朝鮮に足を踏み入れることになった。それはスポーツ放送における歴史的瞬間だった。ここにたどり着くまでに私がどれほど苦労したかをルーンは知るよしもなかったが、もしルーンの期待に応えたいという強い気持ちがなければ、ここまでこぎつけなかったのは確かだった。

部下にいい仕事をさせるためにプレッシャーをかけつつ、失敗への恐れを植え付けないようにバランスを取るには、絶妙なさじ加減が必要になる。ルーンのもとで働いていた人間の多くは、彼の期待に応えたいと思っていたが、同時にルーンが言い訳を一切受け入れず、彼が満足するような仕事をしなければ、誰であってもバッサリと残酷に切られることもわかっていた。

毎週月曜の朝、スポーツ局の重役たちは会議室のテーブルの周りに集まって、前週の放送を見直し、向こう一週間の計画を練っていた。重役以外のスタッフ、つまり控えのメンバーたちは、会議テーブルの外側にぐるりと置かれた椅子に座って、自分たちが作り終えたばかりの番組への批評と次週に向けた指示を待っていた。

　ある朝、まだ私が『ワイド・ワールド・オブ・スポーツ』を担当しはじめたばかりで、例のトイレでの会話を交わした頃、ルーンが会議室に入ってきて、チーム全員をコテンパンに叱りはじめた。実は前の週、ノルウェーのオスロで開かれた陸上大会で、イギリスの国民的アスリートである中距離走者セバスチャン・コーが一マイル走で世界記録を出していたのに、それを放送できなかったのだ。普通ならその手のニュースを逃すことはないのだが、今回は予想外のアクシデントがあり、大会の放映権の獲得が間に合わなかった。月曜の会議で問題になるだろうとは思っていたものの、もしかしたら誰も気づかずに事なきを得るかもしれないと、ありえない希望を私は少しだけ持っていた。

　もちろん、誰も気づかないはずはない。ルーンは重役たちを見回して、ヘマをやらかしたのは誰かと聞いた。部屋の隅っこの方にいた私は手をあげて、自分のせいですと答えた。部屋がシーンと静まり返る。二〇人ほどが振り向いて私を見る。そして誰も何も言わずに、次の話題に移ったが、会議のあとでいろんな人が私のところに寄ってきて、口々に囁いた。

「よくあんなことができたな」

「あんなことって？」

「自分のせいだって認めたことだよ」

「どうしてですか？」

「普通は認めないだろ」

ルーンはその件について私に何も言わなかったが、その時から私に対する接し方が変わったようだった。以前より敬意を持って扱ってくれるようになった気がした。ひよっこだった私にとってこの話の教訓はただひとつ。それは、自分が大失敗したら責任を取らなければならないということだ。仕事でも、私生活でも、自分の失敗を正直に認めれば、周囲の人から信頼され、尊敬されるようになる。失敗しない人などいない。だが、失敗を認め、失敗から学び、たまには間違ってもいいのだと行動で示すことなら誰にでもできる。むしろやってはいけないのは、嘘をついたり、自分のせいでないふりをして誰かに罪をなすりつけることだ。

実はこの話にはもうひとつ教訓があるが、私がそのことをきちんと理解したのは、ずっとあとになって自分が経営者の立場に立ってからだった。教訓といってもとても単純なことで、改めて取り上げるほどでもないと思う人もいるかもしれないが、実はこれができる人は意外に少ない。それは、人と誠実に向き合うということだ。つまり、すべての人に対して公平に共感を持って接するということだ。とはいえ、これは期待値を下げることでもなければ、ミスをしてもかまわないと伝えることでもない。むしろ、リーダーが周囲の意見に耳を傾け、気分のムラなく公平にみんなに接し、善意のミスなら挽回のチャンスを与えることを周知させるという意味だ（自分のミスを認めなかったり、誰かのせいにしたり、そのミスが倫理に反する行為の結果だったりする場合は話が違うし、そのような行為は許すべきではない）。

ＡＢＣスポーツの中にはルーンの攻撃の矛先が自分に向くのではないかと、いつもビクビクしている人もいた。そういう人たちは結局、リスクを取らなかったり、目立つことを避けたりしていた。私自身はそんな風に感じたことはなかったけれど、ほかの人が臆病になっているのはわかったし、その理由もわかっていた。ルーンは気分にムラがあり、それが重なるとスタッフのやる気がズタズタに壊されてしまう。ルーンのひと言で、自分がこの場所で一番重要な人間のような気になることもあれば、次に会った時にはコテンパンにこき下ろされたり、わけのわからない理由で陰で叩かれることもあった。部下同士を敵対させるのもルーンのよく使う手だったが、何か目的があってわざとやっているのか、ルーンがもともとそんな性格なのか、私にはわからなかった。ルーンは非凡な才能の持ち主で、テレビマンとして成功を収めていたが、心の底には不安を抱えていた。その不安から自分を守るために、周囲の人に不安を吹き込んでいた。たいがいはそれでうまくいったし、ルーンを喜ばせたくてみんな頑張っていたけれど、頭にきて辞めてやると思ったことも一度や二度ではなかった。

それでも私は辞めなかった。そう思っていたのは私だけではなかったはずだ。ルーン流のやり方を受け入れ、彼のいい面をやる気の素《もと》にし、悪い面をあまり気にしないようにした。私はもともと立ち直りの早い性格だったし、ルーンと働いたことで一層立ち直りが早くなった。私は人一倍働いていることに誇りを持っていた。特に、周りのみんなが自分より学歴も家柄もいい職場の中で、なおさら必死に仕事に打ち込んだ。自分が誰よりも汗水垂らせる人間だということが私にとっては一番大切だったので、ルーンの気まぐれよりも、自分の仕事に集中していた。

あれほどの犠牲を払わなくてもかなりの成果をあげられたはずだったと気づいたのは、あとになってからだ。ルーンの完璧主義のおかげで私はやる気になったし、以来ずっと彼の教えを大切にしてきた。しかし、これまでの道のりで別のことも学んだ。卓越した仕事をすることと、人を気遣うことは両立しないわけではない。当時はそのことを筋道立てて説明できなかった。私はとにかく自分の仕事をうまくやり遂げることに必死だったし、もし自分がルーンの立場だったらどうしただろうとは考えもしなかった。しかし、完璧を追求しすぎると、作品ばかりに目がいって人がおろそかになってしまうことに直感的に気づいたのは、何年もあとに人を導くようになってからだった。

# 第2章　大抜擢

一九八五年三月、三四歳の私はABCスポーツのバイスプレジデントになった。ちょうどその年、ABCの創業者であり会長兼CEOのレナード・ゴールデンソンは、自社よりもはるかに小さなキャピタル・シティーズ・コミュニケーションズに、ABCを売却することに合意した。通称「キャップ・シティーズ」と呼ばれていたその企業は、ABCの四分の一の規模でありながら、三五億ドルで私たちを買い取ったのだった。ABCの全社員にとって、売却の発表は寝耳に水だった。どうしてキャップ・シティーズのような弱小企業が、ある日突然、巨大なネットワークテレビ局を所有できるようになったのだろう？

そもそも、こいつら一体何者なんだ？　なんでこんなことになったんだ？

「こいつら」とは、トム・マーフィーとダン・バークのことだ。二人はニューヨーク州オールバニで小さなテレビ局を開局し、買収を繰り返し、キャップ・シティーズを築いた。自分たちとは比べものにならないほど巨大なABCを飲み込むことができたのは、トムの親しい友人のウォーレン・バフェットが三五億ドルを支援したからだった（「雑魚《ざこ》がクジラを飲み込んだようなもの」だと、トム・マーフィーは言っていた）。

トムとダンは別世界の人間だった。ABCの上層部にしてみれば、二人は「小物」だったのだ。キャップ・シティーズはローカルテレビ局とラジオ局を持ち、中規模の新聞を含む出版業に進出しているだけだった。トムとダンは敬虔なカトリックで（彼らのニューヨーク事務所は、地元のカトリック管区が所有するマジソン街のビルの中にあった）、ネットワーク局を経営したことはなく、ハリウッドとのつながりもなく、徹底した倹約経営で有名だった。そんな二人に買収されたあと、会社がどうなるかはまったく予想がつかなかったが、何もかもこれまで通りにいかないことは確かだった。

ABCが二人の手に渡ったのは一九八六年一月。それからすぐに、トムとダンはフェニックスに重役を招いて研修を行なった。下っ端だった私は招かれなかったが、研修に招かれたABCの重役たちからは、退屈なチーム構築の演習やトムとダンの安っぽい価値観についての愚痴や嘲笑をいやになるほど聞かされた。自分たちの方が傲慢《ごうまん》で気取り屋だと気づいたのはあとになってからだ。それから数年のあいだに、飾り気のないトムとダン流の経営を通して、会社の中に純粋な仲間意識が生まれていった。また、トムとダンがハリウッドに近寄りたがらなかったのは、彼らが田舎者だったからではない。最初のうちはABCの重役の多くがその点を勘違いしていた。トムとダンは地に足がついていた。二人は無意味なことには目もくれず実務に集中するタイプで、華やかな世界にまったく興味がなかっただけだ。

とはいえ、巨大なエンターテイメント企業の経営は、これまでとはまったくわけが違う。何より、世界で一流の才能ある人たちを使った経験が二人にはなかった。ルーンとの関係に、そのことが鮮明に表れていた。キャップ・シティーズに買収された時点で、ルーンはスポーツと報道の両方の責任者として君臨していた。ルーンがABCニュースのトップになったのは、視聴率が低迷していた一九七七年のことだ。スポーツで見せた手腕を振るって、ルーンは報道部門を作り変えた。ピーター・ジェニングス、バーバラ・ウォルターズ、テッド・コッペル、ダイアン・ソーヤーといった有名ニュースキャスターを前面に押し出し、さまざまな番組に彼らを起用した。ルーンは『20/20』、『ワールド・ニュース・トゥナイト』といった人気報道番組を生み出し、イランの米大使館人質事件の報道をきっかけに『ナイトライン』を作った。スポーツ番組と同じく、ルーンが報道番組にも飽くなき闘志と衝撃的な映像を持ち込んだことで、報道部門も全盛期を迎えた。

トムとダンはルーンを尊敬していたし、彼の才能と評判もよくわかっていたが、同時に少し恐れてもいた。ルーンは業界の言葉を話し、トムたちの知らない世界に精通し、それを自らの武器にしていた。ルーンは、トムとダンとは距離を置き、二人をおおっぴらに批判することもあった。会議に遅れたり、二人を「カネ勘定係」と蔑《さげす》んであからさまに指示を無視したりもした。その頃には、スポーツ局時代からルーンに仕えてきた部下は私以外ほぼいなくなっていたので、私はよくルーンの愚痴に付き合わされた。夕方になるとルーンの秘書から電話がかかり、報道部門にいたルーンの部屋に呼び出された。私が行くとルーンは大好きなイタリアの白ワインを取り出した。エミー賞の盾が所狭しと飾られた部屋に座って、私はルーンの文句を聞いていた。トムとダンが自分の足を引っ張っているとルーンは愚痴っていた。「あいつらはわかっちゃいない。成功にはカネがかかるんだ」

カネを惜しんでいたら偉大な番組を作れないとルーンは本気で信じていたし、誰かが決めた予算目標を達成するために自分のやり方を変えるなんてまっぴらだと思っていた。ルーンは経営面をまったく気にかけず、責められるとかならず、これまで局に巨額の収入をもたらしてきたのは自分だと開き直り、湯水のようにカネを使ったからこそ偉大な番組を作れたし、広告主を惹きつけるような洗練と輝きを放っていられるのだと言っていた。

だが、トムとダンの流儀は違っていた。買収したとたん、私たちが慣れきっていた贅沢な役得はすべて廃止された。本社前に並んでいたリムジンもなくなった。コンコルドもファーストクラスの出張も禁止になった。経費も使い放題ではなくなった。トムとダンは、テレビというビジネスの変化を予見していたが、ABCにいた多くの人たちはそれを認めたがらなかった。利益率はどんどん低下していた。しかも競争はますます激しくなっていた。ABCの社内に目をやると、ESPN（訳注／一九七九年に開局したスポーツ専門チャンネル）が視聴者を獲得しはじめていたし、その後、ABCスポーツにもESPNの影響が直接に及ぶことになった。

トムとダンは田舎者ではなく、テレビ業界のことを「てんでわかっちゃいない」わけではなかった。二人は抜け目のない経営者で、業界の風向きを敏感に察知していた（また、カネを使った方がいいと思えば、彼らは使っていた。ルーンは社内の誰よりもその恩恵を受けていた。ルーンが大枚をはたいてCBSからダイアン・ソーヤーを引き抜き、NBCからデビッド・ブリンクリーを引き抜いて、ABCニュースでオールスターチームを築けたのは、トムとダンがそれを許可したからだった）。

二人が買収後すぐに打った手のひとつが、ルーンにスポーツと報道の両方はやらせないと告げたことだ。どちらかを選ばなくてはならなくなったルーンは、報道を取った。ただし、ひとつだけ条件をつけた。それは、一九八八年のカルガリー冬季オリンピックの放送でエグゼクティブ・プロデューサーになることだった。彼の後釜に座るのはスポーツ局の誰かだろうと思っていたら（私はもしかしたら自分かもしれないと淡い期待を抱いていた）、トムたちは外からデニス・スワンソンという男を雇い入れた。誰もがなりたがっていたABCスポーツのトップになる前は、ABC傘下の五つか六つの地方局を経営していた人物だった（デニスの自慢は、一九八三年にシカゴのテレビ局でオプラ・ウィンフリーを起用したということだった）。

昨日まで業界で最も成功したスポーツ番組の制作者のもとで働いていた私の上にやってきたのは、ネットワーク局で働いた経験もなければ、スポーツ番組を放送したこともない人間だった。スポーツ局で上司だったジム・スペンスもまた、ルーンの後釜になれなかった重役のひとりだ。デニスがABCスポーツのトップになることが発表されると、ジムは辞職し、ほかの重役たちもジムに続いた。ジムはタレントエージェンシーのICMでスポーツ部門を立ち上げることになった。私は、もしかしたら残り物に福があるかもしれないと期待して、しばらくそのまま様子を見ることにした。だがほんの少しデニスのもとで働いたあと、ジムに電話をしてここではもう自分の出番はなさそうだから外に出たいと相談した。ジムがICMで一緒に働こうと誘ってくれたので、早速転職を決めた。私はABCとの契約が残っていたものの、おそらく放免してくれるはずだと考えて、翌日デニスに退職を伝えることにした。

デニスに話しに行く前に、人事部長のスティーブ・ソロモンのところに立ち寄った。スティーブは、デニスがスポーツ局に雇い入れた人物だ。私はスティーブに辞めるつもりだと言った。「デニスと話してほしい」とスティーブは言う。「デニスは君を買ってるんだ」私がデニスの部屋に入っていくと、デニスは言った。「ちょうどよかった。考えていたことがある。君に編成の責任者になってもらいたい。ABCスポーツの全番組の青写真を作ってもらえないだろうか?」

思ってもみない話だった。「辞めると言いにきたんです」私はそう口にするのがやっとだった。

「辞める?」

「ここでは私の出る幕がないと思ったので」ジム・スペンスがICMでスポーツ部門を立ち上げることになり、私もそちらに移ろうと思っていることを話した。

「早まるな」とデニスは言った。そもそも、契約がまだ残っていて、放免できるかどうかわからないとデニスは言う。「ボブ、これはすごいチャンスだぞ。簡単に手放さない方がいいんじゃないか?」デニスは、一日待つから、考えて返事をくれと言った。

その晩帰宅した私は、当時の妻スーザンとよく話し合った。デニスのもとで働くことへの懸念と、新しい仕事の可能性を秤《はかり》にかけてみた。娘二人のことや、馴染みの職場で働く安心感、また新しい仕事のリスクについてあれこれと語り合った。結局、私はABCに残ることにした。スポーツ局の仕事にやりがいを感じていたし、まだこの仕事を諦める気になれなかったのだ。

仕事でも私生活でも、人生の転機と呼べる瞬間がある。だが、その瞬間には転機だということがわからなかったり、特別にドラマチックではなかったりすることも多い。私もその時は自分の判断が正しいかどうかわからなかった。自分がよく知っている場所に残る方がおそらく安全だろうとは感じていた。でもそれだけでなく、プライドが傷ついたからとか、デニスを格下に見ていたからとかいう理由で、衝動的にABCを辞めたくはなかった。いつか辞めるとしたら、これしかないと思えるような絶好のチャンスが訪れた時だけだし、ICMはそこまでの仕事ではなかった。

デニスのくれたチャンスに乗ったことは人生で最高のキャリア判断だった。それからすぐに、デニスという人物を自分が誤解していたことに気づいた。デニスは気さくで楽しい上司だった。彼の熱量と前向きさは周囲に伝染した。そして何よりも、彼は自分が何を知らないかを知っていた。それができる上司はなかなかいない。誰だって、もしデニスの立場に立たされたら、ネットワークテレビで働いた経験がないという引け目を隠すために、わかっているふりをしたり権威を笠《かさ》に着たりするかもしれない。だが、デニスはそんなタイプではなかった。会議中に何かわからないことがあっても、デニスは知ったかぶりをせず正直にわからないと言い、私やほかの誰かに助けを求めた。上層部との会議でも彼は後ろに控えていつも私を立て、事あるごとにトムやダンに私の優秀さを褒めちぎっていた。冬季オリンピックに向けて、経営陣の前で企画をプレゼンしてほしいとデニスに頼まれた。私にとってはまたとないチャンスだったし、それはデニスが自分より部下のことを第一に考えている証拠でもあった。

もちろん、デニスがもともと心の広い人物だったというのもあるが、トムとダンが独特の組織文化を作り上げたことも大きかった。二人は私が知る中で最も飾り気のない人物で、いつも自然体だった。気取りがなく、傲慢さのかけらもなく、わざとらしく親しげに振る舞うこともなかった。誰とでも同じように正直に、率直に話していた。どちらも抜け目のないビジネスマンだったが(ウォーレン・バフェットは二人を、「過去にも未来にも、自分の知る中でおそらく最も偉大な経営者コンビ」と呼んだ)、実際にはビジネスマン以上の存在だった。私は二人から、善良さと仕事上の有能さは、相反するものではないことを学んだ。本物の誠実さ、つまり自分が何者かを知り、はっきりとした善悪の判断をもとに行動できることは、ある種の秘密兵器だ。トムとダンは自分たちの直感を信じ、敬意を持って人々と接し、時間をかけて自分たちの価値観を体現する企業を築きあげた。ここで働く人たちの多くは、ライバル会社に行けばもっと高い給料をもらえるはずだった。二人が高い給料を支払いたがらないことを社員はわかっていた。それでも私たちがここに残ったのは、二人に忠誠を感じていたからだ。

トムとダンの事業戦略は極めて単純だった。彼らはこれでもかというほどコスト管理を徹底しながら、権力を分散させていた。トムとダンは、自分たち二人や、本社にいる少数の戦略担当者だけが、すべての重要な決定を下すべきではないと強く信じていたのだ。賢く、誠実で、努力をいとわない人間を雇い、その人たちに大きな責任を負わせて、その仕事に必要な支援と権限を与えていた。二人はいつも時間を割いてくれたし、近寄りやすかった。だから、二人の下で働く重役たちはいつも、何を優先させるべきかをはっきりとわかっていたし、二人がやるべきことに力を注いでいたおかげで、私たち全員もやるべきことに集中できた。

一九八八年二月、冬季オリンピックを放送するため、私たちはカルガリーに向かった。以前の条件通り、ルーンが今回のエグゼクティブ・プロデューサーになり、私は編成の責任者になった。ということは、オリンピックまでの準備期間に、私がすべての競技の放送スケジュールを組み、オリンピック組織委員会や世界中のさまざまな関係団体と連携したり交渉したりしながら、オリンピックに先立って放送の計画を立てなければならない。開会式の二、三日前にルーンはカルガリーにやってきて、私を部屋に呼んだ。「さて、どうするんだ？」とルーンは言う。

もう二年というもの、ルーンとはご無沙汰していたが、一瞬で昔に戻ったようだった。いい意味でも、悪い意味でも、ルーンはまったく変わっていなかった。開会式前夜には、三時間のオリンピック直前特集番組を放送することになっていたので、私はこのところもう何週間もルーンに、この番組に注意を向けてくれと訴えていた。ルーンがやっと番組に目を通したのはカルガリーに着いたあとの、放送前日だった。「全然ダメだな。興奮がない。緊張もない」スタッフは夜を徹してルーンの指示通りに番組に手を入れ、やっとのことで予定通りに放送できた。もちろん、ルーンは正しかった。今回もまた、いつにもまして彼のストーリー作りの感性は鋭かった。とはいえ、ルーンのせいでしょっぱなからハラハラさせられた。前もって意見をくれていたら、これほどのストレスもなかったはずだし、二度手間もかけずに済んだはずだった。

私たちの運営本部が置かれたのは、カルガリー郊外の巨大な倉庫だった。倉庫の中に移動車両と小さな建屋がいくつか置かれ、さまざまな番組制作と技術スタッフがここに詰めていた。調整室もこの中にあり、ルーンが監督席に座り、私は後ろの列に座ってロジスティクスを扱っていた。調整室の後ろにはガラスで仕切られたVIP用の見学ブースがあった。オリンピックの期間中、トムとダン、取締役やゲストたちがこのブースに陣取って、私たちの仕事ぶりを見ていた。

最初の数日は特に問題なく終わったが、その後一夜で状況が変わった。強いチヌーク風が吹き下りてきて、気温が一五度を超えるまでに急上昇したのだ。アルペン競技コースの雪が溶け、ボブスレーコースの氷も溶けてしまった。競技が次々と中止になり、開催された競技でも、カメラが霧で曇って何も見えなくなっていた。

　それからの数日間は、毎朝調整室に入っても、その晩何を放送したらいいのかわからない状態が続いた。そんな時こそ、前向きさが必要になる。状況は悲惨だったものの、私はそれを災難ではなく謎解きのようなものだと考えて、自分たちの能力と行動で問題を解決し、即席で何か素晴らしいものを作っていけるはずだとチームを励ました。

　一番の難題は、人気競技の放送が予定されていたプライムタイムの時間帯の大きな穴をどう埋めるかだった。オリンピック委員会自体も、ぐちゃぐちゃになった競技スケジュールの立て直しに苦労していたのに、私も彼らに頼み込んで何とかしてもらわなければならなくなった。実は、オリンピックがはじまる前に、すでに私はオリンピック委員会に大きな借りを作っていた。アイスホッケーの対戦相手を決めるくじ引きで、アメリカは最初の二試合で世界最強チームと当たることになってしまったのだ。どちらの試合にも負けることが予想されたし、そうなると視聴者はガクンと興味を失ってしまう。そこで私は世界中を飛び回り、各国のアイスホッケー協会やオリンピック委員会と交渉を重ねて、もう一度くじ引きをしてもらうよう説得したのだった。そして今また、カルガリー・オリンピック委員会に毎日何度も電話して、プライムタイムに何か放送できるよう競技のスケジュールを変えてもらえないかと頼み込んでいた。

毎晩の放送前のルーンとのやりとりは、まるで漫才のようだった。毎日昼下がりにルーンはブースにやってきて、「今夜はどうするんだ?」と聞く。私は「ルーマニア対スウェーデンのアイスホッケーの試合がありますよ」とか何とか答えて、変更された競技スケジュールを伝えたが、試合がない日も多かった。試合がないので、制作チームは毎日どこかに出かけていって、感動的な人間ドラマを発掘してこなければならなかった。そうして掘り出した裏話を特集し、夜のオリンピックの時間帯に放送した。そんな中で、ジャマイカのボブスレーチームは天からの贈り物だった(訳注/その後、このチームの実話を基にして映画『クール・ランニング』が作られ世界中でヒットした)。「エディ・ジ・イーグル」のニックネームで知られるスキージャンプのマイケル・エドワーズもまた、私たちにとっては僥倖《ぎょうこう》だった。七〇メートル級と九〇メートル級で最下位になったエドワーズは、その負け犬っぷりで人気者になったのだ。そんなわけで、毎晩が危険な綱渡りだったけれど、楽しかった。とにかく無事にやりきるには、目の前のことに集中し、周囲の人にできるだけ落ち着いて仕事をしてもらうしかない。そのことを意識しながら、毎日降りかかってくる難題を解決していくことに私は大きなやりがいを感じていた。

終わってみると、オリンピックは大成功だった。視聴率は史上最高を記録した。トムとダンも喜んでいた。即席のコンテンツばかりという予想外のアクシデントも、ルーンのスポーツ局での最後の仕事にふさわしかった。また、カルガリー・オリンピックは、ABCが二四年にわたって続けてきたオリンピック放送の最後の番組になった。カルガリーのあとのオリンピック放映権は他局に移ることになっていた。オリンピックが終了し、最後の夜の放送が終わったあとも、調整室に何人かが居残ってシャンパンを開け、お互いの健闘を讃《たた》え、ギリギリのところで大惨事を免れてよかったと笑い合った。ひとり、またひとりとスタッフがホテルに帰っていく。私は最後まで調整室に残って、お祭り騒ぎのあとの余韻をしばしのあいだひとり静かに味わった。それから電気を消し、部屋に帰った。

数週間後、私はトムとダンに呼び出された。「君のことをもっと知りたいと思ってね」

とトムが言う。カルガリーで私の仕事ぶりを間近で見て、プレッシャーのもとで落ち着いて仕事をこなしていたことに感心したらしい。「近々何かの空きが出るかもしれないから」、私に目をかけていることを知っておいてほしいとダンが言った。まず思ったのは、ESPNの社長になれるかもしれないということだった。だがその直後に、ABCテレビのエグゼクティブ・バイスプレジデントがESPNの社長になることが決まった。またお預けを食らったことにイライラしていると、二人から呼び戻されて、ABCテレビのエグゼクティブ・バイスプレジデントになってくれと言われた。「しばらくそこにいてもらおうと思う」とダン。「だが、もっと大きな計画がある」

どんな計画があるのかわからなかったが、二人が私に渡してくれたのはABCテレビ全体のナンバーツーの肩書きで、雲の上の存在のように感じていた地位だった。私は三七歳で、ほぼスポーツ局でしか働いたことがなかったのに、いきなり日中と深夜と土曜の朝の番組すべてを統括し、同時に局全体の事業面も管理することになったのだ。私はその仕事の中身についてまったく知識はなかったが、トムとダンは私が仕事をやりながら覚えられると確信しているようだった。

昔からずっと、どんな仕事のチャンスも頼まれたら拒まないのが私の信条だ。理由のひとつは単なる野心だろう。昇進して仕事を学び、もっと大きなことをしたかったし、そのためのチャンスを逃したくはなかった。だがもうひとつには、馴染みのないことでもやり遂げる力があるということを自分に証明したかったのだと思う。

その点で、トムとダンは理想の上司だった。二人は経験よりも能力を重んじ、本人ができると思える以上の力を求められる仕事を部下に与えた。経験が大切でないというわけではないが、二人は「才能に賭ける」とよく言っていた。馴染みのない領域であっても、才能ある人たちを成長できる立場に置けば、自然にうまくいくはずだと信じていたのだ。

トムとダンは私を身内として扱ってくれるようになった。大切な意思決定に私を参加させてくれ、人事についても心のうちを打ち明けてくれた。その中には、ABCエンターテイメントの社長でプライムタイムを統括していたブランドン・ストッダードの人事も含まれていた。ブランドンは才能のあるテレビマンで、人気番組を見分ける鋭いセンスを持っていたが、エンタメ界でのし上がってきた多くの人がそうだったように、企業の枠に収まり切らない気性の持ち主でもあった。ハリウッドの裏も表も知り尽くしたブランドンは、トムとダンをエンタメのエの字も知らない田舎者だと思っていた。トムとダンへの軽蔑を隠さず、二人のやり方に合わせようともせず、彼らの意図を理解しようと努めることさえしなかった。そんな風に扱われたトムとダンにも当然イライラが募り、お互いが不信と敵意を抱くようになっていた。

ある金曜の朝、西六六丁目にあるABC本社の食堂で、私の向かいにダンが腰を下ろした。ダンと私は誰よりも早く出社していたので、ほとんど毎日のように食堂で顔を合わせ、お互いの近況を報告し合っていた。ダンは朝食のトレイをテーブルの上に置き、こう言った。「今日トムがロスに飛ぶことになってるんだ。どうしてだと思う?」

「わかりません。何かあったんですか?」

「ブランドンをクビにする」

そう聞いてもあまり驚きはなかったが、誰を代わりに据えるかについては二人から何も聞いていなかった。ABCエンターテイメントの社長がクビになればハリウッドで大きな話題になるはずだ。「代わりはどうするんですか?」そう聞いた。

「まだ決めてない」とダン。「どうにかしなくちゃいけないな」

その日付けで、ブランドンはクビになった。ダンもブランドンに会うため、その週末にロスに飛んでいた。翌週の月曜の夜、私の自宅にダンから電話がかかった。「ボブ、今何してる?」

「娘たちの夕食を作っています」

「明日の朝、こっちに来てほしいんだ。大丈夫かな?」

大丈夫ですと答えると、ダンは言った。「飛行機に乗る前に、覚悟しておいてほしい。

君にエンターテイメントを任せたいと思っている」

「何ですって?」

「ABCエンターテイメントの社長になってほしいんだ。とにかくこっちに来てくれ。話はそれからだ」

翌朝私はロスに飛び、すぐに二人に会いに行った。ブランドンとの確執が負担になりすぎていたと二人は言う。その週末、誰を後釜に据えたらいいかをいろいろと考えていたらしい。調査部門のトップだったアラン・ワーツェルを二人は気に入っていたし尊敬していたので、ワーツェルではどうかと考えた。そこで、コメディ部門を統括し、ドラマ部門のトップにもなったばかりのステュー・ブルームバーグに、ワーツェルはどうかと聞いてみた。ブルームバーグの答えは「無理ですね」。「この仕事は、クリエイティビティが求められるんですよ。調査部門のトップにできる仕事じゃありません!」そこで、次にこう聞いてみた。「ボブ・アイガーはどうだ?」ブルームバーグは私のことをあまり知らなかったが、オリンピックでの私の仕事ぶりを誰もが褒めていて、私が局内の人たちに好かれ尊敬されていることは知っていると言ったらしい。

また、私となら喜んで一緒に働きたいとブルームバーグは言った。トムとダンにはそのひと言で充分だった。「君にやってほしい」とトムが言う。嬉しかったが、私を社長に任命することは二人にとって大きなリスクであることも承知していた。エンターテイメント業界出身でない人間をABCエンターテイメントのトップに据えるのは、社の歴史でもはじめてのことになる。ほかのネットワーク局でも、ハリウッドの外の人間がエンターテイメント部門を率いた例はないはずだった。「私を信じてくださっていることは、ありがたいと思います」と答えた。「ですが、もう長いこと脚本を読んだこともないんですよ。大学でテレビの脚本制作の授業を受けたのが最後です。まったくの門外漢なんです」

二人はいつもの調子で、息子を諭すように私に言った。「あぁボブ、大丈夫。君ならできる」とトム。

するとダンも言う。「ボブ、君にここで生き延びてほしい。凱旋《がいせん》してくれると願っているよ」

その晩私は、ステュー・ブルームバーグとテッド・ハーバートと夕食を共にした。前社長のブランドンはこの二人と、ABCのプライムタイムの番組すべてを統括していた。これからは私が社長になり、ブルームバーグとハーバートが私の下でナンバーツーの責任を分担することになる。ハーバートが予定と編成を担当し、ブルームバーグが番組制作を担当することに決めた。どちらもエンターテイメントを知り尽くしたベテランで、特にブルームバーグは『素晴らしき日々』や『ロザンヌ』といった最近のヒット番組を作った立役者だった。二人の実績からすれば、これから上司になろうという私のような門外漢を毛嫌いしてもおかしくなかった。だが二人とも、これまで一緒に働いた誰よりも私の支えになってくれたし、最初の晩から全面的に助けてくれた。その晩の夕食で、私は彼らに助けを求めた。彼らはこの業界を知り尽くしているが、私は知らない。でも今は命運を共にすることになった。私が仕事を覚えるまで辛抱してほしいと頼み込んだ。「ボブ、心配はいらないよ。私たちが教えるから。きっとうまくいく。信頼してくれ」とブルームバーグが言ってくれた。

私はニューヨークに戻り、妻に相談した。ロスに行く前に、妻の了解なしに最終的な判断はしないとあらかじめ夫婦で決めていた。この仕事を受ければロスに引っ越すことになる。家族はニューヨークの暮らしを気に入っていた。マンションを改装したばかりだったし、娘たちもいい学校に通っていた。親しい友人もこの街にいた。妻のスーザンはWNBC（ニューヨークのローカル局）のエグゼクティブ・プロデューサーとして報道を担当していたし、ニューヨーク以外の場所には住みたがらない生粋《きっすい》のニューヨーカーだった。妻にとっては辛《つら》い決断だし、心の底では引っ越したくないのもわかっていた。だが、彼女もまた快く私を支えてくれた。「人生は冒険よ」と妻は言った。「冒険しなくちゃ、生きてることにならないわ」

翌日の木曜に、私がＡＢＣエンターテイメントの新しい社長になることが、トムとダンから発表された。その三日後、私はロスに飛び仕事に取り掛かった。

# 第3章　首位奪還

ABCエンターテイメントに着任してすぐは、パラシュートも着けずに空から飛び降りたようで、底なしに落ちていくような感覚に襲われた。私は自分に言い聞かせた。とにかくやるべきことをやれ、と。エンターテイメント部門を立て直すことが私の仕事だ。経験がないことは何の言い訳にもならない。そう心に刻んだ。

そんな状況に立たされたら、どうしたらいい？　まずは、自分を偽らないことだ。謙虚に、誰かのふりをせず、自分が何を知らないかを知ることからはじめなければならない。とはいえ、リーダーの立場にいる限りは、へり下りすぎて周囲の人を導けないようではいけない。謙虚さと卑屈さはまったく違うし、その点は私がいつも諭していることだ。必要なことはきちんと聞き、理解できないことははっきりと認め、学ぶ必要のあることはしっかり努力してできるだけ早く学ぶこと。知ったかぶりは自信のなさを周囲に撒《ま》き散らしているようなものだ。本物のリーダーシップとは、自分が何者かを知り、誰かのふりをしないことなのだ。

幸い、私にはステューとテッドがそばについていてくれていた。私は彼らに頼りっぱなしで、特に着任したての頃は世話になった。まずはじめに、朝食時、昼食時、夕食時のミーティングを来る日も来る日も延々と彼らがお膳立てしてくれた。当時、全米ネットワーク三社のトップはテレビ界で最も力のある存在だった（自分がそんな立場にいることが現実とは思えなかった）。そして、業界の誰もが、なぜ私がここにいるのかを疑問に思っていた。私はハリウッドの内情をまったく知らず、監督や俳優や脚本家との人脈もなければ、彼らのエージェントと仕事をした経験もなかった。業界用語も知らなかった。文化も理解できなかった。彼らにとってみれば、私はわけのわからない理由でニューヨークからやってきた管理職で、自分たちの創作活動に口出しできる大きな権限を持った人間だったわけだ。

そこで私は毎日、ステューとテッドがお膳立てしてくれたマネジャーやエージェントや作家や監督やテレビスターと会い続けた。ほとんどのミーティングで、みんなが私が何者かを探り、ここで一体何をするつもりなのかを聞き出そうとしていることが感じられた。

私はプライドがあだになって自分の長所が隠れないよう努力した。むきになって相手を感心させようとするのではなく、知ったかぶりをしたくなる衝動を抑えてたくさん質問するよう心がけた。自分が場違いなのはよくわかっていた。私はハリウッドでのし上がってきた人間ではない。強烈な個性もなければ、大物のオーラもない。知り合いもほとんどいない。そんなことを気にするよりも、自分の平凡さ、というかハリウッドに染まっていない自分らしさを出して、ある種謎の存在のままでいながら、そのあいだにできるだけ多くのことを吸収することにした。

私がロスに到着した時には、一九八九年から九〇年のプライムタイム（訳注／平日の二〇時～二三時、休日の一九時～二三時を指す）の番組編成を決めるまでにもう六週間しかなかった。着任初日に、四〇本もの脚本の束《たば》を渡されて読むように言われた。毎晩帰宅すると真面目にすべてのページに目を通し、余白に意見を書き込んでいったが、目の前の脚本がどんな映像になってスクリーンに映し出されるのかが想像できず、いい脚本と悪い脚本を見分ける能力が自分にはないのではないかと不安になった。自分は見るべきところをきちんと見ているのか？　ほかの人には見えることが自分にはまったく見えていないのでは？　最初のうちは、見えていなかった。翌日スチューやほかの人たちと一緒に脚本の束をじっくり見ていった。スチューは一瞬で脚本を細かく分析する目を持っていた。「二幕の冒頭《あたま》の男の動機がわかりにくいな」スチューがそう言うと、私は「えっ？　二幕って？

いつ一幕が終わったんだ？」と考えながら、慌てて膝の上でページをめくって脚本を読み直した（スティーとは親友のようになった。何も知らなかった私は彼を質問攻めにして疲れさせたが、彼は辛抱強く大切な教えを授けてくれた。彼が私に脚本の読み方だけでなく、クリエイティブ人種との付き合い方も教えてくれた）。

しかしそのうちに、自分がルーンのもとで長いあいだストーリー作りを見てきた経験から、多くを学んでいたことに気がつきはじめた。スポーツはプライムタイムの番組とは違ってはいたが、自分でも気づかないうちに、構成やテンポやわかりやすさについてスポーツ放送から大切な教えを身につけていたのだった。ロスに来て最初の週に、スティーブン・ボチコと昼食を取った。プロデューサーであり脚本家でもあるスティーブンは、NBCで大ヒットした『ヒルストリート・ブルース』と『L.A.ロー』を制作していたが、つい最近ABCと契約を結び、一〇シリーズのドラマを制作することになったばかりだった。

私は脚本を判断できる自信がないとスティーブンに打ち明けた。ドラマ用語も知らない私が、数多くの番組について素早く決断を下さなければならなくなってしまった。彼は心配いらないと私を慰めてくれ、彼のような大物から励ましてもらったことで私はほっとした。

「ボブ、それほど難しく考えなくていい。自分を信じるんだ」

当時、ABCのプライムタイムにはヒットドラマがいくつかあった。たとえば、『フーズ・ザ・ボス』、『愉快なシーバー家』、『ロザンヌ』、『素晴らしき日々』、『サーティーサムシング』といったところだ。しかし、圧倒的首位のNBCには相当に水をあけられていた。NBCとの差を少しでも縮めることが、私に課せられた仕事だった。私が社長になった最初のシーズンに一〇本を超える新番組がはじまることになっていた。『ファミリー・マターズ』、『コーキーとともに』（ダウン症のある人を主人公にしたテレビドラマはこれがはじめてだった）、そして『アメリカ超面白ホームビデオ』などだ。視聴者投稿番組の超面白ホームビデオはすぐさま大人気番組になり、今では三一シーズン目を迎えている。

スティーブンも、ABCではじめての大ヒットを飛ばした。私が着任した時、スティーブンはちょうど脚本を書き上げたところだった。ドラマのタイトルは『天才少年ドギー・ハウザー』。医学博士号を持つ一四歳の少年が医師としての毎日と思春期の男の子としての生活のあいだでドタバタを繰り広げるコメディだ。スティーブンは、主役への抜擢を考えていたニール・パトリック・ハリスのビデオを私に見せてくれた。私は確信が持てなかった。ニールがドラマを引っ張っていけるとは思えなかったのだ。スティーブンは、丁重ではあったがはっきりと私の意見を却下して、まだ私が何もわかっていないことをやんわりと伝えた。決定権を持っているのはスティーブンだった。しかも、どの俳優を起用するかだけでなく、このプロジェクトを先に進めるかどうかを決めるのも、私ではなくスティーブンだった。契約によると、もし私たちが彼の脚本にゴーサインを出せば、彼はかならず一三話まで制作する。もし私たちが彼の脚本を断れば、彼に違約金一五〇万ドルを支払わなければならない。この番組は、私がはじめてゴーサインを出した番組のひとつで、幸いニールの起用は大当たりだった。『天才少年ドギー・ハウザー』は四シーズンにわたって高視聴率を記録し続けた。それは、スティーブンとの長年にわたる協力と友情のはじまりだった。

そのはじめてのシーズンで、私はもうひとつの大きな賭けに出ることにした。『イレイザーヘッド』や『ブルー・ベルベット』といったカルト映画で有名なデビッド・リンチと、脚本家で作家のマーク・フロストがハリウッドのレストランで紙ナプキンの裏に走り書きした原案に、ABCのドラマ部門のトップが制作許可を出していたのだ。『ツイン・ピークス』という、太平洋岸北西部にある架空の町に住む美しい女子高生のローラ・パーマー殺害事件をめぐる、夢とうつつが交錯する奇妙なドラマだった。デビッドは二時間のパイロット版を制作し、私ははじめてそれを見ながら、こう思っていた。「何だこれは。見たことがないような代物だぞ。でも絶対に放送しなければ」

いつもの年と同じようにその春も、トムとダンとそのほかの数人のエグゼクティブが、そのシーズンの新番組のパイロット版を見にやってきた。『ツイン・ピークス』を上映し終わって照明がつくと、ダンはすぐさま振り返り私を見てこう言った。「何だかよくわからんが、すごくいいな」トムはそれほど気に入っていないようだったし、ニューヨークからやってきていたほかの重役も満足ではなさそうだった。全国ネットのテレビで流すには奇妙すぎ、暗すぎたのだ。

私はトムを心から尊敬しているが、このドラマは彼と闘ってでも放送する価値があると感じていた。ネットワークテレビ局の置かれた環境は変わっていた。ケーブルテレビが時代の先端をいく斬新な番組を放送するようになり、フォックスという新しい局が生まれ、ビデオゲームが拡大し、VCRが普及していた。そのすべてが私たちの競争相手になっていた。ネットワークテレビ局の番組は退屈で二番煎じだと私は感じていたし、『ツイン・ピークス』ならほかのどのチャンネルでも見られないような独創性を打ち出せるいい機会になると思った。周囲の環境が激変する中で、いつもの古いやり方にのうのうと頼っているわけにはいかなかった。ルーンの教えがここでまた蘇《よみがえ》った。イノベーションを起こさなければ死ぬ。私は経営陣を説得し、ABC本社からきた年寄りではなく、もっと若い多様な視聴者層にパイロット版を試写してもらうことにした。試写を見た人たちは、ネットワーク局でこのドラマを放送することについて、どちらかというと否定的だった。その理由は、あまりにもこれまでと違っていたからだ。しかし、まさにそのこと、つまり「違っている」という一点を理由に私たちはゴーサインを出し、七話まで制作することにした。『ツイン・ピークス』の放送開始時期は、シーズン途中からにすることにした。一九八九年秋ではなく一九九〇年の春に入れることにしたのだ。毎年のことだが、視聴率の悪い番組はシーズン途中で入れ替える。秋に放送がはじまる番組より、シーズン中の入れ替えに使われる番組の方が期待は低い。『ツイン・ピークス』にはその方が向いていると思った。そこで、春に放送する予定で制作を開始し、その後の数か月のあいだに最初の数話のラフカットが届きはじめた。トムは数か月前に私に制作の許可を与えてくれてはいたが、数話の映像を見て私にこう手紙を書いてよこした。「こんなものは放送できない。テレビで流したら、我が社の評判が地に堕《お》ちる」

私はトムに電話をかけ、『ツイン・ピークス』を放送すべきだと力説した。その頃にはもう、ABCがこのドラマに制作許可を出したことがハリウッドの内外で大きな話題になっていた。ネットワーク局のお堅いスーツ族が、クリエイティブ面でものすごい賭けに出たことが、ウォール・ストリート・ジャーナルの一面記事になっていたのだ。突然、私のところにスティーブン・スピルバーグやジョージ・ルーカスから電話がかかってくるようになった。当時撮影していた『フック』のセットで私はスピルバーグに会い、スカイウォーカー・ランチ（訳注／ルーカスフィルムの本社が入るスタジオ施設）でルーカスに会った。二人とも、ABCで何かやってみることに興味を示していた。これほどの大物監督たちがテレビに興味を示してくれること自体、『ツイン・ピークス』を作りはじめる前には考えられないことだった（二年後の一九九一年、ジョージ・ルーカスは『インディ・ジョーンズ／若き日の大冒険』を制作し、ABCで二シーズン放送された）。

私はトムに言った。「このリスクを取ったことで、クリエイティブ業界からありえないほど讃えられているんですよ。放送しないわけにいきません」トムの名誉のために言っておくと、この言葉で彼は納得してくれた。トムは私の上司だし、「申し訳ないが、やっぱりダメだ」と拒否することもできた。だが、ハリウッドでクリエイティブ人材を惹きつけることの大切さをトムは理解して、これは取る価値のあるリスクだという私の言い分を受け入れてくれたのだった。

私たちは三月末のアカデミー賞授賞式の放送で『ツイン・ピークス』を宣伝し、四月八日の日曜に二時間のパイロット版を放送した。当時のテレビ視聴者全体の三分の一にあたる三五〇〇万人が、この番組にチャンネルを合わせた。本編の放送日は木曜の九時に決まった。放送直後から『ツイン・ピークス』は大ブームを巻き起こし、この時間帯では過去四年で最も成功した番組になった。タイム誌の表紙も飾った。ニューズウィーク誌は「テレビではもちろん、それ以外のどんな場所でも見たことのないもの」と評した。その年の五月、私はニューヨークに出向いて、マスコミと広告主向けに新番組のお披露目のため毎春開かれる大イベントに出席し、壇上でスピーチをすることになっていた。「ネットワーク局の重役だって、たまには大きなリスクを取ることもあるんです」私がそう口にしたとたん、人々は立ち上がって拍手をしはじめた。長年仕事をしてきた中で、あれほど気分が舞い上がった瞬間はなかった。

だが、その興奮の波もすぐに引いていった。半年もしないうちに、『ツイン・ピークス』は文化現象からイライラの募る残念な作品へと落ちてしまう。デビッド・リンチには自由に創作する権限を与えていたが、最初のシーズンが終わる頃には、視聴者が何を求めているかについて言い争いが絶えなくなった。ドラマの鍵は、誰がローラ・パーマーを殺したかにあったのに、デビッドはその点を見失い、関係のないエピソードをただ漫然と並べているように、私には感じられた。

デビッドは今も昔も素晴らしい映画監督だが、テレビドラマの制作者としては失格だった。テレビ番組を制作するには、組織を管理する能力が必要になるが（締め切りに間に合うように脚本を書き上げ、撮影クルーを管理し、すべてをスケジュール通りにきっちり進めなければならない）、デビッドにはその能力がなかった。ドラマの筋書きにも管理能力は必要だ。映画なら観客を二時間釘付けにして、いい体験をさせ、心を躍らせながら映画館をあとにしてもらえばいい。シリーズもののテレビ番組の場合には、視聴者が毎週、また毎シーズン戻ってきてくれなければ困る。今でも私はデビッドを大好きで尊敬している し、彼の作品にはいつまでも畏敬の念を感じ続けるだろう。しかし彼にはテレビプロデューサーとしてのセンスが欠けていて、筋書きに締まりがなくなっていた。

「謎を解決するか、少なくとも解決できそうだと視聴者に思わせてほしい」と私は言った。

「私も含めて視聴者がイライラしはじめてるんだ」デビッドは、謎解きがドラマの一番の肝だとは思っていなかった。彼にとっての理想は、殺人犯は謎のまま、この町や人物のほかの側面が浮かび上がるようにすることだった。私とデビッドは堂々巡りを繰り返し、やっと二シーズン目の途中で殺人犯を明かすことで合意した。

だがそのあとは、物語がぐちゃぐちゃになってしまった。謎が解けてしまったら、筋書きを牽引《けんいん》するものが何もなくなった。しかも、制作もスケジュール通りにいかず、混乱し遅れが出た。デビッドに図抜けた才能があるのは明らかだが、テレビ番組の制作には向いていなかった。デビッドをクビにして経験豊富なベテランチームに交代させることも話し合った。だが、どちらにしても私たちが責められるのは目に見えていた。デビッドをクビにしたら、悪者になるのは私たちだった。そこで、『ツイン・ピークス』を土曜の夜に移すことにした。その方が視聴率を気にせず制作できると思ったからだ。だが、視聴率がガタ落ちすると、デビッドは私をおおやけに責めはじめた。殺人犯についての謎解きを迫り、さらには誰も見ない時間帯にこのドラマを移したことで、私が『ツイン・ピークス』に死刑宣告を下したと批判した。

今振り返ると、私が正しかったという自信はない。私は伝統的なテレビドラマの流儀を『ツイン・ピークス』の筋書きにも当てはめようとしていたし、デビッドは時代の先を行っていたのかもしれない。私は、デビッドが視聴者をイライラさせていると思っていたが、もしかしたら、「誰がローラ・パーマーを殺したか」をはっきりさせろと私が要求したことが、このドラマを別の混乱に導いてしまったのかもしれない。結局、デビッドの方が最初から正しかったのかもしれない。

創造のプロセスを管理するということは、それが科学ではないと理解することからはじまる。すべては主観であり、何が正しいかはわからない。何かを生み出すには大きな情熱が必要で、ほとんどのクリエイターは自分のビジョンや流儀が疑われれば、当然ながら傷つく。私は、制作側の人たちと関わる時にはこのことをいつも心に留めている。意見や批評を求められたら、制作者がそのプロジェクトに心血を注ぎ込んでいることや、彼らの人生がこの作品にかかっていることを、極端なくらい気にかけるようにしている。

だから決してはじめから否定的なことは言わないし、制作の最終段階でもない限り、細かいことも言わない。正確で俯瞰《ふかん》的な判断力がないことを隠すために、どうでもいいような細かいことにこだわる人は多い。小さなことからはじめる人間は、小さく見える。大筋がぐちゃぐちゃなら、小さなことを直しても意味がないし、重箱の隅をつつくのは時間の無駄だ。

もちろん、状況によって違う対応が求められるのは間違いない。J・J・エイブラムスやスティーブン・スピルバーグのような大物監督に意見するのと、自信も経験もない監督にアドバイスするのとでは、まったく違う。『ブラックパンサー』について、監督のライアン・クーグラーにはじめてじっくり私の意見を伝えた時、彼は明らかに不安そうだった。『ブラックパンサー』ほど莫大な予算が注ぎ込まれ、成功が義務付けられた、プレッシャーのかかる大作映画は、彼にとってはじめてだった。私は彼の感じているプレッシャーを受け止め、はっきりとこう伝えた。「君は本当に見事な映画を作ってくれた。私の思ったことをいくつか書き留めたが、それを渡す前にこのことだけは君にわかってほしい。何があっても私たちは君を信じているからね」

当たり前のことをはっきりと言葉にしただけだが、この当たり前がなかなかできない人は多い。経営者は作品が芸術的にも商業的にも成功を収めるように管理する責任があるが、その責任を果たすためには、創造性を損ねず作品作りを邪魔しないように制作過程を注意深く見守る必要がある。共感力がなければ創造性を上手に管理することはできないし、制作者を尊重することは作品の成功に欠かせない。

とはいえ、『ツイン・ピークス』の打ち切りが、そのシーズンの最悪の出来事だったわけではない。もっと大コケした番組があったのだ。一九九〇年の春、私は『コップ・ロック』の制作にゴーサインを出した。『コップ・ロック』はその後、深夜番組の笑いのネタにされ、史上最悪のテレビ番組として人々の記憶に残ることになった。だが、私は今も、ゴーサインを出したのは正しかったと思っている。

スティーブン・ボチコと知り合ってまもなく、『天才少年ドギー・ハウザー』のほかにもうひとつ考えている作品があると言われた。警官もののミュージカルドラマだ。以前に『ヒルストリート・ブルース』をブロードウェイでミュージカル化したいという話がスティーブンのもとに持ち込まれていたが、さまざまな理由でこの話はボツになった。が、ミュージカル化のアイデアはずっと頭に残っていた。しかも、ブロードウェイ版ではなく、テレビ版の警官ミュージカルをボチコは考えていた。スティーブンはこのアイデアをたびたび持ちかけてきたが、私は気が乗らなかった。スティーブンが作る警官ものは大歓迎だが、ミュージカルはいらないと思っていた。だがその春、『ツイン・ピークス』の最初のシーズンの当たりに気をよくしていた私は、とうとうスティーブンの話に乗った。「よし決めた。とりあえずやってみようじゃないか」スティーブンにそう言った。

ドラマの舞台はロス市警で、すべてが普通の刑事ものと同じように筋書きどおりに進んでいく。ただし、このドラマではクライマックスで登場人物が突然歌い出す。ブルースあり、ゴスペルあり、大勢での合唱曲もあった。パイロット版を見た瞬間に不自然だと思ったし、大コケするかもしれないとも感じたが、もしかしたら自分が間違っている可能性もあると思い直した。スティーブンの才能を心から尊敬していたし、いずれにしろゴーサインを出したからには一〇〇パーセント支える覚悟だった。

『コップ・ロック』がテレビにお目見えしたのは一九九〇年の九月。初放送の回にはいつも、ニューヨークにいる調査部長からロスにいる私に電話をもらい、視聴率を教えてもらっていた。今回は、調査部長にこう伝えていた。「視聴率がよければ、電話をくれ。悪ければファックスでいい」その朝五時、ファックスのうなる音で目が覚めたが、そのまま瞼《まぶた》を閉じて眠りに戻った。

蓋《ふた》を開けてみると、番組への評価は最悪というわけでもなかった。「大胆さ」を褒めてくれた批評家もいた。音楽さえなければ、スティーブンらしい見事な刑事ドラマだと言う人もいた。だが、それ以外のほとんどの人たちは、駄作だと言っていた。結局、『コップ・ロック』はその一二月に一一話で打ち切りになった。スティーブンは撮影現場でさよならパーティーを開き、スタッフを労《ねぎら》うと共に番組の打ち切りを残念がった。スティーブンがスピーチの最後に言った。「ファットレディーが歌うまで、番組は終わらないぞ」すると、頭上で空中ブランコに乗った巨漢女性の高音が響き渡った。

私も立ち上がって、出演者とスタッフにひと言声をかけた。「うまくいかなかったけれど、みんなで大きなことに挑戦できた。リスクを避けて通るより、たまには失敗しても大きなリスクを取る方がいい」

それは私の正直な気持ちだった。挑戦したことに悔いはなかった。その数か月後に『ツイン・ピークス』の打ち切りを決めた時も、同じ気持ちだった。無難なことだけやっていても意味がない。私は、非凡な作品を世の中に送り出す手助けをしたかった。プライムタイムの責任者になった初年度に学んだことの中で一番重要だったのは、失敗を恐れてはいけないということだ。努力不足はいけないが、避けられない失敗ならしてもいいと腹をくくれなければ、イノベーションは起こせない。

『コップ・ロック』が大コケしたことは、私とスティーブンの両方の責任だった。失敗したことを二人で笑い合い、ゴーサインを出したのは私だということを決して隠したりはしなかった。スポーツ局時代に、もっと厳しい状況で同じ教訓を学んでいた。つまり、自分のミスをなかったことにはできないし、判断間違いを誰かのせいにしてはいけないということだ。自分の失敗は自分で責任を取らなければならない。失敗したら誰かをかばい、成功したら誰かを褒めることで、周囲から尊敬され慕《した》われる人間になれるのだ。

『コップ・ロック』の傷が少し癒えた頃、スティーブンが「テレビ史上初のＲ指定（成人向け）ドラマ」を作りたいと持ちかけてきた。「スティーブン、ＮＢＣのためには『ヒルストリート・ブルース』や『Ｌ.Ａ.ロー』を作ってたじゃないか。あんなやつをうちでもやってくれよ。警官ものを作ってくれたのはいいけど、『コップ・ロック』じゃあな。しかも、今度は広告主が慌てて逃げ出しそうなドラマを作りたいなんて、どうしてだ？」

スティーブンがもう何もかもやり尽くして別のことをやってみたいと感じていたことや、テレビ業界の環境変化に彼がどれほど敏感に対応していたかを、その時の私は充分に理解できていなかった。ケーブル局であるＨＢＯの制作者はネットワーク局と違ってお堅い検閲に従わなくていいし、広告主に気を遣わなくていいから、おいしいところをさらっていけるとスティーブンは感じていた。だから、ネットワークテレビ初のＲ指定ドラマを売り込んできたのだった。それが『ＮＹＰＤブルー』だった。

テレビを取り巻く環境の変化やネットワークテレビ局の古臭い体質についてはスティーブンの言い分はもっともだと思ったが、R指定ドラマをテレビで放送する許可は絶対に下りないと思った。営業部門にも無理だと言われ、私もスティーブンに無理だと伝えたので、しばらくその話は立ち消えになっていた。だが私は、R指定ではなくギリギリのところまで限界を広げるようなものは作れるかもしれないと思っていた。スティーブンもそれならと興味を持ってくれた。「もしやるとしたら、どんなものになる？」と聞いてきた。

スティーブンと私は検閲部門に相談し、PG－13指定の枠の中で、何がテレビで許されて、何が許されないかを書き出してみた。規制に引っかかりそうな表現の一覧表も作った（「ボンクラ」はオーケー。「くそったれ」はNG。「プリック」は人を表す場合はオーケーだが、身体の一部を表す場合はNG）。ノートに裸体を描画して、どの角度なら規制に引っかからない程度にさらけ出せるかを考えた。

次の関門はダン・バークへの売り込みだった。ダンがロスにやってきた時に、スティーブンの事務所の近くで三人で昼食を取ることにした。私とスティーブンは例の表現の一覧と裸体画を見せて、なぜこのドラマが重要なのかを説明した。「わかった。許可しよう」とダンがやっと口を開く。「きっと炎上するぞ。そうなったら俺は尻拭いできんからな」と言って私を見た。「君が矢面に立つんだぞ」

今回もまた、トムとダンが私を信頼してくれたからこそ、リスクが取れたといういい例だった。二人が私にプライムタイムを任せてくれ、私は素早く結果を出し、そのおかげでかなりの裁量を得ることができた。何でも許してもらえるわけではなかったが、相当な自由を与えられ、力を使うことができたのだった。先任者のブランドン・ストッダードは二人にそこまで信頼してもらえなかった。ブランドンはトムとダンに敬意を払わず、だからトムとダンもブランドンを尊敬できず、そのせいでブランドンが本当にやりたいことをやろうとしても二人は絶対に許可しなかった。

ダンの了解を得たものの、そのあとには長く辛い制作期間が続いた。スティーブンがある方向に向かおうとするとABCの検閲チームが押し返し、妥協案に落ち着くまでそれを繰り返すことになった。『NYPDブルー』の放送がはじまったのは一九九三年秋。最初の計画よりも、お目見えは丸一年遅れた。全米家族協会はこのドラマのボイコットを呼びかけた。広告主たちも、スポットを買い控えた。提携局二二五社のうち五〇社以上が第一話の放送を別の番組に差し替えた。それでも批評家の受けはいつにもまして良く、次のシーズンでは全番組の中で視聴率のトップ一〇に躍り出た。『NYPDブルー』は一〇年以上プライムタイムの人気番組として不動の地位を守り、二〇ものエミー賞を勝ち取り、ネットワーク局が作った最高のドラマの一本と見なされるようになった。

私がプライムタイムを担当した五年のうちの四年にわたって、ABCは、最重要とされる一八歳から四九歳の層で念願の視聴率一位を獲得した。六八週にわたってニールセンのランキングでトップを走っていたNBCを引きずり降ろすことにも成功した（ABCが首位を取った時、NBCの成功の立役者だったブランドン・ターティコフからお祝いの電話がかかってきた。ブランドンは人徳があり、これから先も決して破られることのない記録を成し遂げた人物だ。「少し寂しい気持ちもあるんだ」と私は伝えた。「ジョー・ディマジオの連続安打記録が止まったようなものだからね」）。

私たちの成功はもちろん、チーム全員の努力のたまものだった。しかし今回の成功は私のキャリアではじめて、おおやけに自分の手柄として認められたものだった。ほかの人たちが作ったものが私の手柄になるのは、どこか妙な気分だった。ABCエンターテイメントの社長になった時に番組作りについては何ひとつ知らなかった私にすべてを教えてくれたのは、ここにいるきらめくような才能のある人たちだった。彼らは私が上司になっても敵だと思ったり縮こまったりせず、必死に働いてくれた。彼らの広い心のおかげで私たちはみんなで成功を勝ち取った。それなのに、その功績の大部分は私のものだと考えられていた。

だが一方で、私が責任者にならなければ、プライムタイムで視聴率トップに躍り出ることはできなかったのも本当だろう。ダンとトムの信頼があったからこそ、私は勇気を持って大胆な賭けに出ることができた。私に手柄があったとすれば、制作者に最高の仕事をするよう励まし、リスクを取りながら、彼らが失敗から立ち直れるように手を貸したことだろう。成功は全員の努力のたまものだが、エンターテイメント部門を経営したことで私は新しいスキルを得た。才能ある人たちの集団から最大限の力を引き出すには何が必要かを、私はここで学んだのだった。

ＣＥＯになってからは、自分があげた成果を認識しながらも、外の人たちから持ち上げられても天狗《てんぐ》にならないように気をつけることがますます必要になってきた。私は自分ばかりが注目され功績を強調されると、一緒に働いている人たちに申し訳なく感じてしまう。その気持ちが変な形で表に出てしまうこともある。社外の人とのミーティングで、相手が私ばかりを見て、私を囲んでいるたくさんの同僚の方には目もくれないこともよくある。ほかのＣＥＯはどうかわからないが、私は気まずくなって、つい同僚を褒めたりほかの人たちに注意を向けようとしてしまう。逆に、私が外でミーティングに参加する時には、かならずそこにいるすべての人と会話を交わし、全員とつながろうと努力する。それはほんのちょっとした仕草にすぎないが、どうでもいい存在として見過ごされた時の気持ちを私も覚えているし、世界が自分を中心に回っているわけではないことを思い出す貴重な機会にもなる。

一九九二年の感謝祭の週末、ダン・バークから電話があり、ABC本社の社長が引退すると伝えられた。私にニューヨークに戻って、ABCの社長を引き継いでほしいということだった。今回はそれほど驚きはなかった。エンターテイメントのトップになった時、トムとダンからは、ここがうまくいけば次はネットワークテレビ全体の経営を任せたいと言われていた。驚いたのは、いつからはじめるのかとダンに聞いたら、「一月一日から」と言われたことだ。それまで一か月余りしかなかった。

ニューヨークに戻れるのは嬉しかった。理由は仕事だけではない。その年のはじめに妻のスーザンと別居することになり、彼女は娘たちと一緒にニューヨークに戻っていた。スーザンはロスの水が合わず、別居してからはますますロスに寄り付こうとしなくなっていた。妻が一番落ち着けるのはニューヨークで、それは仕方のないことだった。私は娘たちに会うためにできる限りニューヨークに戻っていたが、その一年はとんでもなく憂鬱だった。

慌ててロスの自宅を売り、身の回りのものを持って、アッパーイーストサイドにあるマークホテルの一室に移った。そして一月一日、私は四一歳でABCテレビジョン・ネットトワークの社長になった。この日がいつかくることは薄々わかっていたが、それでも実際になってみると、どこか現実とは思えなかった。昔の上司が今や私の部下になる。ルーンは報道を担当し、デニス・スワンソンはスポーツを担当していた。テレビ局の重役としての振る舞い方を教えてくれたテッド・ハーバートとステュー・ブルームバーグが、私に代わってエンターテイメントを担当することになった。

それから一年足らずの一九九三年末、トム・マーフィーからオフィスに来てくれと呼び出された。「二月にダンが引退することになった」と言う。「君に後を引き継いでほしい」

「それは無理です」と私。「ついこのあいだ、社長になったばかりですよ。ABCの経営は誰がするんですか？　いくら何でも早すぎます」どんなチャンスも断らないのが私の信条だとはいっても、今回はさすがに早急すぎると思った。

八か月後、トムからまた話があった。「君しかいないんだ。この会社の経営を助けてほしい」一九九四年九月、私はキャピタル・シティーズ／ABCの社長兼最高業務責任者（COO）に就任した。ABCの社長になってからまだ一年と八か月余りしか経っていなかった。それは、目の回りそうな波瀾に満ちた昇進劇だった。普通なら、これほど短期間に誰かを昇進させるようなことは決してお勧めできないが、ここでもう一度言っておきたいことがある。とても大切なことだ。トムとダンの二人がいついかなる時でも私を信頼していると伝えてくれたからこそ、私はここまでこられた。

COOに就任してまもなくの一九九五年春、ウォルト・ディズニー・カンパニーのCEOであるマイケル・アイズナーがキャピタル・シティーズ／ABCの買収の可能性を探るため、私たちに接触してきた。当初は話がまったく進まず、そのままになっていた。ちょうど同じ頃、トムからは、引退するので私を後継のCEOとすることを取締役に諮《はか》るつもりだと知らされた。同じ年の七月、アイダホ州のサン・バレーで開かれたアレン・アンド・カンパニーの年次総会に参加した。私が駐車場でトムと話していると、キャピタル・シティーズの最大株主のウォーレン・バフェットとマイケル・アイズナーが親しげに話しているのが見えた。彼らがトムを呼んだので、トムが歩き去る前に私はトムにこう言った。

「お願いがあります。ディズニーに売ると決めたら、事前に知らせてください。いいですか？」

その知らせはすぐにやってきた。数週間後、マイケルからトムに申し出があり、ディズニーによるキャピタル・シティーズ／ABC買収の交渉が正式にはじまった。

# 第4章　ディズニー入社

ディズニーによるキャピタル・シティーズの買収劇についてはすでにたくさんのことが報道されているので私が付け加えられることはほとんどない。ただし、ABCのトップとしての私の立場から、またマイケルの要請で私が合併後五年は留まる契約を交わしたことから、私なりの視点で語れることはある。

マイケルは一九八四年以来ずっとディズニーのCEOを務めてきたが、一九九四年の春にCOOのフランク・ウェルズがヘリコプターの墜落事故で亡くなってからは、一年以上もナンバーツーを置かずに経営を行なっていた。もし買収が成立すれば、ディズニーの規模はおよそ倍になる。二つの企業を統合し、新たな合併会社を経営するのはひとりでは無理だということは、マイケルにもわかっていた。私にとっても、すぐにすべてを飲み込むのは難しかった。ついこのあいだまでキャピタル・シティーズ／ABCの次期CEOだと言われていたのに、ここにきて少なくともあと五年はディズニーのメディア部門のトップとして働いてほしいと頼まれたのだ。客観的には面白い仕事に見えるかもしれないが、その時は苦い薬を無理やり飲まされるような気分だった。

もし留まることにしたら、おそらくロスに戻らなければならず、それはいやだった。またしても娘たちと離ればなれになると考えただけでも苦痛だったし、ロングアイランドに住む年老いた両親の近くにもいたかった。そのうえ、一年ほど前から付き合ってきたウィロー・ベイとも婚約したばかりだった。ウィローもニューヨークで順調にキャリアを築いているところだった。ウィローは朝の人気番組の『グッド・モーニング・アメリカ』の週末版のキャスターを務め、ウィークデーに司会を務めていたジョアン・ランデンの後継者として大事に育てられていた。その彼女と離れたくはなかったし、彼女に仕事を辞めて大陸の反対側まで一緒に来てくれと頼むこともはばかられた。

そんなわけで、一方では辞めた方がいいという個人的な理由が山ほどあった。だがもう一方で、キャリア的には留まる理由も同じくらいたくさんあった。マイケルとは親しくなかったが、彼を好きだったし尊敬してもいた。私はマイケルと同時期にABCにいたこともあったが、当時は下っ端だったので一緒に仕事をしたことはなかった。マイケルがディズニーのCEOになったあと、映画制作部門の経営を任せるために雇われたジェフリー・カッツェンバーグとマイケルが、私に声をかけてきたことがある。当時ABCエンターテイメントの社長だった私を引き抜こうとしたのだ。今回、マイケルは私抜きでは買収が成立しないと言っていた。ということは、フランク・ウェルズが亡くなって以来空席になっていたCOOの席に、そのうち私を据えるつもりかもしれない。これまでの私なら、目の前の仕事に集中して、いつか就けるかもわからない仕事のことは考えないようにしていたが、将来ディズニーの経営者になれるかもしれないという可能性は、考えまいとしても考えずにいられなかった。

ウィローは全面的に私を支えてくれた。私がこの会社に留まれば、失うものは何もなく得るものははるかに大きいと言ってくれ、二人一緒なら何とかなると励ましてくれた。トム・マーフィーにも知恵を借りに行った。トムも悩んでいた（売却を成立させるには私をマイケルに差し出さなければならないからだ）。それでも、トムは自分の利益を脇に置いて、いつも私のいい相談相手になってくれた。「なあ、うまく立ち回れたら、いつか君があの会社を経営するようになるぞ」そう言ってくれたのは、トムの本心だったのが私にはわかった。

ディズニーとキャピタル・シティーズ／ABCが買収金額に合意したのは金曜の午後だ

った。細かい条件の詰めはまだ残っていたが、残された大きな問題は、私の去就だけだった。その夜、ウィローと私は結婚式を執り行なってくれるイエズス会の神父と夕食を取る予定になっていた（私はユダヤ教でウィローはカトリックだったので、カトリックのガーランド神父とニュージャージーのユダヤ教の司祭の両方に、結婚式を執り行なってもらうことにしていた）。ユダヤ教徒でバツイチの私は、神父に気に入ってもらおうと必死だったのに、買収の件で数分おきに電話がかかってくるたび、立ち上がって中座しなければならなくなった。ガーランド神父に無礼だと思われるのが心配で、私は神父に中座を謝り、とうとうこう打ち明けた。「私はユダヤ教徒ですが、神父さまと信者とのあいだの秘匿特権をお願いしてよろしいでしょうか？」

「もちろんですよ」

「エンターテイメント業界史上最大の合併がもうすぐ発表されますが、私がその会社に残るかどうかを今決めようとしている最中なんです。電話はその件です」

ガーランド神父がその件について知恵を授けてくれることはなかったが、私の決断がどちらに転んでもいいものでありますようにと祈ってくれた。それから結婚式についての話を続けたが、電話がかかってきて私が中座するたびに、神父はどこかウキウキしているように見えた。世界中の誰よりも先に史上最大級の買収劇の一端を垣間見ていることがわかっていたからだろう。

私は、トム・マーフィーが推薦してくれた弁護士のジョー・バチェルダーを雇い、土曜の朝にマンハッタンのミッドタウンにあるジョーの事務所に行って、すぐにでもこの件を解決したいと伝えた。留まる方に気持ちは傾いていたので、ディズニーの法律顧問だったサンディ・リトバックのもとにジョーを送って、私にとって妥当な条件をまとめるために闘ってもらうことにした。翌日の夜、ABCとディズニーの取締役が、ディズニーの顧問弁護士事務所のデューイ・バランタインに集まった。部屋の空気は張り詰めていた。取締役たちは細かい条件をあれこれと議論する一方で、サンディ・リトバックはジョーが頑《かたく》なすぎてすべてが水に流れかねないと文句を言っていた。途中でマイケル・アイズナーがトム・マーフィーを脇に寄せて、私に条件を飲むように言ってくれと頼み込んだ。その少しあとに、マイケル自身が私に詰め寄ってきた。「ボブ、一九五億ドルの案件より君との交渉の方が難儀だな。いいかげん、首を縦に振ってくれないか」

最後まで私が粘ったのは、誰が私の上にくるかという点だった。私がマイケルに直接報告する立場になることを正式に認めるようジョーは迫ったが、マイケルは拒否した。マイケルは社長を自由に任命できる権限を自分が保持し、私との間に誰かを入れる可能性を残したがった。そして彼にその権限があることを私にはっきりと知らせたがった。もちろん、私はマイケルのナンバーツーとして正式に認められることを望んではいたものの、彼が自分の気持ちを包み隠さず私に突きつけてきたことはむしろありがたかった。その晩ついに、条件を飲むとジョーに伝えた。いつかディズニーのCEOになる道が開かれることを望んではいたけれど(同時に何の保証もないことはわかっていた)、今は闘う時ではないと思った。合併を成立させるのが先決だったし、キャピタル・シティーズの社員がディズニーで厚遇されることに力を注ぎたかった。もし私が出ていってしまったら、キャピタル・シティーズの社員がディズニーに飲み込まれ、冷遇されることは避けられないと思われた。

翌日の夜明けにふたたび、六六丁目のABC本社に取締役全員が集まった。その日に合併を発表し、ABCのスタジオ(一九六〇年にケネディ対ニクソンのディベートが行なわれたTV-1というスタジオ)で記者会見を開いたあと、マイケルとトムが隣のTV-2というスタジオに移って朝の『グッド・モーニング・アメリカ』の生放送でインタビューを受けることが決まった。ディズニーによるキャピタル・シティーズ/ABCの買収は、本物の特ダネになるはずだった。ABCの報道局の中で、買収話がまとまったことを事前に知らされた人間はいなかった。その日は偶然にも、ウィローがジョアン・ランデンの代役を務めていた。相方の司会者だったチャーリー・ギブソンが隣のスタジオが騒がしいのに気がついて、ウィローに訊ねた。「隣で何が起きてるんだ? 一〇段階評価だと、どのくらいの大ごとだと思う？」ウィローはもちろん何が起きているかを知っていたが、秘密を守ってこう答えた。「一二ってところかしらね、チャーリー」

合併の発表とともに、私の五年間の契約延長も発表された。その後すぐに、私はキャピタル・シティーズ／ABCの重役全員を集めてミーティングを開いた。合併のニュースは寝耳に水で、全員がまだ呆然としていた。生涯をトムとダンに捧げてきた人たちもまだいたし、彼らは私を見てこう問いかけていた。「これからどうなるんだ？　どうしたらいい？」

私はできるだけ包み隠さずに話した。ディズニーの企業文化は私たちとはまったく違うが、トムが合併に合意したのはこの会社のみんなのためを考えてのことだった。とはいえ、新会社への移行は決して楽ではないはずだし、苦労は目に見えている。社員がどれだけ不安で落ち着かないかを私がわかっていることを、みんなに知ってほしかった。私たちが慣れ親しんできた企業文化はもう続かない。ディズニーは今までの会社より攻撃的で、クリエイティブで、ハリウッドの流儀で動く生き物だ。私の仕事はみんなが新会社にスムーズに移行できるようにすることだし、助けが必要ならいつでも私に頼れることを全員に知ってほしかった。

買収そのものについては、一九五億ドルという金額に度肝を抜かれた人は多かった。一方で、トムがもう少し粘っていればもっと高く売れたのにと言う人もいた。どうなっていたかは、誰にもわからない。だが、ディズニーにとっては安い買い物になった。それは確かだ。買収に踏み切ったマイケルの勇気を讃える人はいなかったが、彼の大胆な賭けはその後長年にわたってディズニーに利益をもたらした。合併によってディズニーは独立を保つだけの企業規模を確保したが、ほかのエンターテイメント企業は激変する競争環境の中で規模の小ささが命取りになることに遅ればせながら気づくようになった。キャピタル・シティーズの買収によってディズニーが獲得した資産、特にESPNは、その後何年にもわたって成長の原動力になり、ディズニー・アニメーションの失敗作が続いた約一〇年の間、興行収入の落ち込みを補う役目を果たしたのだった。

合併の発表から数週間後、私はコロラド州のアスペンに飛び、マイケルとその妻のジェーンとともに、スノーマスにある彼らの別荘で週末を過ごすことになった。建築家でディズニーの取締役でもあるボブ・スターンが設計した巨大なログハウスは、アスペンの頂《いただき》に囲まれた谷間にひっそりと建っていて、息を飲むほど美しかった。その場所の何もかもが上品な雰囲気をかもし出していた。

ディズニーは買収した資産について適正評価を行なっていたが、所有することになる企業の複雑な内側をすべて事前に理解するのは到底無理だった。私は別荘にバインダーを何冊も抱えて行った。ABCとその系列局、ESPN、拡大中のラジオ事業、新聞と雑誌を抱える出版事業、ケーブルテレビ局、そのほかの小さな事業の寄せ集めなど、キャピタル・シティーズの数多くの事業の詳細が、それぞれのバインダーにひとつずつ収められていた。「ディズニーのチームは評価を急いでいましたよね。だから、見落としていることもたくさんあるんです」そうマイケルに告げた。

それから二日間かけて、キャピタル・シティーズのすべての事業をマイケルに説明していった。テレビ局を買ったつもりかもしれないが、事業内容ははるかに複雑だった。説明は、ESPNの権利案件から、目の前に迫ったABCと全米フットボール・リーグ（NFL）の交渉まで、すべてに及んだ。ラジオ事業といっても、地方放送からトーク番組、WABCまでさまざまだったし、放送中の問題発言で炎上してしまったトーク番組の司会者の扱いも話題にのぼった。バーバラ・ウォルターズの契約がもうすぐ終了することや、報道部門の経営の難しさといった、微妙な問題も話し合った。私はこの会社の複雑さを延々と説明することになった。マイケルには現実を理解してほしかったし、私がそのすべてに通じていることを彼に知ってもらいたかった。

マイケルは明らかにうろたえていた。当時まだ彼は五二歳で、一年前に心臓バイパス手術を受けたばかりだった。妻のジェーンは彼の食生活や仕事のスケジュールや毎日の運動に目を光らせていた。この頃、ジェーンはマイケルに生活スタイルを変えるように強く訴えていて、今回の買収のせいで彼女の不安は一層高まっていた。ジェーンはマイケルに少し仕事を控えてほしいと思っていたのに、そこに私がやってきて、「思っているよりはるかに大変な力仕事になるし、すぐにでも解決しなければいけない問題が山積みなんです」とわざわざマイケルに伝えたのだ。

その週末の終わりに、マイケルは私を空港まで車で送ってくれた。空港に行く途中で、近くの別荘にいたマイケル・オービッツとその家族のところに立ち寄った。ジェーンとマイケルはオービッツ一家とハイキングにいく予定を立てていた。家族ぐるみで親しい付き合いをしているとは知らなかったが、その午後に、マイケルとオービッツの気が合っているのは見てとれた。オービッツはCAAという芸能プロダクションを共同創業し、その会社を世界最強のタレントエージェンシーに育て上げた人物だ。そのオービッツが、ユニバーサル・スタジオの経営者の椅子を狙ってCAAを辞めたことは知られていた。結局ユニバーサルの社長にはなれなかったものの、オービッツはハリウッドで第二のキャリアをはじめようとしていた。空港に向かい、ニューヨークに戻る飛行機の中で、マイケルがオービッツをナンバーツーの地位に就けようとしているのではないかという疑念が頭から離れなかった。

その疑念が当たっていたとわかったのは、一週間後だ。マイケルが電話をかけてきてこう言った。「君の説明で目が覚めたよ。新会社の経営は並大抵のことじゃない」ジェーンも心配しているんだ、と言う。そしてずばりとオービッツについて切り出した。「条件に合意した時、私たちの間に誰かを入れる可能性を残しておいたよな」わかっています、と私は言った。保証がないことは覚悟していた。「そうか、じゃあ言うが、マイケル・オービッツを雇うことにした。オービッツが君のボスになる」

オービッツはウォルト・ディズニー・カンパニーの社長になった。COOではない。組織図の上ではオービッツが私の上司になるものの、マイケルの後継者と決まったわけではなかった。一瞬がっかりはしたが、マイケルが、条件の交渉中も今も、私に包み隠さず本心を教えてくれたことはありがたかった。マイケルは甘い言葉でごまかしたり、条件を取り繕《つくろ》ったりしなかった。私はまだ四四歳で、学ぶことは多く、はじめから上司二人に歯向かっても何の得にもならない。仕事がうまくいくように努力する方が先だった。マイケル・オービッツの社長就任が発表されたあと、ニューヨーク・タイムズの記者にこう答えた。「マイク・アイズナーが、その方が会社のためだと思ったなら、私は彼の直感を信じます」私の言葉が新聞に載ったその日にディズニーの重役から、マイケルが「マイク」と呼ばれるのを嫌っていると知らされた。仕事をはじめる前から、私はもうボスを怒らせてしまったのだった。

それからすぐに、オービッツを雇い入れたことに対して、私よりもほかの重役の方がはるかに強い反感を抱いていることを知った。ディズニー・スタジオのジョー・ロスは激怒し、法律顧問のサンディ・リトバックと最高財務責任者（CFO）のスティーブ・ボレンバックは新しい上司が気に入らず、オービッツへの報告を拒否していた。バーバンクのディズニー本社から約五〇〇〇キロも離れたニューヨークにいた私でさえ、ディズニーの上層部に鬱憤が充満していくのが感じられるほどだった。マイケル・オービッツを雇い入れることが発表された瞬間から社内闘争がはじまったが、それがどれほど厳しい抗争になるのか、私はまったくわかっていなかった。

それから連邦通信委員会（FCC）の承認が下りるまでの数か月のあいだ、私は毎週ロスに飛び、これから一緒に仕事をすることになるさまざまな重役たちと顔を合わせた。ウィローも私も、合併が正式に承認されたら新婚旅行に行けなくなるのがわかっていたので、当初の予定より早く一九九五年の一〇月に結婚した。

新婚旅行は南フランスの超高級なグラン・オテル・デュ・カップ・フェラで過ごした。

するとホテル宛てに超巨大な小包が届いた。中にはお揃いのミッキーマウスのパジャマ、新郎新婦のためのミッキーの帽子とドナルドダックのスリッパほかディズニーグッズが山ほど入っていた。あまりにも大量に、しかも派手派手しいグッズが届いたので、どうしたものかと頭を悩ませた。結局チェックアウトの時に部屋にそのまま置いて帰ることにした。もしかしたら誰かが見つけて喜んでくれるかもしれないし、子供に持ち帰ってくれるかもしれないと思ったのだ。だが、チェックアウト後に私たちの部屋に入ったホテルのスタッフが大量のミッキーマウスグッズを見つけた場面を想像すると、いまだに少し恥ずかしくなる。私自身、あのグッズの山を見て、ウィローにこう言ったのを覚えている。「とんでもない会社に入ってしまったな」（マイケルと一緒に何年も働いたが、そのあいだミッキー柄《がら》でないネクタイを締めているのを一度も見たことがない。重役たちはみんなミッキーのネクタイを締めるよう推奨されていたが、私は知らないふりをしていた）。

もちろん、両社の違いは身に着けるものにとどまらず、はるかに深く大きかった。企業文化と仕組みのすべてが違っていた。トムとダンは温かく、いつでも時間を割いてくれた。もし問題があれば、すぐに会ってくれた。アドバイスが必要な時には、惜しみなく相談に乗ってくれた。二人は経営者として経費抑制と利益拡大に集中し、彼らと同じ信念を持ち、彼らのためにとことん身を捧げてくれる重役を周囲に置いていた。また、トムとダンは、企業の権限は分散されるべきだと信じていた。任された予算を守り、倫理に従って行動している限りは、現場の人間に自分の頭で考えて働く自由が与えられていた。CFOと法律顧問以外に本社スタッフはいなかったし、中央集権的な官僚制は存在せず、事業部への介入もほとんどなかった。

ディズニーは正反対だった。マイケル・アイズナーとフランク・ウェルズは着任早々に戦略企画部という本社部門を設立し、高学歴で攻撃的なスタッフでこの部門を固めた（この部門のスタッフは全員がMBA〔経営学修士〕を持っていて、多くはスタンフォードやハーバードなどで学んでいた）。彼らは朝から晩まで分析に没頭し、マイケルが求めるデータや知見を巧みに提示できた。マイケルはそうしたデータや知見から裏付けを得た上ですべての事業判断を行ない、一方でクリエイティブに関する意思決定もすべて彼自身が行なっていた。戦略企画部は全社にわたって巨大な権限を持ち、事業部を統括する重役全員に対してその影響力を存分に振りかざしていた。

マイケルのCEOとしての在任期間は二一年に及んだが、私がディズニーに入ったのはちょうどその真ん中あたりだった。マイケルはアメリカ産業界で最も成功し華々しく持ち上げられていたCEOのひとりで、最初の一〇年間に非凡な成果をあげていた。ディズニーのテーマパークとリゾートをどんどん拡大し、新たな価格戦略によって大きな利益を生み出した。クルーズ船の事業をはじめたのもマイケルで、ほかの事業に比べると規模は小さいものの、利益は安定していた。八〇年代後半から九〇年代前半を通して、アニメーション部門からは、『リトル・マーメイド』、『美女と野獣』、『アラジン』、そして『ライオン・キング』と次々にヒット作品が生み出された。アニメのヒットによってグッズの売り上げも爆発的に増加した。ディズニー・ストアの売り上げも、ライセンス売り上げも、グローバルな商品売り上げも、アニメにつられて拡大した。アメリカ国内で立ち上げたディズニー・チャンネルもまたたく間に成功し、映画制作部門のウォルト・ディズニー・スタジオも実写映画のヒット作品を連発していた。

しかし、私たちを買収した頃から、綻《ほころ》びは現れはじめていた。フランク・ウェルズが亡くなったことでマイケルとジェフリー・カッツェンバーグの確執は深まっていた。マイケルがCEOになって最初の一〇年間にアニメーションが成功したのは、ほぼ自分の手柄だとカッツェンバーグは主張していた。それなのに、マイケルはフランク・ウェルズの後釜にカッツェンバーグを据えなかった。むしろカッツェンバーグが昇進への圧力をかけてきたことをマイケルは怒っていた。一九九四年、心臓バイパス手術からほどなくして、マイケルはカッツェンバーグを辞任に追い込んだ。このことで二人の確執はおおやけになり、激しい法廷闘争にまで発展した。そうしたゴタゴタに加えて、ディズニーのアニメーション部門が凋落の兆《きざ》しを見せていた。ここからの数年間は、大作アニメが次々に失敗した。『ヘラクレス』、『アトランティス』、『トレジャー・プラネット』、『ファンタジア2000』、『ブラザー・ベア』、『ホーム・オン・ザ・レンジ』、そして『チキン・リトル』など、大コケが続く。『ノートルダムの鐘』、『ムーラン』、『ターザン』、『リロ・アンド・スティッチ』はほどほどの成功を収めたが、その前の一〇年間に公開された作品に比べると、芸術的にも商業的にも比べものにならないほど劣っていた。マイケルの名誉のために付け加えておくと、この期間にピクサーとの提携を結んだのはマイケルの功績で、ピクサーとの関係からはこれまでにない優れたアニメーション作品が生まれていった。

買収直後から、ディズニーのチームは、新入りの私たちを彼らのいいように扱った。例の戦略企画部がその中心になっていた。戦略企画部のやっていたことすべてが悪かったわけではないが、それまでトムとダンのやり方に慣れていた私たちの働き方とは正反対だった。ディズニーでは権限が完全に中央に集中し、手続きが重視されていたので、私たちは彼らのやり方に苛立ち、反感を覚えた。また、ディズニーにとってははじめての大企業の買収だったこともあり、思いやりや気配りを持って統合を進める必要があるということに、考えが至らないようだった。お互いの違いを話し合いによって穏やかに解決していくこともできたはずなのに、権威を振りかざしたり命令したりする調子が目立った。ディズニーに買収された私たちの側が、どんな場合でも彼らの意思に従うべきだとでも思っているようだった。それではキャピタル・シティーズから来た社員は面白いはずがない。私は高い地位にいたので守られていたが、下にいる社員の多くはこれからどうなるのかと心配していた。私は長い時間と多大な労力を割いて部下たちの不安をなだめ、困っていることがあったら間に入って助けた。

実は、私自身もまた困ったことになっていた。キャピタル・シティーズを買収後すぐ、ディズニーは新聞事業を丸ごと売却した。それは、新聞業界が底なしの不況に陥るより何年も前に下した、賢い決断だった。だが、雑誌はまだいくつか持っていて、ファッション誌のWもそのひとつだった。ディズニーの傘下に入ってまもなく、Wの編集長からジェーン・プラットの話を聞いた。プラットはサッシー誌の創刊者で、VH－1やMTV（訳注／ともにアメリカのケーブルテレビ・チャンネル）に早くから出演していた。そのジェーン・プラットが、「今どきのグローバルな若者」に向けたジェーンという雑誌の発行を考えているという。

プラットがやってきて、雑誌のアイデアを話してくれ、私はそれを気に入った。というのも、この雑誌を通して、トレンドに敏感な若年層とつながることができるかもしれないと思ったからだ。ビジネスプランは筋が通っていたので、私はゴーサインを出した。するとすぐ、トム・スタッグスから電話がかかってきた。スタッグスはのちにCFOとして私を助けてくれることになるが、当時は戦略企画部で働いていた。戦略企画部のトップを務めるラリー・マーフィーの言いつけで、スタッグスは私に連絡してきたのだ。戦略企画部が徹底的に分析してからでないと、社内のどの事業部も、拡大や投資や新しいことは許されないんです、とスタッグスはおずおずと切り出した。彼らが分析を終えてから、どうすべきかをマイケルに推奨するのだと言う。

スタッグスが申し訳なさそうにしていたので、私は穏やかに、この件は進めるつもりなのでアドバイスは必要ないとラリーに伝えてほしいと頼んだ。

するとすぐにラリー・マーフィー本人から電話があった。何事が起きているのかと私に訊ねてきた。「雑誌を創刊したいそうだな？」

「ええ」

「いくらかかるかわかってるのか？」

「ええ」

「いいアイデアだと思ってるのか？」

「ええ」

「ディズニーのやり方は違うぞ」

結局、ラリーは新雑誌を許可してくれた。入ったばかりの私と揉《も》めるのは得策でないと思ったのだ。しかし、彼の言いたいことは、はっきりと伝わった。これ以降は独断は許されないということだ。

実のところ、これは小さな案件で、時間とお金をかけるほどの価値はなかったかもしれない（とはいえ、最終的にはWとジェーンの両方をコンデナストに売却し、利益を得ることができた）。しかし、一緒に働く人に話す時には、相手への信頼を伝えつつ、起業家精神を傷つけないようにすることもできるはずだ。ダン・バークのもとで働きはじめた頃に、私はまさにこのことを教わった。それはディズニーの戦略企画部とは正反対の姿勢だった。何の件だったかはっきりとは覚えていないが、私が考えていた新規プロジェクトについて話している時に、ダンがメモを手渡してくれた。そのメモにはこう書いてあった。「トロンボーン用潤滑油の製造業に参入しようなんて、夢にも考えちゃいけないよ。世界一のトロンボーン潤滑油メーカーになれるかもしれないが、消費量なんてたかが知れてるんだから！」会社と私のリソースを割いたところで、たいした利益のあがらないプロジェクトには投資するなとダンは言いたかったのだ。ダンはとても前向きな伝え方で知恵を授けてくれた。私はいまだにそのメモを机の中に入れていて、たまにそのメモを引っ張り出して、ディズニーの重役たちにどのプロジェクトを追いかけるべきかやどこに労力を注ぐべきかを語っている。

私がディズニーの文化に必死に慣れようとしているあいだに、上司になったマイケル・オービッツとマイケル・アイズナーの関係は急速に悪化していった。二人の確執は社内の多くの人たちの目の前で激しくなっていき、見るのが苦痛なほどだった。

マイケル・オービッツが正式にディズニー入りしたのは一九九五年一〇月だが、適性といいタイミングといい、彼がディズニーに合わないのは最初から明らかだった。オービッツはCAAを辞めたものの、ユニバーサルのCEO争いに敗れていた。彼がハリウッドの頂点に立ち続けたがっていることや、マイケル・アイズナーの右腕という地位が彼の命綱になったことは、周囲も感じていた。

しかし、タレントエージェンシーでの意思決定のプロセスは、大企業のやり方とは、特にディズニーのようなガチガチの官僚的な企業とはまったく違う。オービッツは、CEOの右腕として複雑な事業体の経営を助けるより、知り合いの大物有名人を使ったアイデアを次から次へと思いつきで投げてばかりいた。未上場のタレントエージェンシーの共同創業者だったオービッツは、自分があれこれと口にした思いつきを誰かがすぐに実行してくれることに慣れていて、ディズニーでも同じようにできるはずだと思い込んでいた。彼はエージェントとしては一流で、クライアントのために目の前の仕事をすべて投げ出して時間を作り、話し相手になっていた。だがそんな彼のやり方はディズニーには合わなかった。トム・クランシー、マジック・ジョンソン、マーティン・スコセッシ、ジャネット・ジャクソン（および、それ以外の数々の有名人）に、ディズニーの事業拡大につながるような話をバラバラに持ちかけていた。大物有名人に、ディズニーが彼らのためにできることをいつもあれこれと売り込んでいたのだ。こうしたことは話題作りにはなるが、ほとんどの場合はうまくいかなかった。案件を担当する重役が時間と労力を注ぎ込んで、事業なりプロジェクトなりのすべての面に責任を持って最後までやり遂げることが必要になるからだ。また、大物タレントは何でも自分の好きなようにできると勘違いしてしまうが、どんなアイデアも慎重に吟味するディズニーのような企業では、そんな誤解が悲惨な結果につながりかねなかった。

私はニューヨークが本拠だったが、毎週ロスに飛んでマイケルとの月曜の昼食会に参加していたので、ゴタゴタのすべてを目の前で見ることになった。オービッツは会議にやってきてはさまざまなアイデアを熱く提案していたが、この世界を知り尽くしたマイケルがオービッツのアイデアにほとんど興味を持っていないのは、誰の目にも明らかだった。マイケルが事業の近況説明や新しい戦略を真剣に説明しているあいだ、無視されたと感じたオービッツはあからさまに聞いていないふりを見せつけ、無関心を装っていた。どの会議でもこの光景が繰り返された。二人の仕草を見るだけでも苦痛で、その不快感が経営陣全員に影響しはじめた。企業のトップ二人の関係が壊れていれば、その下の人たちがうまく機能できるはずがない。両親がしょっちゅう喧嘩している家庭と同じだ。子供はストレスを感じ、親を嫌悪し、周囲をも恨むようになる。

私はそのあいだずっとオービッツには礼儀を欠かさず、直属の上司である彼に敬意を払っていた。私の統括していた事業について彼を教育しようと試みたこともあった。ネットワークテレビの視聴率の仕組みや、ESPNの放映権や、タレント契約の細かい点についてよく理解してもらえるように説明しようとしても、そのたびにオービッツはまったく関心を示さなかったり、電話で中断されたりした。ある時、オービッツは私のオフィスでクリントン大統領からの電話を受け、私をオフィスの外に座らせたまま四五分間話し続けた。トム・クルーズからの電話で別の会議が中断されたこともある。会議がはじまって数分もしないうちにマーティン・スコセッシから電話がかかってきて、会議がそのまま終わったこともある。会議という会議がキャンセルされるか、別の日に変更されるか、短くなった。そんなわけで、早い時期からディズニーの上層部は、オービッツのとんでもない傍若無人ぶりを陰で批判していた。自分の時間を管理し、他人の時間を尊重することは、管理職として何より大切なスキルのひとつだが、オービッツにはそれがまったくわかっていなかった。

オービッツは自分のアイデアが採用されず、マイケルからは干されて社内の重要な役割を外され、怒りと屈辱を感じるようになっていた。たとえオービッツが完全な裁量を与えられ自由に仕事をさせてもらえていたとしても、ディズニーではやっていけなかったと思う。彼は企業で働くことに向いていなかった。会議の前日に資料の束を渡しても、まったく読まずにやってきて「ファクトを教えろ」と言い、思いつきを口にする。すべての情報を吟味して素早く動いているとは思えなかった。彼の場合はそれとは正反対だ。準備不足を取り繕っていただけだ。ディズニーのような会社では、やるべきことをきちんとやっていなければ周囲はすぐに気づいて、その人への敬意は消え失せる。出たくない会議に出なければならないことも多い。リーダーもまた学び、吸収することが必要だ。ほかの人の問題にも耳を傾け、解決策を見つける手助けをしなければならない。いい経営者になるということは、そういうことだ。オービッツは経営者ではなく、まだタレントエージェントのままだった。エージェント業については彼の右に出る者はいないが、それはディズニーの仕事ではなかった。

一九九六年四月、マイケル・アイズナーがニューヨークの私のオフィスを訪ねてきた。彼は私の部屋に入るとドアを閉めて言った。「オービッツとうまくいってないのはわかっている。彼を雇ったのはとんでもない失敗だった」ディズニー・スタジオを統括しているジョー・ロスをはじめとした重役たちが鬱憤を溜め込んで「もう辞めたい」と話していることも、マイケルは知っていて、私にどうか辞めないでくれと頼み込んだ。私は辞めるつもりはなかった。もちろん、今の状況は気に食わなかった。ディズニーでの最初の半年は、これまでの仕事人生の中で最もやる気を削《そ》がれ、仕事がやりにくい期間だった。だが私は新入りでニューヨークにいたので、ほかの重役ほどには苦痛を味わわずに済んでいた。難しい問題だがマイケルが対処するものだと思っていたし、彼に余分なストレスを与えたくなかった。

「いつやるかはまだはっきりと決めてないが、オービッツをクビにするつもりだ」とマイケルは言う。くれぐれも内密にしてほしいと頼まれたので、もちろん誰にも言わないと約束した。マイケルがほかの誰にこのことを話したかはわからなかったが、数週間のうちにマイケルからオービッツに言い渡すのだろうと思っていた。だが数か月経っても動きはなく、社内の緊張と混乱はますますひどくなっていった。トップの二人も、経営陣も、オービッツの下にいたスタッフ全員も、疲れ切っていた。いいかげん出血を止める時だった。

オービッツをクビにすると私に話してから八か月後の一二月、マイケルはとうとうオービッツを解雇し、ディズニーの歴史における痛々しい一章にピリオドを打った（しかし、オービッツが一億ドルを超える退職慰労金を受け取ったことに対して株主代表訴訟が起こされ、そのせいで痛みは長引いた）。今、私とオービッツは穏やかな関係にある。彼は私がCEOになってからのディズニーの成功を喜んでくれているし、当時を振り返るとオービッツは悪者ではなく、大失敗を引き起こしたたくさんの参加者の中のひとりだと思える。オービッツにとって、ディズニーはあまりに文化が違いすぎたのだ。

オービッツもマイケルも、うまくいくことを望んでいたし、どちらにもそれぞれに強い想いがあった。マイケルはオービッツが仕事のやり方を承知しているものだと期待していたが、オービッツは巨大な上場企業の枠組みの中で成功するためにどう自分を変えたらいいのかまったくわかっていなかった。

二人ともうまくいかない可能性をはじめから考えておくべきだったのに、自分の求めるものしか目に入らなかったばかりに、厳しい問いをわざと避けていた。自分が渦中にいる時には、なかなか厳しい問いを自問できないものだ。しかし、どうしたらうまくいくのかを自分に説得できないまま、ただうまくいくはずだと希望を抱いても仕方がない。そんな時こそ、警戒心を発揮して、頭をはっきりさせるような質問をじっくりと検証してみるべきだ。どの問題を解く必要があるのか？　解決策は理にかなっているか？　自信がないとしたら、それはなぜだろう？　今やっていることは健全な理由からか、それとも何らかの身勝手な理由からなのか？

# 第5章 ナンバーツー

それから三年間、マイケルはナンバーツーを置かずに経営し続けた。オービッツが去ったことで私との関係は近づいたが、時折マイケルの警戒心を感じることもあった。マイケルは私が彼の地位を狙っていると思っていたし、全面的に信頼してくれてはいなかった。そんなわけで、私たちはつかず離れずの距離を保っていた。マイケルが私の意見を聞いてくれ、悩みを打ち明けてくれることもあれば、突然突き放してよそよそしくなることもあった。

買収されたあとも会社に残ったのは、いつかディズニーの経営者になれるかもしれないと考えたからだが、だからといってマイケルの首を取ろうと思っていたわけではない。自分にできる最高の仕事をし、この会社のあらゆる面について学べることはすべて学ぼうと思っていた。これまでのキャリアでもそうだったように、もしマイケルが自ら引く時がきたら、チャンスを摑む準備ができているようにしておきたかった。

これまでに、野心を育てるにはどうしたらいいかと何度も聞かれた。自分の野心を伸ばすコツも、また部下の野心を育むコツもよく聞かれる。リーダーは、周りの人間が積極的に困難に挑戦し、より大きな責任を引き受けるよう励ますべきだが、一方で、望みの仕事ばかりを夢見て今の仕事がおろそかにならないようにしなければいけない。野心が先走りすぎるとチャンスを摑めない。特定の仕事やプロジェクトを狙っていても、実際にそれが手に入るチャンスはほとんどない場合も多い。遠い将来のかすかなチャンスにしか目が向かないと、問題が起きる。今の仕事に耐えられなくなるのだ。別の何かを追い求めるあまり、目の前の責任をきちんと果たせなくなる。そうなると、野心が仕事の邪魔になる。上手にバランスを取ることが大切だ。つまり、今ある仕事をうまくやり遂げ、じっくり構えて、出番を探して成長しながら可能性を広げ、何らかのチャンスが現れた時に、自らの勤勉さと熱量と集中力を発揮して、上司から頼りたいと思われる人間にならなければならない。逆に、上司の立場ならば、そんな人間を育ててほしい。昇進を追い求め、自分が活用されていないと文句を言う人間ではなく、自分がかけがえのない人材であることを日々証明し続けている人間に、目をかけてほしい。

ほかの多くのこともそうだが、トムとダンはこの点でも素晴らしいお手本だった。彼らは私の成長に投資し、私に成功してほしいと伝え続け、私が学ぶべきことを学べるように障害を取り除き、昇進して経営者になるための道を作ってくれた。私はその一歩一歩の段階で必死に努力し、できる限りのことを吸収した。私が成果をあげれば、彼らがより大きな仕事を与えてくれるとわかっていたからだ。そのおかげで、私は二人に深い忠誠を感じるようになっていた。

とはいえ、たいていの場合、CEOとその後継者は緊張関係にあるものだ。人は誰しも、自分に代わる人間はいないと思いたがる。だが、客観的に見れば、この仕事ができるのは自分ひとりだという考えにしがみついても意味がないとわかるはずだ。優れたリーダーシップとは、代わりのいない存在になることではない。誰かを助けて自分の代わりになる準備をさせてあげることだ。また、意思決定に参加させ、育てるべきスキルを特定し、その向上を助け、時にはこれまで私がやってきたように、なぜその人がまだステップアップできないのかを正直に教えてあげることでもある。

マイケルと私の関係は、複雑な形で表に現れた。彼が私の能力を疑っていると感じたこともあれば、寛容に私を励まし、私に頼って彼自身の仕事の一部を任せてくれることもあった。マイケルとの絆が一番強まったのは一九九八年の終わりだった。彼がニューヨークの私のオフィスにやってきて、国際部門を立ち上げて経営してほしいと頼んだのだ。その頃私はABCグループの会長で、ABCネットワークとESPNとディズニーTVを統括していた。そうした責任に加えて国際部門を立ち上げるとなると大仕事になるのはわかっていたが、私は是非取り組みたいと思ったし、マイケルが私を頼ってくれたことが嬉しかった。

当時のディズニーはまだ、意外なほど国際化が遅れていた。オフィス自体は世界中にあり、ラテンアメリカからインド、日本にも進出していたものの、一貫した国際戦略はなく、きちんとした組織の枠組みも構築されていなかった。たとえば、日本では東京のある場所にスタジオ兼事務所があり、別の場所にキャラクターグッズ事業があり、テレビ事業はまた別の場所にあった。その三つの事業はまったく別々に動いていた。たとえば経理やITといったバックオフィス機能の連携もなかった。ほかの地域でも同じような無駄が見られた。さらにひどいことに、各地域でディズニーブランドを管理し、その地域特有のビジネスチャンスを発掘する人間がどこにもいなかった。すべてが受け身で、バーバンクの本社に頼りきりの体制になっていた。

マイケルはこの問題に目をつけ、変える必要があると感じていた。グローバルに成長しなければならないことがわかっていたのだ。その何年も前に、マイケルは中国でのテーマパーク建設に目をつけていた。マイケルが最初の一〇年のあいだナンバーツーとして頼っていたフランク・ウェルズが九〇年代のはじめに中国高官に申し出をしていたが、その後ほとんど話は進まなかった。しかし、初期のミーティングから、中国側は私たちがテーマパーク建設に興味があることには気づいていて、この頃になってやっと向こうから話を進めたいとそれとなく言ってきた。

ディズニーの中で、私は国際経験のある数少ない重役のひとりだった。私はABCスポーツ時代に『ワイド・ワールド・オブ・スポーツ』の制作で世界中を飛び回っていたし、ディズニーに買収される前にABCが制作した子供向け番組を中国で放送した経験もあり、中国の事情を少しでも知っているのは私だけだった。そこでマイケルが私に白羽の矢を立て、ウォルト・ディズニー・インターナショナルの社長に据えて、国際戦略を構築するだけでなく中国でのテーマパーク建設地を探すよう命じたのだった。

候補地をどこにするかについて、天候や人口や入手可能な用地といったさまざまな要因の組み合わせを最初に話し合い、現実的には上海しかないという結論がすぐに出た。一九九八年の一〇月、妻のウィローが第一子の妊娠九か月目に入る頃、私はディズニーの重役になってはじめて上海に飛び、いろいろな場所を回って三つの候補地を見学した。「このうちのどこでもいいですよ」と中国の高官は言う。「でも、早く決めてもらわないと困ります」

テーマパークの建設地は上海の街外れにある浦東に決まった。とはいえ、最初に訪れた時には、高層ビルが建設されていた中心街からは少し離れた寂しい農村地帯で、ここに華やかなディズニーランドが建設されて真ん中にディズニー城が立つ光景は想像できなかった。村の中を水路が走り、幼い子供や野良犬が歩いていた。あばら家のあいだに小さな菜園がちょこちょこと点在し、ところどころに店があった。自動車より自転車の方がはるかに多く、「近代化」はどこにも見られなかった。だが、ロケーションは最高で、もうすぐ開港する上海国際空港と、その後世界で最も大きく活気を持つことになる都市の中心街のちょうど中間に位置していた。ここから、その後一八年にもわたる旅がはじまり、私はこの同じ場所に四〇回も戻ってくることになったのだった。

一方で、私が統括していたABCは、長期にわたる下り坂の入り口にさしかかっていた。私がプライムタイムを担当していた時代に制作したヒット番組は古臭くなり、制作過程にも挑戦や大胆さがなくなっていた。『NYPDブルー』はまだ視聴率のトップ二〇に入っていたし、『ホーム・インプルーブメント』、『ドリュー・ケリー DE ショー！』などいくつかのヒット作はあった。だが不動の人気を誇る『マンデー・ナイト・フットボール』

を除くと、ほとんどの番組は退屈なものばかりだった。

一九九九年に『クイズ・ミリオネア』を放送したことで、短期間は救われた。『クイズ・ミリオネア』は、最初に企画を持ち込まれた時には断ったが、その後ふたたびレジス・フィルビンを司会に据えることで企画が通った。この時のABCにとって『クイズ・ミリオネア』は救いの神になり、その後のABCの支えになった。初回放送の視聴率はゲーム番組だけでなくすべての番組の中で断トツの一位だった。最初のシーズンには、週三回の放送で毎回三〇〇〇万人の視聴者がテレビの前に座っていた。当時のネットワーク局にとってはありえない数字だった。『クイズ・ミリオネア』は一九九九年から二〇〇〇年のシーズンに視聴率一位に輝き、救世主となったが、それでも根本にあった大きな問題をすべて覆い隠すことはできなかった。

その年にはもうひとつ、輝かしい出来事があった。一九九八年の半ばに、もうすぐやってくる二〇〇〇年を祝う番組を私は真剣に考えはじめた。世界中の人たちがこの瞬間を熱狂して迎えるはずだと私は感じ、ABCニュースが先頭に立って全社をあげて千年祭の放送に気持ちとリソースを注ぎ込むべきだと思ったのだ。二〇〇〇年を迎える一八か月前に、ニュース、エンターテイメント、スポーツの上層部を集めて、私が思い描く番組の構想を語った。世界中をぐるりとひとまわりして、各地域から新しい一〇〇〇年の幕開けを中継するような二四時間番組を作りたいと提案した。この記念すべき節目を「ABCが独占したい」と熱を込めて話した。ルーンは押し黙ったままテーブルの向かい側に無表情で座っていた。このアイデアが気に食わないのは明らかだった。ミーティングを終えて、私はルーンを脇に寄せた。「とんでもないと思ってますよね」そう訊ねた。

「ただ日付が変わるだけじゃないか。二四時間も面白い映像がつなげるわけがない」とルーン。

方法はいくつも考えられた（実際に楽しい挑戦だった）が、ルーンの声の調子と仕草から、本当の問題は映像ではないことが私にはわかった。ルーンは、自分が考えたものではない大胆なアイデアを実行しろと言われたことが気に食わなかったのだ。しかも、そう言った相手がかつての自分の使いっ走りだったのだから、なおさらだ。

トムとダンが私をABCの社長に据えた一九九三年からずっと、私はルーンの上司だった。私がトップに上り詰めたことをルーンは誇らしく思ってくれていたが、それでもまだ私を使いっ走りだと感じていたふしがある。私ならルーンのためにどんな苦労もいとわず、上層部の介入から彼を守り、彼のやりたいことをやらせてくれるはずだと思い込んでいた。ルーンが思うほど私は盲目的に彼に尽くすつもりはなかったが、彼がそう思っていることに害はなかったし、わざわざ勘違いを正す理由もなかった。ルーンは、自尊心が脅かされない時にこそ一番力を発揮できる人間だった。

とはいえ、ここでは私の望みをルーンに実行してもらわなければならない。相手を自分の側に引き込んで、熱を入れて働いてもらうには、それなりの技がいる。相手の心配事をじっくりと話し合い、我慢強く懸念に応えることもひとつのやり方だ。自分が上司だということを知らせ、やってほしいときっぱり伝えた方がいいこともある。どちらのやり方がよくて、どちらが悪いというものではない。その瞬間にどれが効果があるかを考えるべきだ。民主的なやり方が最善の結果を生み出し、同時に士気を向上させてくれる場合もあれば、自分の意見に自信があるなら反対されても強引に押し通した方がいいこともある。

今回は私が絶対に正しいと信じていたし、誰に説得されても、たとえ重鎮のルーン・アーリッジに言われても、計画を変えるつもりはなかった。もちろん、ルーンがわざと私に逆らって、努力も熱意も注がずにこの計画を妨害したり、部下に力を注がせないよう命じるのは簡単だった。これまでに一緒に仕事をしたり交渉してきた多くの人たちと同じように、ルーンもまた上から命令されると反発したがるタイプだった。そこで私はある種の「ソフトな独裁」の手を使って、敬意を表しながらも、彼が何と言おうと計画は進めることを伝えた。「ルーン」私は話しかけた。「こんなアイデアを思いつくのはあなたしかいないとみんなが思うはずです。大胆で大掛かりな計画ですからね。普通ならできないと思うでしょう。でも、不可能を可能にしてきたのがあなたじゃないですか？」

ルーンが私のアイデアをただ気に入らなかったのか、その時にこれほど大掛かりな番組をやり抜く体力がないと思ったのかはわからなかった。だが、目の前の挑戦をルーンが受けて立たないはずがないのはわかっていたので、私は彼のプライドをくすぐって仲間に引き入れる作戦に出た。ルーンは何も言わず、ただ笑って「オーケー、わかったよ」とでも言いたげにうなずいた。

そして最後には、これから長く語り継がれるような、素晴らしい番組を放送できた。ルーンのチームが何か月もかけて準備を整え、これまで何度もしてきたように、ルーンは最後の最後に指示を出してすべてを一段上のレベルに作り変えた。このミレニアム番組の司会者としてタイムズスクエアから中継を行なったのは、ピーター・ジェニングスだった。世界で最初に二〇〇〇年を迎えた場所、キリバスで日付が変わった時、現場から中継がはじまった。それから二四時間にわたって、中国、パリ、リオデジャネイロから生中継を放送し、ディズニーワールドやタイムズスクエアからも中継を行ない、最後にロサンゼルスの様子を放送して番組は終わった。ピーターの仕切りは見事だった。タキシードに身を包み、パーティーへと急ぐ数千もの人々をスタジオから眼下に見下ろしながら、世界中の人々が人生で二度とない節目を祝う姿を、ピーターは視聴者に伝えていた。私たちほどこのイベントに労力を注ぎ込んだテレビ局はなかったし、視聴者の数は他局を圧倒していた。

その日、私は何度かスタジオに足を運んだ。放送開始直後から、この番組が大成功を収めるのは明らかで、時間が進むごとにスタジオの中に興奮がみなぎるのが感じられた。私が何より嬉しかったのは、ルーンが制作の総指揮を執り、現場のチームに指示を送り、ピーターのイヤホンに話の筋を伝え、カメラアングルを変えたり、中継の切り替え準備をしろと声をかけたりしている姿が見られたことだった。二五年ほど前、マジソン・スクエア・ガーデンでのフランク・シナトラのコンサートで私がはじめて目にした、あの巨匠が戻ってきたようだった。

その日も二〇時間が経った頃、調整室でルーンに会った。ルーンは大きな笑みを浮かべて私の手を握り、しばらくのあいだ温かい握手を交わしてくれた。ルーンは自分を誇らしく感じていた。そして私を誇らしく感じていた。私がこのチャンスを彼に与えたことに感謝してくれていた。その時ルーンはもう七〇歳近く、今回の番組は彼が制作する最後の大イベントだった。

長らくガンで闘病したあと、ルーンが亡くなったのはそれから二年後だった。亡くなる一週間前、感謝祭の週末に私はニューヨークの自宅にいて、土曜の夜にABCで放送されていた大学フットボールの試合を見ていた。夜の一〇時に電話が鳴り、私が電話に出ると

ABCのオペレーターがこう言った。「アイガーさま、ルーン・アーリッジさんからお電話です」重役は緊急時にABCの交換台に電話をすれば、話したい相手にオペレーターがつないでくれることになっていた。ルーンはまだその電話番号を持っていた。彼の頭の中で、何らかの緊急事態が起きていたのだ。

オペレーターが電話をつないだ。「ルーン？」

「ボブ、見てるか？」

「フットボールの試合のことですか？」

「そうだ、フットボールに決まってるだろ！　音声が落ちてるのに気づいたか？」

アナウンサーがわけのわからないことを言っている、とルーンが言う。支離滅裂だった。

このところルーンの容態が悪くなり入院したことは知っていた。おそらく幻覚を起こし、昔の責任感が蘇ったのだろう。ルーンが勘違いしているのはわかっていたが、何とかしたいと思った。

「ルーン、調べてみるよ。またかけ直すから」

調整室に電話をし、音声のことでクレームがあったかどうか聞いた。「いえ、何もありません」それがABCの中央制御室の答えだった。

「交換台に電話して、何か聞いてないかチェックしてくれないか？」

少し静かになり、それからまた声が聞こえた。「いえ、何もありませんでした」

私はルーンに電話をかけた。「調整室に聞いてみた。何の問題もないそうだ」ルーンがまた口を開いて幻聴について文句を言う前に、私の方から聞いた。「ルーン、調子はどうだい?」

ルーンの声は小さく、震えていた。「スローン・ケタリング病院にいるんだぜ。調子がいいわけないだろ」

見舞いに行ってもいいですかと聞き、翌日ルーンに会いに行った。私が病室に入った時、ルーンはベッドに横たわっていた。その姿を見たとたん、もう長くないことがわかった。テレビではフィギュアスケートの競技会をやっていてルーンはそれをじっと見ていた。私はベッドに近づき、ルーンのすぐそばに立った。ルーンは私を見上げ、またテレビのスケーターに目をやった。「昔とは様変わりだな」とルーンは言った。「違うか?」

かつて、どこにでも行けて何でもでき、上層部に費用のことなどとやかく言われなかった日々のことを考えていたのかどうかはわからない。ルーンが伝説の人物で、その力を疑う人のなかった日々のことを言っていたのかもしれない。もしかしたら業界の盛衰について話していたのかもしれない。ルーンの目の前で、テレビという産業は変わっていった。世界は昔とは違っていた。ルーンに残された時間はほとんどなかった。私はベッドに横たわるルーンを見下ろした。ルーンに会うのもこれが最後だとわかっていた。「そうだな、ルーン。昔とは様変わりだな」

千年祭の番組で華やかな成功を収めたものの、そのあとABCの業績は坂を転げ落ちるように崩れていった。二〇〇〇年から二〇〇一年にかけてまだ『クイズ・ミリオネア』は人気だったたが、その前のシーズンと比べると視聴率はガクンと落ちていた。収益も落ちていたが、ほかに制作中のいい番組もなかった。私たちは『クイズ・ミリオネア』というひとつの番組に頼りきり、エンターテイメント部門を再生するための大胆な改革を怠っていた。NBCは木曜夜の定番チャンネルとして業績を伸ばし、CBSは『サバイバー』や『CSI：科学捜査班』でふたたび浮上していた。私たちはそれに対抗して『クイズ・ミリオネア』を週に五回も放送していた。

たった数年のあいだにABCは最も視聴率の高いネットワークテレビ局から、ビッグスリーのどん尻にまですべり落ち、ケーブル局のフォックスが躍進を続ける中で、かろうじて三位の位置にしがみついている状態だった。責任の一部は私にもあった。ABCのトップは私だったし、『クイズ・ミリオネア』を週に数回放送することに賛成したのも私だった。凋落を食い止めるにはそれが一番手っ取り早かったからだが、ミリオネア人気に陰りが出はじめると、より深刻な問題が晒《さら》されるようになった。

一九九九年の終わりには、ずっとひとりで経営を切り盛りしてきたことのしわ寄せがマイケルの心身に表れていた。マイケルはいっそう孤立して不安定になり、周囲の人を信用せず批判的になっていた。重責を分け合う人が必要なのは彼自身もわかっていたし、取締役会からの圧力も感じていた。一六年間トップの座に君臨し続けていたマイケルにも、そろそろ後継者を考えはじめる時期がきたことを、取締役会はそれとなくマイケルに伝えていた。オービッツの大失態のあと、マイケルはナンバーツーを指名したがらなくなっていた。今のままの状態ではいけないとは認めていたものの、責任を分け合い、共に意思決定を行ない、進行中のさまざまなプロジェクトに誰かを関わらせるのは面倒だと思っていたのだ。

マイケルがナンバーツーを指名したがらないことが、ディズニー全体に悪影響を与えていた。助けが必要なのは明らかなのに、ナンバーツーの地位を空席のままにしておいたので、その隙間を埋めようと画策する人たちが出てきた。法律顧問のサンディ・リトバックは副会長に昇進し、自分を実質的なCOOと見なすようになった。戦略企画部を統括するピーター・マーフィー（前述したラリー・マーフィーの後釜だが、姓が同じなのは偶然だ）は、長期的な戦略を考えるより、日々の意思決定にひっきりなしに介入するようになっていた。権限と責任の所在が曖昧《あいまい》になり、縄張りの奪い合いが起き、それが社員の士気に破壊的な打撃を与えていた。

何か月ものあいだ、マイケルは私に対して冷たく接することもあれば温かく接することもあった。私をCOOに指名するのは時間の問題だろうと思わせるほど、私に頼ることもあった。かと思うと私を突き放すこともあり、そんな時にはまた将来が不安になった。二〇〇〇年八月にはじめて二週間の休みをもらい、マーサズ・ヴィニヤードの別荘を借りて、妻のウィローと二歳になる息子のマックスと過ごすことにした。休暇初日の夜にトム・マーフィーから電話があった。トムは前の晩、マイケルやそのほか数人の取締役と夕食を共にし、後継者について話し合っていた。その夕食の場でマイケルが、私を後釜に据えることは絶対にないと宣言したらしい。トムは「ぞっとした」と私に語った。というのも、何年も前のキャピタル・シティーズの買収交渉で私に残るよう説得したのはトムだったからだ。「なあ」とトムは言った。「こんなことを言いたくないが、ディズニーでは先がないぞ。マイケルは君を信用してないし、取締役会にも君を後継者にしないと言ったんだ。辞めた方がいい」

とんでもなくショックを受けた。この数年というもの、オービッツの下で常に心を乱されながら仕事に対処してきた。ABCをディズニーに統合するために人一倍必死に働いてきた。社員が価値と敬意に値する存在として扱われるように最善を尽くし、両社がひとつになれるよう積極的に手を貸してきたのは私だ。ディズニー側はそうした統合のプロセスを事前にきちんと考えてはいなかった。また、ディズニーの海外事業の枠組みをすべて設計し実行してきたのも私だった。そのために、私は一年以上も家族と離れて海外を飛び回っていた。そのあいだずっと、マイケルを擁護し忠誠を貫いてきた。それなのに、今また、二五年前に最初の上司に言われたように、「先の見込みのない」人間になってしまったのだ。

トムには辞めるつもりはないと言った。年末のボーナスをもらわずに立ち去るつもりはなかった。マイケルが私をクビにするつもりなら、本人から直接そう聞きたかった。とりあえず電話を切って、何とか心を落ち着けようとした。休暇中は妻のウィローにはそのことは話さないと決めた。ウィローは当時、CNNの『マネーライン』の共同司会者として一時間の経済番組を仕切っていた。妻はますます活躍していたが、キャスターとしての激務で忙しい中、何とか時間と労力をやりくりして息子にとって素晴らしい母親でいてくれた。妻には息抜きが必要だったので、ニューヨークに戻るまではこのことは自分の胸のうちに留めておくことにした。

休暇のあとしばらく、落ち着かない気持ちで待っていた。九月になり、マイケルに呼ばれてバーバンクの本社に出向いた。もう終わりだと思い、クビを言い渡されてもうろたえないよう覚悟を決めてマイケルのオフィスに入っていった。私はマイケルの向かいに腰を下ろして、彼の言葉を待った。「ロスに引っ越して、経営を助けてくれないか？」とマイケルが聞いた。

一瞬、彼の言葉が理解できなかった。混乱したあとほっとしたが、その言葉を信用していいのかわからなかった。「マイケル」やっとのことで言葉を振り絞った。「これまで私に対してすごくちぐはぐな態度を取ってきたことは、自覚していますよね」マイケルは私に家族を連れてカリフォルニアに引っ越すよう頼んでいた。妻も輝かしいキャリアを諦めなければならない。しかも、たった四週間前に取締役を前にして、マイケル自身が私を後継者にしないと宣言したばかりだ。「何を考えているのか率直に教えてもらわないと、納得できません」

マイケルは思ったよりずっと正直に答えてくれた。まず、私がロスに戻りたいかどうかわからず、それを懸念していたと言った。だがそれよりも、もし私をCOOに指名すると、私が「彼のライバル」になることが心配だったと言う。取締役会がマイケルを追い出そうと思ったら、私に頼ることになるとマイケルは思っていたようだが、私にはよくわからなかった。

「マイケル、私はあなたから仕事を奪うつもりはありませんし、あなたの力を弱めることなど絶対にしませんよ」そう言った。いつかこの会社を経営するチャンスがあればやってみたいが、近い将来そうなるとは思わないと伝えた。「あなたがこの会社からいなくなることは想像できません。取締役会もあなたに出ていってほしいなんて思わないでしょう」それは本心だった。そんな日がくるとは想像できなかったのだ。すべてが順風満帆というわけではないにしろ、その時点ではマイケルへの信頼が揺らぐような出来事は何もなかった。彼はまだ世界で最も尊敬されているCEOのひとりだった。

この時のマイケルとの話し合いでは、具体的なことは決まらなかった。肩書きも提示されなかった。正式な提案がまとまっていたわけでもない。私はニューヨークに戻り、具体的な話があるのを待っていたが、やっとその話題が出たのは一か月もあとになってからだった。ロンドンでミュージカル版『ライオン・キング』のプレミアに出席していた時、マイケルから一緒にロスに戻ってこれからのことについて話し合いたいと言われた。私はロンドンのあとそのまま中国に出張する予定だったので、数週間後にロスに行って細かい話を詰めることになった。

一二月のはじめにやっと、マイケルが私に取締役社長兼COOの肩書きを提示してくれた。それは私に対する揺るぎない信頼のしるしだったし、ほんの数か月前にトムと交わした会話を考えると、ある意味で衝撃的だった。

私は早速、当時まだ法律顧問で実質的なCOOを自任していたサンディ・リトバックと条件を交渉した。サンディは私の昇進を苦々しく思っていた。発表の前日にサンディが電話をかけてきて、合意した内容を変えたいと言う。社長兼COOではなく、エグゼクティブ・バイスプレジデントとし、取締役の椅子も取り消したいと言う。私は取締役社長兼COOか、何もないかどちらかだと答えた。一時間後にリトバックは電話を返し、三つの肩書きをすべて承認し、翌日にそれを発表した。

仕事の上では、またとないチャンスだった。いつかCEOになれるという保証はなかったが、少なくとも自分の力を証明する機会を与えてもらった。私生活では、ふたたび悩ましい問題があった。両親は七〇代の後半で、これまで以上に助けが必要になっていた。娘たちは二一歳と一八歳で、またもや大陸の反対側に暮らすのはいやだった。CNNはウォローに、テクノロジーとエンターテイメント業界に的を絞った番組をロサンゼルスから担当することを許してくれたが、実際にこれをうまくやっていくのは難しかった。妻はすべての面で私を支えてくれたが、一〇年前とある意味で同じように、二度目の妻にもキャリアを捨てて私のためにロスに引っ越してくれと頼むのは心苦しかった。

そして、その後ディズニーに、マイケルに、そして私に何が待っているかを、私は知るよしもなかった。人生にはよくあることだが、これまでずっと追い求めてきたものをやっと手に入れたと思ったら、それは苦難のはじまりだったのだ。

# 第6章　内紛

ウォルトの作った会社を「ふたたび創業した」のはマイケルだと私はよく言っている。一九八四年にマイケルがディズニーを引き継いだ時、栄光の日々は遠い昔の記憶になっていた。一九六六年にウォルトが亡くなってから、業績は苦しくなる一方だった。映画とアニメーションはボロボロだった。ディズニーランドとディズニーワールドはまだ人気があったが、その二つで全社収益のおよそ四分の三を占めるまでになっていた。マイケルがやってくる前の二年間に、純利益は二五パーセントも減っていた。そのあいだに何度か乗っ取りの危機が訪れ、一九八三年にはハゲタカ投資家のソール・スタインバーグに乗っ取られそうになったが、やっとのことで難を逃れていた。

その翌年、ウォルトの甥のロイ・E・ディズニーと、大株主のシド・バスが、ディズニーを再建し独立を保つためにマイケルを会長兼CEOとして迎え入れ、フランク・ウェルズを社長に据えた（マイケルはそれまでパラマウント映画を経営していて、フランクはワーナー・ブラザースの副会長だった）。それから、パラマウント時代にマイケルのもとで働いていたジェフリー・カッツェンバーグを雇い入れ、映画制作部門のトップに据えた。ジェフリーとマイケルの二人がディズニー・アニメーションを再生し、ディズニー人気を蘇らせたことで、キャラクターグッズの売り上げは爆発的に拡大した。また、彼らはディズニー傘下にあったタッチストーン・フィルムに力を入れ、『殺したい女』や『プリティ・ウーマン』といった大人向けの実写映画を次々にヒットさせた。

しかし、マイケルの最大の功績は、まだ活用されていない莫大な価値の資産がディズニーに眠っていると気づいたことだろう。そのひとつがテーマパークの幅広い人気だ。ほんの少しでもチケット価格を上げるだけで、客数をほとんど減らさずに売り上げを大きく伸ばすことができたのだ。ディズニーワールドでのホテル建設もまた隠れたビジネスチャンスのひとつで、マイケルがCEOになって最初の一〇年のあいだに数多くのホテルが建設された。その後、テーマパークの拡張が続き、フロリダにMGMハリウッドスタジオ（現在のハリウッドスタジオ）が、パリ郊外にユーロディズニー（現在のディズニーランド・パリ）がオープンした。

さらに価値があったのは、山のような知的財産だ。ディズニーに眠っていた過去の偉大な名作のすべてが金のなる木のようなものだった。マイケルは、今の親たちが若い頃に映画館で見たディズニー名作映画の数々を、子供たちが自宅で見られるように、ビデオにして販売しはじめた。ビデオ販売は一〇億ドル規模の事業に成長した。その後、一九九五年にはキャピタル・シティーズ／ABCの買収によって三大ネットワークのひとつを手に入れたばかりか、中でもスポーツ専門チャンネルのESPNを傘下に収めたことで当時一億人に近い会員を手に入れた。こうした打ち手のすべてが、マイケルが並外れた創造性とビジネスセンスの持ち主であることを示していた。ディズニーを近代的な巨大エンターテイメント企業にしたのはマイケルだった。

マイケルは私をナンバーツーに指名して、責任を分担することにした。マイケルは主に、映画制作のウォルト・ディズニー・スタジオと、パーク&リゾートを担当し、私はメディアとキャラクターグッズと海外事業を担当することになった。アニメーションについては私に口を出させてくれなかったが、それ以外のほとんどのことについては、マイケルは自分の考えや判断を私に打ち明けてくれた。大げさではなく、私はマイケルから、これまでにない世界の見方を教わった。私はテーマパークの建設と経営に注ぎ込まれる創造的なプロセスを、それまでまったく知らなかったし、ビジター体験を視覚的に想像してみたこともなかった。マイケルは舞台デザイナーの視点で世界を見ていた。彼は私に何かを教えこもうとしていたわけではなかったが、彼について回ってその仕事ぶりを見ることが私にとってはある種の研修のようなものだった。

私がナンバーツーになってから、フロリダのディズニー・アニマル・キングダム、香港ディズニーランド、アナハイムのカリフォルニア・アドベンチャーがオープンした。既存のパークでもそうだったが、新しいパークの開園前にはマイケルと一緒に何マイルも歩いたものだ。その中で、マイケルが何を見て、いつもどこを改善しようとしているかを、私も学んでいた。マイケルは園内の遊歩道を歩きながら、遠くまですべてを見渡し、たとえば景観をもっと豪華にした方がいいとか、素晴らしい景色がフェンスで隠れて見えないとか、建物のデザインがその場所にそぐわないとか時代遅れだとかいった、細かいニュアンスにすぐに気づいていた。

その経験は私にとってまたとない学びの瞬間だった。マイケルからエンターテイメント事業の経営について多くを学んだし、もっと大切なことに、ディズニーのテーマパークの創造性とデザインの核になるものを学ぶことができた。

マイケルはまた、ウォルト・ディズニー・イマジニアリングへの訪問に何度となく私を同伴させてくれた。イマジニアリングは、バーバンクの本社スタジオから数マイル離れた、カリフォルニア州グレンデールの広大な敷地の中にある。イマジニアリングについてはすでに数多くの書籍や記事で取り上げられているが、簡単に言うと、映画とテレビとグッズ以外でディズニーが作り出すものすべての創造性と技術の核になる存在だ。すべてのテーマパーク、リゾート、アトラクション、クルーズ船、不動産開発、すべてのライブやショーやパレード、キャストの衣装からお城のデザインの詳細まで、何もかもがイマジニアリングの創造性のたまものだ。ここにいる人々の卓越した技術と独創性については、どれほど言葉を尽くしても語り切れない。彼らはアーティストであり、エンジニアであり、建築家であり、技術者であり、世界に比類のない企業集団としてほかの誰にも果たせない役割を果たしている。

夢のような何かを思い描き、それを巨大なスケールで現実のものにする彼らの才能は、何度見てもいまだに畏敬の念に打たれてしまう。マイケルと一緒にイマジニアリングを訪れた時にはいつも、彼が大小さまざまなプロジェクトに指示を与える姿を私は観察したものだ。アトラクションの体験を細かく描いたストーリーボードから、建設中のクルーズ船の特等室のデザインまで、マイケルはすべてに目を通していた。パレードの企画についてのプレゼンテーションを聞き、新しいホテルのロビーのデザインを見直した。全体像を見通しながら、同時に豆粒のような細かいことにも気を配り、ひとつひとつの要素がどう影響を与え合うかを理解するマイケルの能力に、私は衝撃を受けたし、その経験はお金にかえられない価値ある学びになった。

その後、マイケルへの世間の目が厳しくなるにつれ、その独裁的な完璧主義者ぶりとマイクロマネジャーぶりがたびたび批判の的になった。マイケルは、「マイクロマネジメントは過小評価されている」とよく言っていた。マイケルの言うこともっともだとは思うが、それにも限度がある。ルーン・アーリッジと長年働いてきた私には、物事の成功と失敗を分ける鍵が細部に宿っていることは、言われなくてもわかっている。マイケルにはほかの人には見えないものが見えていたし、それをさらに改良することを彼は求めた。それがマイケルとディズニーの成功を支えていたし、マイケルの細部へのこだわりを私は心から尊敬していた。それは彼がどれほど気を配っているかを示す証拠であり、彼のこだわりは大きな違いをもたらしていた。「偉大さ」がほんの小さなことの積み重ねであることをマイケルは知っていた。そして、彼はそのことをさらに深く私にわからせてくれたのだった。

マイクロマネジメントに誇りを持っていたマイケルだったが、誇りを持ちすぎて自分がどんな細かい点に気を配ったかをつい周囲に宣伝してしまい、心の狭い小さな人間だと見られてしまうこともあった。あるホテルでインタビューを受けている時、記者に向かって

「あそこにあるランプが見えるかい？　私が選んだんだ」と言っていた。大企業のＣＥＯが言うことではない（ただし、私も同じことをやらかして、自分で気づくこともあれば、他人から指摘されることもある。広報責任者のゼニア・ムーカからは、こうたしなめられた。「ボブ、そんなことは自分でわかってればいいの。世界中に知らせる必要なんてないわ。わかったら、口を閉じてて！」そんな風に私に言えるのは彼女しかいない）。

二〇〇一年のはじめには、メディアとエンターテイメント企業は例外なく、自分たちの足元がぐらついていることを感じていたが、どちらに走っていいかわからずにいた。テクノロジーは急速に変化し、その破壊的な影響が目に見えはじめ、不安が蔓延《まんえん》していた。その年の三月、アップルは「リップ・ミックス・バーン（取り込み、編集し、コピーしよう）」と宣伝し、楽曲を購入すれば勝手にコピーしていいのだと世界に向けて宣言した。マイケルはもちろん、多くの人がこれを音楽業界の存亡に関わる脅威と見なし、この脅威がすぐにテレビや映画業界にも及ぶと感じていた。マイケルは昔から著作権を断固として擁護し、海賊行為の問題を声高に訴えていた。だからこそ、このアップルの宣伝が気に食わず、勢い余ってアップルをおおやけに糾弾し、上院の通商委員会では、アップルが著作権法をあからさまに無視して海賊行為を助長していると証言したほどだった。もちろん、これがスティーブ・ジョブズの気分を害してしまったのは言うまでもない。

ちょうどこの頃は、これまで私たちが見知った伝統的なメディアの終わりのはじまりとなる、面白い時代だった。私が特に興味を引かれたのは、ほとんどの伝統的なメディア企業が勇気ではなく恐れから行動していることだった。彼らは激変する世界の中で居場所を見つけようともがき、頑なに壁を作って古いモデルを守ろうとしていたが、それでは変化する環境の中で生き延びられないのは明らかだった。

世界が変わっていることを誰よりも体現する存在が、アップルの経営者でありピクサーのCEOでもあるスティーブ・ジョブズだった。ピクサーは、ディズニーにとって最も重要で最も成功した制作パートナーだ。ディズニーは、九〇年代の半ばにピクサーと契約を結び、五本の映画を共同で制作し、宣伝し、配給することになっていた。その契約のもとで一九九五年に公開されたのが『トイ・ストーリー』だ。『トイ・ストーリー』は劇場公開された長篇アニメ映画としては世界初のフルCG作品で、芸術的にも技術的にも異次元の出来栄えで、世界中でおよそ四億ドルの興行収入を叩き出した。そのあとにも二本の作品が立て続けにヒットした。一九九八年の『バグズ・ライフ』と、二〇〇一年の『モンスターズ・インク』だ。この三本を合わせた世界中の興行収入は一〇億ドルにのぼり、ピクサーはアニメーションの未来を担う存在として認められる一方で、ディズニー・アニメーションの凋落がはじまっていた。

ピクサー映画が芸術的にも収益的にも成功を収めていた陰で、ディズニーとピクサーの（というか、マイケルとスティーブの）緊張は高まっていた。はじめに契約を交わした時点では、ピクサーはまだ小物で、ディズニーが優位に条件を決めていた。ピクサーはかなりの譲歩を強いられ、続篇の権利もすべてディズニーが握ることになっていた。

しかし、ピクサーが成功し存在感が増すにつれ、スティーブは両社の不平等な力関係にイライラを募らせるようになった。スティーブは誰かに圧力をかけられるのが我慢できなかった。マイケルはすでに交わされた契約条件にしか目を向けず、スティーブの気持ちがわかっていなかったのか、わかっていても気にしていないようだった。『トイ・ストーリー2』の制作中に、関係はさらに悪化した。『トイ・ストーリー2』はもともと、劇場公開はせずビデオを販売するだけの予定だった。しかし、制作の初期の段階でより多くのリソースを注ぎ込むことになり、まずは劇場公開を目指すことになったのだった。『トイ・ストーリー2』は世界中で五億ドルの興行収入をあげたが、そのことで、契約条件について揉めることになった。ピクサーは、『トイ・ストーリー2』を契約で合意した五本のうちの一本に含めるべきだと主張し、マイケルは、続篇だからという理由でそれを拒否した。これがまた、スティーブとマイケルの確執に拍車をかけた。

作品を公開するごとにピクサーの評判と影響力は高まり、それにつれてディズニーとの軋轢《あつれき》も深まっていった。スティーブは、ディズニーが自分とピクサーにもっと敬意を払うべきだと腹の中で思っていて、力関係の変化を契約に反映させたがっていた。また、ピクサーは芸術性でも商業的な成功の点でもディズニーを凌駕《りょうが》しているのだから、ディズニーの方から制作面での助けをピクサーに請うべきだとスティーブは思っていた。それなのに、マイケルは自分たちを格下に見て、ただの雇われ業者のように扱っていると感じ、とんでもなく侮辱されたとスティーブは受け取っていた。

マイケルもまた同じように、見下されたと感じていた。マイケルも、ディズニーのほかの重役たちも、ディズニーはピクサーにとってただの金づる以上の存在で、制作面にも貢献しているのに、スティーブはディズニーの貢献をまったく認めていないと思っていた。私自身はCOO時代にそれほどピクサーとは関わっていなかったが、ピクサーが次第に尊大になり、ディズニーは逆に卑屈になっていくのがわかった。そんな中で、強い個性の二人がどちらも相手の上に立とうとしてぶつかり合うのは避けられないことだった。

二〇〇一年のあいだ中、そんな状況が続いていた。エンターテイメント業界はめまぐるしいスピードで変わっていた。マイケルとスティーブの確執のせいで、この時代に欠かせないパートナーシップが崩れそうになっていた。ディズニー・アニメーションの作品は興行面での失敗が続き、世間の目は厳しくなっていった。ABCの視聴率も下がっていた。

そして、取締役会もそのことに気づき、マイケルの指導力を疑いはじめていた。

そんな時、九月一一日がやってきた。この日を境に世界は変わり、予想もしなかった困難が訪れることになる。その日、私は夜明けと共に起きた。自宅で運動しながらテレビに目をやると、一機目の旅客機がツインタワーのひとつに突っ込んだというニュースが飛び込んできた。運動をやめて別室に行きテレビをつけた瞬間に、二機目の旅客機がもう一方のタワーに衝突するのが見えた。すぐさまABCニュースの社長だったデビッド・ウェスティンに電話をかけ、彼が摑んだ情報を確認し、目の前で起きている出来事をどのように報道していくかを話し合った。デビッドにはほとんど情報が入っていなかった。それでも、ほかの主要報道機関と同じく、私たちもまた、ペンタゴン、ホワイトハウス、ロウアーマンハッタンなどさまざまな場所にいる数百人のスタッフを動員し、何が起きているかを理解しようとした。

私はオフィスに急ぎながら、マイケルに電話をかけた。マイケルはまだニュースを知らず、すぐにテレビをつけた。私たち二人が懸念したのは、ディズニーもターゲットになるかもしれないということだった。すぐにオーランドのディズニーワールドを閉鎖し、パークを空にして、ディズニーランドの封鎖を決めた。その日の残りはずっと、各所への対応と協議に追われた。ABCニュースと何時間も電話で話し合い、社員すべての無事を確認し、今後何日にもわたるパークの安全確保についての戦略を立て、これまでにない不安と混乱の中で人々の気持ちを鎮めるように手助けをした。

9・11同時多発テロの余波は多方面に及んだが、中でも観光業は世界的に停滞し、9・11後も停滞が長く続いた。ディズニーへの影響は甚大だった。株式市場は暴落し、9・11後の数日でディズニーは時価総額の四分の一近くを失った。最大株主のバス家は追証を確保するため、一億三五〇〇万株、つまり二〇億ドル相当のディズニー株式を売却せざるを得なくなった。それが株価をさらに押し下げた。同時多発テロ後しばらくのあいだ、世界中の企業という企業が立ち直りに苦労することになるのだが、ディズニーでは問題が山積みになっていた。ディズニーにとっても、マイケルにとっても、この時が長い苦闘とゴタゴタのはじまりだった。

多くの点で、マイケルはその後にやってくるトラブルを立派に毅然とさばいていた。とはいえ、ストレスがますます高まる中で悲観的になり不安と疑心が膨らむのは無理もなかった。マイケルはシャワーの後や飛行機の中や昼食で交わした会話がきっかけで、今やっていることが絶対に失敗すると思ったり、乗っ取られると思ったり、何かの案件が崩れてしまうと思い込んでしまい、そのことでよく私に電話をかけてきた。「破滅だ」と言うこともあった。そうしたことが続くうち、ディズニーの社内には陰鬱な雰囲気が広がっていった。

もちろん、マイケルが悲観的になってもおかしくない理由はたくさんあった。だが、リーダーは周囲に悲観的な見方を振りまいてはいけない。それが社員の士気をくじいてしまう。活力とひらめきが消えてしまう。そして、守りの姿勢で意思決定がなされてしまう。

マイケルはもともと心配性で、その性格が幸いすることもこれまでは多かった。破滅への恐れが彼を動かし、だからこそ完璧さと成功にこだわるようになったのだ。しかし、部下をやる気にさせるには、後ろ向きな態度は役に立たない。マイケルの懸念が当たることもあり、指摘が正しいこともあったが、ただ漠然とした心配が頭から離れないことも多かった。もちろん、いつも心配ばかりしていたわけではない。彼のあふれる情熱は周囲に伝染した。しかし晩年は、ストレスがますますのしかかってくるにつれ、悲観的な態度ばかりが表に出るようになっていった。そのことでマイケルは求心力を失い、孤立していく。

マイケルにのしかかっていたほどの大きなストレスを完璧に処理できる人はいないはずだが、苦しい時にはとりわけリーダーの前向きな姿勢は欠かせない。悲観論は過度の不安を引き起こし、それが守りの姿勢につながり、ひいてはリスク回避につながる。

前向きさと明るさは、組織の働きを変える。苦境にある時は特に、部下がリーダーを信頼し、自己防衛と生き残りのために動くのではなく、本当に大切なことに集中しなければならない。前向きな態度とは、うまくいっていないのにうまくいっていると取り繕うということではなく、「何とかなるさ」という勝手な自信を伝えることでもない。それは、自分と周囲の人が最高の結果に向かって突き進むことができると信じることであり、物事が思い通りにいかなければすべてを失ってしまうといった思い込みを周囲に振りまかないことだ。リーダーの姿勢と雰囲気は周囲の人にとてつもない影響を与える。後ろ向きなリーダーについていきたい人はいない。

9・11同時多発テロ後の数年にわたって、二人の重鎮取締役、ロイ・ディズニーとロイの弁護士のスタンリー・ゴールドが、マイケルの経営能力に対する不信をおおっぴらに表明しはじめた。ロイとマイケルのあいだには、長年にわたる複雑ないきさつがあった。マイケルを会長兼CEOとして外から雇い入れたのはロイと言ってもよく、ほかの株主と同じようにロイもマイケルの経営手腕のおかげで大きな恩恵を受けていた。一九八四年から九四年のあいだにディズニーの利益は四倍になり、株価は一三〇〇パーセント上昇した。マイケルはその間ずっとロイにかいがいしく気を遣い、敬意と服従を表していた。マイケルにとっては容易なことではなかったはずだ。ロイは時に気難しく、付き合いづらい人間だった。ディズニーの遺産を守るのが自分の役目だと思っていたからだ。ロイにとっては生きること、呼吸をすること、血を流すことすべてがディズニーのためであり、ディズニーの伝統からほんの少しでも逸脱すれば、ウォルトと交わした神聖な取り決めを破ることになるとでも思っているようだった（とはいえ、ウォルト自身は甥のロイをたいして気にかけていなかったらしい）。ロイは過去を尊重するのではなく、ただ崇めたてまつるタイプで、どんな変化もなかなか受け入れることができなかった。マイケルがキャピタル・シティーズ／ABCを買収したことも気に入らなかった。ディズニー以外のブランドを取り入れれば、純血が汚されるように感じていたのだ。それよりも些細なことだが、ロイの扱いづらさをよく表しているエピソードがある。あるクリスマスシーズンに、ディズニー・ストアで純白のビロード製ミッキーマウス人形を売り出すことに決めた。するとロイが激怒してマイケルと私にメールを送りつけてきた。「白と黒と赤と黄色のミッキー以外は許さない！」そして、彼いわく「アルビノミッキー」を店の棚から回収しろと言う。もちろん、そんなことはしなかったが、私たちにとっては無駄な厄介事が増えただけだった。

酒癖の悪さも問題だった。ロイの存命中はあえて口には出さなかったが、彼の子供のひとりがおおやけの場で私にロイ夫妻に飲酒の問題があったことを語ってくれた。ロイと妻のパティは何杯か引っ掛けると怒り出し、悪意に満ちたメールを深夜に送りつけることがよくあった（私も何度か受け取ったことがある）。ロイは、私たちがディズニーの遺産を傷つけるようなことをしていると書き連ねていた。

会社を取り巻く環境が厳しくなるにつれ、ロイはさらにおおやけにマイケルを批判するようになり、最後にはマイケルの排斥を迫るまでになった。二〇〇二年、ロイとスタンリーは取締役会に書簡を送りつけ、彼らの懸念にマイケルが対応することを求めた。二人の苦情は多岐にわたっていた。ＡＢＣの視聴率の停滞。スティーブ・ジョブズおよびピクサーとの確執。テーマパーク戦略への異論。マイケルのマイクロマネジメントが引き起こす問題。書簡の指摘があまりに具体的だったので、取締役会も真剣に受け止めざるを得なかった。ロイとスタンリーは取締役会に正式なプレゼンテーションを行ない、ひとつひとつ課題を取り上げて、改善策まで提示した。

だが、何も変わらなかった。そこでロイとスタンリーは一年の大半をかけて取締役会に根回しをはかり、マイケルを追い出そうと画策した。二〇〇三年の秋、とうとうマイケルの堪忍袋の緒が切れた。マイケルは奥の手を出してきた。ディズニーでは取締役会規定により、取締役の退任年齢が七二歳と定められていたが、ロイはこれまで例外的に取締役会に留まることを許されていた。だがロイがあまりに理不尽にマイケルを追い出そうとしたので、マイケルも規定を盾にロイに退任を求めることにしたのだ。マイケルは自分が直接ロイに告げるのではなく、取締役選任委員長からロイに、次期の取締役再選はなく、二〇〇四年三月に開かれる次の株主総会で引退してもらうと告げさせた。

次の取締役会は、感謝祭後の火曜にニューヨークで開かれることになっていた。その前の日曜の夜に私と妻は二人で外食する予定だった。夕食前の午後に妻と美術館に向かっていると、マイケルの秘書から呼び出しがあった。定宿にしている東六一丁目のピエール・ホテルに来てくれと言う。部屋に着くと、マイケルがロイとスタンリーからの手紙を手にしていた。手紙はドアの下から差し入れられていたらしい。

マイケルから渡された手紙を、私は読みはじめた。ロイとスタンリーは取締役を辞任すると手紙に書いていた。それから三ページにわたってマイケルの経営に対する批判が延々と書き連ねられていた。最初の一〇年は成功だったことは認めていたものの、後半には七つの大失敗を犯したと指摘していた。ロイはそれをひとつひとつ細かく挙げていた。1. ABCのプライムタイムの視聴率を低迷から救えなかったこと。2. 過度のマイクロマネジメントによって社員の士気を下げてしまったこと。3. テーマパークへの適切な投資を行なわず、「安物」を建て、入場者数を落ち込ませてしまったこと。4. ディズニーは強欲で冷徹で、長期的な価値よりも「目先の金儲け」を優先する企業だというイメージを人々に植え付け、世の中の信頼を失わせてしまったこと。5. 経営の失敗と士気の低下にによってクリエイティブな人材が流出してしまったこと。6．ディズニーのパートナー、特にピクサーといい関係を築けなかったこと。7．きちんとした後継計画を頑なに拒み続けたこと。

そして、最後にこう結んでいた。「マイケル、去るべきは私でなく君だ。私は心からそう信じている。だからここでもう一度、君の辞任と引退を要求する」

ロイの苦情にも、もっともな点はあったが、多くは揚げ足取りと言われてもおかしくないものだった。それにロイの愚痴など、どうでもよかったのだ。ただ、泥沼の対立がおおやけになることが避けられそうもないことがわかった私たちは、悪夢に備えて戦略を立てはじめた。

この手紙は、はじまりにすぎなかった。ロイとスタンリーはまもなく「ディズニーを救おう」と銘打った広報活動を立ち上げた。それから三か月にわたり、二〇〇四年三月の年次株主総会に向けて、二人はあらゆる機会を捉えてはマイケルをおおやけに批判した。ほかの取締役たちをマイケルと敵対させようと画策もしていた。「ディズニーを救おう」キャンペーンのウェブサイトを立ち上げ、次回の株主総会でマイケルに「保留票」を投じて取締役会から追い出すようディズニーの株主に積極的に働きかけた（株主は毎年、委任状を受け取り、取締役ひとりひとりに支持票を投じることができるが、支持を「保留」することもできる。「保留」は実質的には不支持票と見なされる）。

こうしたことが起きていた一方で、長いあいだゴタゴタしていたマイケルとスティーブ・ジョブズの関係がついに臨界点を超えてしまった。ディズニーはピクサーとの協力で五本の映画を制作するという以前の契約を更新しようとしていたが、スティーブはディズニーがとても受け入れ難いような新しい条件を提示してきた。ピクサーがすべての続篇の制作と権利を独占し、ディズニーは単なる配給パートナーに格下げされるという契約だった。マイケルは断った。スティーブは対案を出そうとしなかった。ピクサーとの交渉が長引く中、『ファインディング・ニモ』の公開前にマイケルが取締役会に送った内部文書がメディアに流出してしまった。マイケルはその文書の中で、『ニモ』の初期の映像を見たがそれほど大したものではなかったし、ピクサーは「現実を直視し」、実力に値しない傲慢さを見直した方がいいと言っていた。もし『ニモ』が成功しなければ、ディズニーが交渉で優位に立てるので、失敗してもかまわないとも書いていた。

スティーブは、弱みにつけこんで優位に立とうとする相手を誰よりも嫌った。そんな扱いをされそうになったら、狂ったように反発した。マイケルもまた、自分やディズニーがいじめにあうことを何よりも嫌っていた。そんな二人が一緒になると、それでなくても難しい交渉がほぼ不可能になった。ある時点で、スティーブはディズニー・アニメーションの一連の作品を「目を覆いたくなるような駄作」と言ったこともある。そして二〇〇四年一月には、二度とディズニーと付き合わないとおおやけに宣言した。それは相手の顔につばを吐くような発言だった。「一〇か月にわたって落とし所を探ってきたが、もうこれまでだ。ピクサーの今後の成長に参加しないということは、ディズニーの恥だ」とスティーブは語っていた。売り言葉に買い言葉で、マイケルは、スティーブの発言はどうでもよく、自分たちが公開したピクサー映画の続篇を作る権利は持っているし、ピクサーにはそれを変えられないと返した。

そこにロイとスタンリーが参戦してきた。「一年以上も前に、私たちはマイケル・アイズナーがピクサーの扱いに失敗していると取締役会に警告し、ピクサーとの関係が危機にあると懸念を表明していた」と声明を発表し、マイケルが求心力を失っているという主張をさらに強めてきた。

実際には、スティーブの条件を飲まないとしたマイケルの判断は正しかった。スティーブの提案は、金銭的に見合わないものだった。ディズニーの負担はあまりに大きく、見返りは少なすぎた。だが世間一般では、交渉の決裂とスティーブとの確執がメディアで大げさに取り上げられたため、マイケルが大失敗したと見られてしまい、彼のイメージは大きく傷ついた。

二週間後、オーランドで投資家ミーティングが開かれた。このミーティングで、ディズニーの未来について業界アナリストに安心してもらい、このところのイメージダウンを修復することを狙っていた。第一四半期の業績がその日に発表され、業績は上々だった。前年の五月と六月に公開された『ファインディング・ニモ』と『パイレーツ・オブ・カリビアン』はどちらも大ヒットし、全社収益は一九パーセント増加していた。しばらくぶりの好業績で、このミーティングでディズニーがふたたび軌道に乗ったことを証明できるのではないかと私たちは期待していた。

しかし、そうは問屋がおろさなかった。その日、曇り空で肌寒いフロリダの朝、ホテルを七時頃に出発して投資家ミーティングに向かっていると、広報責任者のゼニア・ムーカから電話があった。ゼニアの物言いはいつも断固としているが、その時の口調は断固としているどころではなかった。「コムキャストが乗っ取りにきたわ！」電話口で大声が聞こえた。「マイケルの部屋に今すぐ急いで！」

コムキャストは全米最大のケーブルテレビ事業者で、CEOのブライアン・ロバーツは、ディズニーを傘下に収めれば自分たちがまったく違う企業に変身できることを知っていた。全米一のケーブルテレビの放送網に、ディズニーのコンテンツを乗せることができれば、強力な組み合わせになる（彼らは特にESPNに興味を持っていた。当時のESPNはケーブルテレビの中で最も価値の高いチャンネルだった)。

その数日前、ブライアンはマイケルに電話をして、ディズニーを買いたいと申し入れていた。マイケル自身は交渉するつもりはないが、正式に価格を提示されれば取締役会は考慮せざるを得なくなると答えた。「だが、売りに出してるわけじゃないぞ」とマイケルは言った。マイケルが交渉を断ったことが、敵対的買収の発表につながった。彼らはディズニーの取締役会と株主に、六四〇億ドルでディズニーを買い入れ、すべてコムキャストの株式で支払うことを提示した(ディズニー株一株につき、コムキャスト株〇・七八株と交換する条件だった)。

私がマイケルの部屋に着いた時、最初に聞こえてきたのはコムキャストCEOのブライアン・ロバーツと社長のスティーブ・バークがCNBCの生インタビューに答えている声だった。スティーブのことはよく知っていた。一九九六年から九八年まで二年間私のもとで働いていたし、その前にはディズニーで一〇年間も働き、ディズニーランド・パリにもいた。マイケルがパリの担当者をかえ、スティーブをニューヨークに呼び戻し、ABCにいた私のもとで働いてもらうことにしたのだ。スティーブは私の元上司のあのダン・バークの長男だった。私はダンが大好きで、ダンを心から尊敬していた。スティーブにはダンのような温かみはなかったが、聡明で愉快で、覚えが早かった。私はスティーブにテレビとラジオの事業について多くを教え、スティーブは私にディズニーの裏と表を上手に渡っていくにはどうしたらいいかを教えてくれた。

一九九八年、私がほかの仕事に専念できるよう、私に代わってABCの舵取りをしてくれる人がどうしても必要になったので、スティーブにABCの社長を頼みたいと告げた。すると、スティーブはロスに引っ越したくないと言い(マイケルはその頃、ABCのすべての機能をロスに移そうとしていた)、それからまもなくディズニーを辞めてコムキャストに移ると言ってきた。私は彼に多くを注ぎ込んできたし、二年のあいだに親しくなってもいたので、背中を刺されたような気分になった。そのスティーブがテレビに出ている。私の背中に突き刺したナイフをさらに捻《ひね》っているように感じた。ABCをどう立て直すつもりかと聞かれたスティーブは、「優秀な人を雇って経営させます」と答えていた。

私がマイケルの部屋に着いた時、ゼニアと法律顧問のアラン・ブレイバーマン、そして戦略企画部のピーター・マーフィーがすでにそこにいて、じっとテレビを見ていた。公開買い付けは青天の霹靂《へきれき》で、慌てて対応策を作り上げた。公式な声明を出さなければならないのはわかっていたが、まずは取締役会がどう思っているのかを見極めるのが先決だった。それと同時に、そもそもブライアンがディズニーを買えると確信を持てたのはなぜかを知りたかった。取締役会の中にいる誰か、または取締役に近い誰かが、マイケルが弱い立場に置かれていて社内がゴタゴタしているので、買収を提示すれば取締役会は乗るだろうとブライアンに教えたに違いない。買収に応じれば、取締役会は手っ取り早くマイケルを厄介払いできる（何年もあとになって、ある取締役の代理を名乗る仲介者が公開買い付けを後押ししていたことを、ブライアンが教えてくれた）。

この状況に何とか対応しようと苦慮している最中に、次の予期せぬ波が襲いかかってきた。主に中規模の運用会社向けに議決権と企業統治についての助言を行なっているインスティテューショナル・シェアホルダーズ・サービシーズ（ＩＳＳ）という世界最大の議決権行使助言会社が、その朝正式にロイとスタンリーを支持し、マイケルへの不支持票を投じることを推奨したのだ。投票結果は三月まで公表されないが、大量の不支持票が投じられることは間違いなさそうだった。

マイケルの部屋を出て投資家ミーティングに向かう私たちは、二つの大きな危機に直面していた。ロイとスタンリー、そしてスティーブ・ジョブズと通常兵器でのドンパチがはじまったところに、別の敵が核兵器を撃ち込んだようなものだった。そんな状況の中で投資家に理解を得ようと最善を尽くしたものの、ディズニーの未来に対する深刻な懸念を誰もが知ることになってしまった。私たちは胸を張って、足元の利益が堅調であることを訴え、将来の計画を細かく説明し、苦しい状況の中でも説得力のある主張を繰り広げた。しかし、投資家の反応は厳しく、それは仕方のないことだった。そして状況はさらに厳しくなっていった。

それから数週間で、コムキャストによる公開買い付けは消滅した。ブライアン・ロバーツは、ディズニーの取締役会がこの話に飛びつくはずだと思い込んでいた。しかし、取締役会は飛びつかず、その後数々の要因が浮上した。まず、好調な業績が発表されて株価が急騰し、あっという間に買収価格が上がってしまったことだ。次に、コムキャストの株主が敵対的買収を快く思わなかったことだ。株主はブライアンの動きを嫌い、コムキャストの株価は急落したため、提示価格の前提がさらに崩れ、そもそもの計算が狂ってしまった。最後に、これらの出来事すべてに影響していたのは、マスコミで報道されていた買収劇に世の中の人たちが反対していたことだ。「ディズニー」はいまだにアメリカ人の心に響くブランドで、それが巨大ケーブル事業者に飲み込まれるのを消費者は嫌ったのだった。最終的にコムキャストは公開買い付けを断念した。

とはいえ、マイケルの問題が消えてなくなったわけではない。翌月、フィラデルフィアで開かれた年次株主総会には三〇〇〇人のディズニー株主が集まった。総会の前夜、ロイとスタンリーと「ディズニーを救おう」の支持者たちは、繁華街にあるホテルで大規模な決起集会を開いた。マスコミも多く取材に駆けつけ、ロイとスタンリーはマイケルをこれでもかと攻撃し、リーダーの交代を求めていた。その最中にゼニアが私のところにやってきて、こう言った。「あなたにマスコミの前に出て話してもらわなくちゃならないわ。こっちの言い分もきちんと聞いてもらうべきよ」マイケルが表に出るのはまずかった。火に油を注ぐことになってしまう。だから私がやるしかなかった。

ゼニアは早速マスコミの一部に、私が会見を開くことを伝え、翌日総会が開かれることになっている会場のロビーにゼニアと私が出ていった。会場ロビーには、総会のためにデザイン違いの巨大なミッキーマウス像が七五体、オーランドから運びこまれていた。私はそのミッキー像の間に立って、一時間ほど質問を受けた。メモの準備も何もなかったし、質問の中身も細かくは覚えていないが、ほとんどは株主総会でロイとスタンリーの批判にどう対応するつもりかという質問だった。マスコミが手厳しかったことは覚えている。私はディズニーとマイケルを擁護し、ロイとスタンリーの動機と行動は理解に苦しむと話した。私にとってこの時がはじめて、マスコミの厳しい追及に晒された瞬間だった。潮目を変えることはできなかったが、あの時を振り返って、自分がマスコミの前に立ち、足場を守ったことを誇りに感じている。

翌日、朝五時から株主が会場の外に列を作りはじめた。数時間後に入り口が開くと、数千人がなだれ込んできた。本会場からあふれた多くの人が予備の部屋に通されて、モニター越しに総会の様子を見守った。マイケルと私が開会の辞を述べたあと、各事業部の責任者が事業の現状と将来の計画についてプレゼンテーションを行なった。

ロイとスタンリーにもそれぞれ一五分ずつ話す機会が与えられたが、壇上には上らせなかった。持ち時間を過ぎたところで、話を終えてもらうように丁重にお願いした。彼らの発言は辛辣《しんらつ》で、会場にいた多くの人が二人の発言をはやし立てた。二人が話し終えたあと、一時間にわたって質問を受けた。マイケルは、最初から自分が集中砲火を浴びることを覚悟していて、その攻撃に見事に耐え続けた。彼は困難な状況を認めつつも、業績も株価も回復していることを訴えた。マイケルはディズニーへの情熱を語っていたが、彼がいい一日の終わりを迎えられることはなさそうだった。

委任状の投票が集計された結果、株主の四三パーセントがマイケルへの支持を「保留」にしていたことがわかった。それは、株主からの厳しい不支持の表明だったが、私たちは少しでも打撃を和らげようとパーセンテージではなく実数を発表した。それでも発表の瞬間には、会場内にどよめきが広がった。

株主総会のすぐあとに取締役が集まって話し合いを行なった。何らかの手を打たなければばならないことはわかっていて、マイケルを会長職から解き、CEOには留めることを決めた。取締役だったメイン州選出の元上院議長、ジョージ・ミッチェルが、全会一致でマイケルの代わりに取締役会長に決まった。マイケルは少し反論したものの、仕方がないと半ば諦めてもいた。

その日は最後にもうひとつ、我慢しなければならないことがあった。ディズニーの株主総会は社会的に大きな話題になっていたので、傘下のABCの報道番組である『ナイトライン』で「ディズニーを救おう」キャンペーンと株主の投票結果を特集することにしたのだ。この話題と向き合うことがマイケル自身のためでもありディズニーのためにもなると私たちは考え、マイケルが番組に出演して司会者のテッド・コッペルから質問を受け、今回の出来事がマイケルとディズニーの未来にとってどんな意味があったのかを自らの言葉で語ることにした。自社の一員から詰問されるのはマイケルにとって大変な苦痛だったに違いない。だが、彼は勇敢にインタビューに答えた。

三月の株主総会での投票結果と会長職を解かれたことが、マイケルの終わりのはじまりになり、彼も次第に現実を認めざるを得なくなった。二〇〇四年九月のはじめ、マイケルは取締役会に手紙を送り、二〇〇六年の任期満了をもって引退することを伝えた。二週間後、取締役会が開かれ、マイケルの申し出を了承した。取締役会後にジョージ・ミッチェルが私のところにやってきて、プレスリリースを出したいと言ってきた。中身は、マイケルが任期を更新せず、ただちに後任探しを開始し、できれば二〇〇五年六月までに後継者を見つけるというものだ。後任が見つかったら急いで権限を移譲したいとジョージは言う。つまり、マイケルの任期が切れるより一年前の二〇〇五年秋には、新しいCEOの就任を考えているということだった。

CEO探しについて、どう発表するつもりですかと私は訊ねた。

「外部と内部の両方から候補者を探すと発表する」とジョージは言う。

「私以外に社内の候補者はいますか？」

「いない。君だけだ」とジョージは言った。

「それなら書面にしてください」と私。「COOは私ですし、本日をもってマイケルは実権を失います。私が彼の代わりに社内をまとめていかなくちゃなりません。だから今以上の権限が必要になるんです」自分がマイケルの後継者になる保証などまったくないのはわかっていたが、少なくともその可能性があることは、社内の人に知ってもらわなければならなかった。

私が力を発揮できるかどうかはこの瞬間にかかっていた。私に少しでもCEOの可能性があると社員が信じてくれなければ、権限などないに等しく、マイケルと共に去りゆく人としか思われない。自信のなさから肩書きにこだわり、見せかけの権力を求める人は少なくない。しかし今回は、取締役会から何らかの権限を授けてもらわなければ、そして次のCEOになるチャンスが少しでもなければ、この波瀾の時に私がディズニーの経営を助けることはできないと思った。

「どうしてほしいんだ？」とジョージが聞いた。

「社内の候補者は私だけだとプレスリリースに書いてください」

ジョージはそれがなぜ必要かを理解してくれた。今もあの時の対応への感謝を忘れたことはない。私が社内で唯一の後継者候補だということは、これからディズニーをまとめる上でかならずしも強みとは言えないが、弱みにもならない。私がCEOの候補であることを彼らが正式に公表してくれたとはいえ、取締役会の誰も、ジョージでさえも、私がCEOになるとは思っていなかったし、取締役の多くは私がCEOになるべきではないとさえ思っていた。

その後数か月にわたって、外部の「変革者」でなければディズニーの問題は解決できないという議論をよく聞いた。それは陳腐な決まり文句だったが、風向きは明らかだった。そのうえ、取締役会の面々も自分たちの顔に泥を塗られたように感じていて、マイケルほどは傷つかなかったにしろみんなが波瀾の展開に疲れ切り、新生ディズニーのイメージを打ち出す必要を感じていた。そんな中で、五年にわたる厳しい期間にマイケルの下でナンバーツーを務めていた男にＣＥＯの座を渡すことは、新生ディズニーのイメージにふさわしいとは言えなかった。

# 第７章　後継者選び

私には越えなければならないハードルがあった。私こそ、取締役の求めている「変革者」だと信じてもらわなければならない。ただし、マイケルを批判せずに、取締役を説得する必要がある。これまでに私が反対した決定もあったし、ディズニーには変化が必要だと本気で思っていたが、一方でマイケルを尊敬していたし、彼が私にチャンスを与えてくれたことにも感謝していた。しかも、私はすでに五年間もＣＯＯを務めていて、すべての責任を誰かになすりつければ、言い訳がましく、責任逃れだと思われるのは目に見えていた。何より、マイケルを犠牲にして自分をよく見せるのは、正義に反する。だから絶対にそんなことはするものかと心に決めていた。

例のプレスリリースが発表されたあとの数日間、どうしたらそんな曲芸をやってのけることができるかを考えた。自分の下していない決定についてはできるだけ責任を回避しつつ、かといって、くるりと背中を翻《ひるがえ》してマイケル批判の大合唱に参加しないようバランスを取りながら、過去を語るにはどうしたらいいかを見極めようとした。この難題を解くヒントは意外なところからやってきた。発表のあと一週間かそこら経った頃、有名な政治コンサルタントでブランドマネジャーでもあるスコット・ミラーが連絡をくれた。スコットはその昔、ABCにとても有益なコンサルティングを行なってくれたことがあった。そのスコットが今ロスにいて私のところに立ち寄っていいかと聞く。私は是非会いたいと答えた。

数日後、私のオフィスにやってきたスコットは、一〇〇ページのプレゼン資料を目の前にポンと置いた。「君にプレゼントするよ。タダでね」とスコット。「何だい？」と私。

「選挙活動の作戦ノートだ」

「選挙？」

「ああ、これから選挙活動をはじめなくちゃならないだろ？　わかってるよな？」

もちろん、ぼんやりとはわかっていたが、スコットが言うような文字通りの意味では考えていなかった。票を獲得するための戦略が必要だとスコットは言う。それはつまり、取締役会の中で私が説得できそうな相手は誰かを探り出し、その人たちを狙ってメッセージを発信するということだ。スコットが次々に聞いてくる。「取締役の中で君が確実に囲い込んでいるのは誰だ？」

「誰もいないと思う」

「そうか、なら君に絶対投票しそうにないのは？」三、四人の顔と名前がすぐに思い浮かんだ。「では、浮動票は？」もしかしたら私に賭けてもいいと思ってくれそうな取締役が、五、六人はいた。「まずそこに狙いを定めるんだ」とスコットは言う。

マイケルと過去について、私が話しにくい立場にあることもスコットは理解して、すでに対策を考えていた。「現職として戦ったら勝てないぞ。言い訳はやめた方がいい。未来について話すんだ。過去はどうでもいい」

当たり前と思われるかもしれないが、私にとってそれは目から鱗《うろこ》の忠告だった。過去を取り繕っても仕方がない。マイケルがやったことについて私が言い訳しなくてもいい。私の得になるからといって、マイケルを批判する必要もない。大切なのは未来だ。この何年かディズニーで何がうまくいかなかったのか、マイケルの何が失策だったのか、なぜ私が同じ失敗をしないと言えるのかと聞かれたら、単純に正直に答えればいい。「私は過去をどうすることもできません。ですが、自分が学んだことを話し、これからその教訓をしっかりと生かしていくことはできます。やり直しはきかないんです。みなさんがお知りになりたいのは、これまでのことではなく、これから私がこの会社をどこに向かわせるかですよね。私の計画を聞いてください」

「新参者のつもりで考え、計画し、行動するんだ」そして、あることをはっきりと心に留めた上で計画を作れ、とスコットは言った。「これはディズニーというブランドの魂を賭けた戦いだ。ブランドについて語り、その価値をどう伸ばすか、そしてどう守るかを語るんだ」それからスコットはこう付け加えた。「戦略的な優先課題を考えた方がいい」

それについてはすでにじっくり考えていたので、私はすぐさま頭の中にあった項目を次々と挙げはじめた。五つか六つまで話したところでスコットが頭《かぶり》を振って口を挟んだ。

「ストップ！　そんなにたくさん挙げていたら、優先課題にならないだろ」ほんのいくつかのことに多くの時間と多額の資本を注ぎ込むからこそ、優先課題と言えるのだ。数が多すぎると重要性が損なわれるし、すべての項目を誰も覚えていられなくなる。「君自身の狙いが定まってないと思われてしまうぞ。三つまでにしろ。その三つが何かは、僕にはわからない。この場で決める必要もない。君が言いたくなければ、僕に教えてくれなくてもいい。でも、かならず三つまでにしてくれ」

もっともな忠告だった。私は、ディズニーが抱える問題すべてを解決し、すべての課題に対応できるような戦略が自分にあることをむきになって証明しようとするあまり、優先順位をまったく考えていなかった。どれが一番重要かを示せていなかったし、一貫したわかりやすいビジョンも示せていなかった。私の戦略には、すっきりとした見通しも、人の心を動かすような感動もなかった。

企業文化は多くの要素から作られる。中でも、はっきりとしたビジョンは最も重要な要素のひとつだ。リーダーは、何が一番大切なのかを誰にでもわかるように何度も伝えなければならない。私の経験では、それができるのが偉大な経営者だ。リーダーが組織の優先課題をはっきりとわかりやすく伝えることができないと、周りにいる人たちも何に力を入れたらいいのかわからない。すると、時間と労力とお金が無駄になる。何に力を入れたらいいかわからないと、社員は余計な心配に苛《さいな》まれる。効率が悪くなり、イライラが募り、士気は下がる。

日々の仕事から当て推量を取り除いてやるだけで、部下の士気は上がる（さらに、その周りの人たちの士気も上がる）。CEOは社員と経営陣にロードマップを示さなければならない。仕事というものはたいてい複雑で、多大な集中力と労力が必要だが、ロードマップは単純でいい。「自分たちが行きたい場所はここだ。そこにたどり着くにはこうすればいい」と伝えるだけだ。それがはっきりと伝えられれば、かなり多くの決断が下しやすくなり、組織全体の不安が解消される。

スコットと会ったあと早速、三つの戦略的優先課題をはっきりと定めた。私がCEOになった瞬間から、この三つが指針となり、ディズニーを導いてきた。

1．良質なオリジナルコンテンツを作り出すことに時間とお金のほとんどを費やさなければならない。ますます「コンテンツ」の数も配信経路も増えていく中で、コンテンツの質が一層重要になる。たくさんのコンテンツを作ればいいというものではない。いいコンテンツをたくさん作ればいいというものでさえない。選択肢が爆発的に増える中で、消費者には時間とお金をどう使うかを賢く判断する能力が求められるようになった。消費者の行動を導く上で、これまでにも増して偉大なブランドが強力な武器になる。

2．テクノロジーを最大限に活用しなければならない。まず、テクノロジーを使ってより良質なプロダクトを作り、次にテクノロジーを使って今の時代に合った新しい手法で消費者とつながらなければならない。ウォルトがディズニーを創業した時代から、テクノロジーは物語を伝えるための強力なツールとされてきた。今またさらにテクノロジーにこだわって、物語を作り、人々に届ける時がきた。ディズニーは今もこれからもコンテンツ制作者であり続けるが、最新の配信技術が、時代に合ったブランド価値を守る手段になることは、ますます確実になってきた。消費者がディズニーのコンテンツをどこでも簡単に手に入れ、デジタルに楽しむことができなければ、私たちは時代に乗り遅れてしまうだろう。要するに、テクノロジーを脅威でなくチャンスと見るべきだし、決意と熱意とスピード感を持ってテクノロジーに取り組む必要がある。

3．真のグローバル企業にならなければならない。ディズニーは世界中の消費者への訴求力があり、さまざまな地域に事業は拡大しているが、中国やインドといった世界で最も人口の多い地域をさらに深掘りしていく必要がある。卓越したオリジナルコンテンツを作ることに力を注いだら、次にそのコンテンツを世界中の消費者に届け、新興市場でしっかりと足場を固め、強固な土台を築いた上で大きく規模を拡大していかなければならない。いつまでも同じコア層に同じコンテンツを届けるだけでは事業は頭打ちになってしまう。

これが私の描いたビジョンだった。過去ではなく未来に向けた戦略だ。ディズニー全社の使命、すべての事業、当時の一三万の社員全員を、この三つの優先課題の達成に向けて組織化することで、この未来が訪れる。そして今ここで私がやるべきことは、一〇人の取締役たちに、これがディズニーの進む道だと説得し、それが達成できるのは私だと信じさせることだった。ただし、その一〇人のほとんどは私をあまり信じていなかった。

取締役会の全員と私の初回面接は、日曜の夕方にバーバンク本社の役員会議室で行なわれた。二時間ずっと私が質問に答えていた。質問の調子はあからさまな喧嘩腰というほどではなかったが、温かく柔らかいわけでもなかった。取締役の面々もまた長いあいだプレッシャーに晒されていたし、今さらに重圧がかかっていた。彼らの鋭い物言いの中に、どれほど真剣にCEO選びに取り組んでいるかを示そうという決意が、はっきりと見てとれた。五年のあいだ取締役を務めていたことが私にとって何らかの得になるわけでないのは明らかだった。

たまたまその日、マリブで開かれるトライアスロンの大会に参加することを数か月前に決めていた。私が出場しないとチームに迷惑がかかってしまう。そこで、朝四時に起きて薄暗い中をマリブまで運転し、レースの中の一八マイル自転車走だけに参加し、急いで帰宅してシャワーを浴び、着替えて、取締役会との面接のためにバーバンクに向かった。面接の部屋に入る直前に、エネルギー補給のためにプロテインバーを慌てて口に入れた。それからの二時間というもの、私のお腹はグーグーと鳴りっぱなしで、取締役たちに、私の胃腸が重圧に耐えきれなくて鳴っていると思われはしないかと心配になった。

例の計画を、この時はじめて取締役会に披露した。三つの優先課題を掲げ、社内の士気の低下に関する質問をうまくさばいた。「ディズニーブランドは今も人々に熱烈に愛されています。ですが、私の目標は、この会社を、消費者からも株主からも社員からも賞賛される、世界一の企業にすることです。その鍵になるのは、一番最後の部分、つまり社員に愛され賞賛される企業になることです。社員が賞賛しない会社は、世間からも賞賛されません。ここで働く人たちの賞賛を得るには、彼らが誇りに思うプロダクトを作ることに、私たちの未来があると信じてもらわなければなりません。とても単純なことなのです」

社員の士気に関してもうひとつ、より具体的な課題があることも指摘した。ディズニーではこの数十年のあいだに、クリエイティブ以外の決定はほぼすべて、本社の戦略企画部が下すようになっていた。この部署にいたのは、一流大学のMBAを持つ六五人ほどのアナリストで、本社の四階に陣取っていた。ディズニーの拡大に伴って、マイケルはますますアナリストたちに頼ってすべての判断を下し、さまざまな事業戦略を決めるようになっていた。

多くの点で、このやり方は理にかなっていた。戦略企画部は分析能力には長けていた。しかし、それが二つの問題を引き起こしていた。ひとつは、以前に指摘したように、意思決定が中央に集中することで事業部のリーダーたちの士気が下がってしまうことだ。現場のリーダーたちは、事業運営の権限を持っているのは戦略企画部だと感じるようになっていた。もうひとつは、分析に頼りすぎると、意思決定があまりにも煩雑で遅くなってしまうことだった。「ほんの数年前と比べても、世界はあっという間に変わっています。変化のスピードはますます速まる一方です。これまでよりも簡単で素早い意思決定が必要です。その方法を探る必要があるでしょう」

事業部のリーダーがもっと意思決定に参加していると感じられたら、会社全体の士気にも前向きな波及効果があるはずだと思っていた。ただ、その時にはまだ、あれほどすぐにあそこまで劇的な効果が現れようとは思ってもみなかった。

取締役会との最初の面接からその後半年にわたるプロセスは、私のキャリアの中でも二度とないほど自分を試された時期だった。ビジネスの範囲内ではあったが、あれほど知力を試されたことはこれまでになかった。ディズニーの経営手法について、また何を立て直すべきかについて、あれほど考え抜いたことはなかったし、あれほど短期間にあそこまで多くの情報を処理したこともなかった。もちろん、企業経営の日常業務もこなした上に、CEO候補としてこうした負担を背負っていた（マイケルはまだいたものの、当然ながら心ここにあらずのことも多かった）。そんなストレスだらけの日々が続くうち、私の身体が悲鳴をあげはじめた。

ストレスの原因は仕事量ではなかった。私は勤勉さと意志の強さでは誰にも負けない自負がある。だが、世の中の目に晒され、私が次のCEOになるべきではないという声高な批判を受けるのは辛かった。ディズニーの後継者選びは世間の注目を浴びていたし、ひっきりなしにニュースのネタになっていた。取締役会は何を考えているのか？　候補者は誰か？　ディズニーは立ち直れるか？　そうした話題がいつも取り沙汰されていた。アナリストやコメンテーターのあいだでは、私に反対の取締役に同調する声が大半だった。ディズニーには新鮮な血とこれまでにない取り組みが必要だ。アイガーを選ぶことはマイケル・アイズナー路線に追従するようなものだ、と彼らは言っていた。

私を攻撃していたのはマスコミだけではなかった。CEO選びがはじまったばかりの頃、バーバンクの本社近くでジェフリー・カッツェンバーグと朝食を取った。「辞めた方がいいぞ」とジェフリーは言う。「どうせCEOにはなれない。君は傷ものだからな」マイケルと自分を切り離すのが難しいことはわかっていたが、世間が私を「傷もの」と見ているとは、その時まで思いもしなかった。ジェフリーは、この数年のゴタゴタと私を切り離すことはできないことを、私にわからせた方がいいと感じたのだろう。「ボランティアでもやってイメージを回復させないと」

イメージを回復させる？　ジェフリーの言うことを黙って聞きながら何とか冷静さを保とうとしたが、私がもう終わった人間だと決めつけているジェフリーに怒りが収まらなかった。それでも心のどこかで、もしかしたらジェフリーが正しいのかもしれないと感じている自分がいた。私以外のみんなに見えていることが、私には見えていないのかもしれない。私がＣＥＯになる可能性はゼロなのだろう。いや、ジェフリーの話はただのたわごとで、そんなたわごとに気を散らさず、これまで通り自分に何ができるかをきちんと訴え続けるべきかもしれない。

噂に気を取られ、あの人はこう思っているかもしれないとか、この人がこう言うかもしれないとか、ああ書くかもしれないと心配になるのは、人の常だ。不当な扱いを受けていると感じれば、あれこれと言い訳をしたり、相手に食ってかかるのも無理はない。私は自分にＣＥＯになる価値があるとも、ＣＥＯになって当然だとも思っていなかった。ただし、いい仕事ができるとは思っていた。その証拠のひとつが、これほど世間やマスコミから自分の力量を疑われてもまだ、しっかりと地に足をつけて立っていられたことだ。オーランド・センチネル紙の「マイケルの後継者、まったく目処《めど》がつかず」という見出しを今も覚えている。ほかのマスコミも同じような調子だったし、もし取締役会が私をＣＥＯに指名しようものなら、責任放棄にも等しいといった記事や話を毎日のように見たり聞いたりした。ある記事の中で、スタンリー・ゴールドが私について、「紳士だし勤勉な重役だが、（私が）マイケルの後釜になるべきかどうかについては、ほとんどの取締役が疑問を持っている」と言っていた。その言葉の調子は、どこか険悪だった。ゲイリー・ウィルソンという取締役は、私がCEOになるべきではないと思っていただけでなく、会議中に私をいじめて辱《はずかし》めることで、自分の存在感を高めようとしているのが見え見えだった。私は、ゲイリー・ウィルソンを相手にしてはいけないとずっと自分に言い聞かせていた。CEO選びの過程では、考え方だけでなく気性も試される。私のことをほとんど知らない人たちからの悪口に惑わされて、自分を失うようなことがあってはならなかった。

CEO選びが終わるまでに、私は一五回も面接を受けることになった。最初が例の取締役全員との面接。次に取締役ひとりひとりとの個別面接。それから、追加の質問があった取締役との個別面接。そして、ジェリー・ローシュというヘッドハンターとの面接。ジェリーはハイドリック・アンド・ストラグルズという有名な人材採用企業の経営者だったが、彼との面接は私のこれまでのキャリアの中でも最も屈辱的な経験のひとつになった。

ジェリーは取締役会に雇われて、私を「比較対照の基準として」外部候補を選定する手助けをしていた。そのことを知って、私は取締役会長のジョージ・ミッチェルに失礼だと文句を言った。私は訊ねられた質問にはすべて答えたじゃないかとも訴えた。すると、ジョージは「とにかく会ってきてくれ」と言う。「取締役会としては、とにかく漏れのないようにしたいんだ」

そこでジェリーのオフィスでランチミーティングを行なうため、ニューヨークに飛んだ。会議室に腰を下ろしたが、テーブルの上に置かれているのは水だけだった。ジェリーは、出版されたばかりのジェームズ・スチュワートの『ディズニー・ウォー』を手に持っていた。この本は、マイケルがCEOで私がCOOだった時代のディズニーの経営について書いた本だったが、ところどころに間違った記述もあった。ジェリーはその本の数か所に付箋を貼って、私に聞きたいことを準備していた。彼は本をぱらぱらとめくって次々と質問してきたが、ほとんど私とは関係のないことばかりだった。三〇分も経った頃、秘書が入ってきてランチの入った紙袋をひとつだけジェリーに渡し、フロリダでの結婚式に向かうプライベートジェットがもうすぐ出発するので、今オフィスを出た方がいいと言った。それでジェリーは立ち上がって出ていった。私は結局何も食べないままでその場をあとにしたが、腹が立って仕方がなかった。時間の無駄だったし、敬意のかけらもなかったからだ。

そんな中で一度だけ、ストレスとイライラに本当にやられてしまったことがあった。二〇〇五年の一月、CEO選びがはじまって数か月経った頃、六歳になった息子のマックスを連れてステイプルズ・センターに全米バスケットボールの試合を見に行った。試合の途中で、冷や汗が出てきた。胸が苦しくなり、息切れもした。私の両親はともに五〇歳の時に心臓発作に襲われている。その時私は五三歳で、心臓発作の症状がどんなものかはわかっていた。というより、いつか心臓発作を起こすのではないかと心配していたのだ。心の中で、心臓発作に違いないと思う一方で、そんなはずはないとも思っていた。食生活には気を配っていたし、毎日欠かさず運動もし、定期的に健康診断も受けていた。だから心臓発作のはずがない。でもやはりそうなのか？　救急車を呼ぼうかとも考えたが、息子が怖がるのではないかと思ってやめた。

そこで、とても気分が悪くなったと息子に伝え、一緒に家に帰ることにした。その午後のロサンゼルスは暴風雨で、運転していても前がほとんど見えないほどだった。心臓をぎゅっと鷲摑みにされたような苦しさを覚えた。息子を後ろに乗せて運転するなんて、とんでもなかった。取り返しのつかないことになったらどうしようと心配になった。だがその時は早く家に帰りたい一心だったのだ。やっと家の前に車を停めると、息子は車から飛び出した。私はすぐにかかりつけ医のデニス・エバンジェラトスに電話をし、それから友達に電話をかけて迎えに来てもらい、デニスの自宅に連れて行ってもらった。デニスと私は親しくしていて、私がこのところストレスを抱えていることも彼は知っていた。デニスは血圧や心拍数などをチェックしてくれたあと、私の目を覗き込んでこう言った。「ボブ、典型的なパニック発作だ。少し休んだ方がいい」

それを聞いてほっとしたが、同時に心配になった。昔から自分はストレスに強いタイプで、過酷な状況でも集中し落ち着いていられると思い込んでいたからだ。CEO選びの過程における緊張が、思ってもみないほど私の心身に害を与えていたし、私ほどではないにしろ家族にも親しい友達にも負担になっていた。ディズニーのCEOは大きな仕事で素晴らしい肩書きだが、それが私の人生ではない。私の人生は妻のウィローと息子たち、ニューヨークにいる娘たち、両親、妹、そして友人たちと共にある。今抱えているストレスは、結局仕事のことにすぎない。それを忘れないようにしようと心に誓った。

とはいえ、最後の面接では一度だけ、取締役会の前で我を忘れてしまった。数か月にわたる面接とプレゼンテーションのあとでもう一度取締役会に呼ばれ、日曜の夕方にパサデナのホテルの会議室に向かうことになった。到着してからわかったのだが、その日の午後に、彼らはある取締役の自宅でイーベイCEOのメグ・ホイットマンと面接を行なっていた。その時点で対立候補として残っていたのはホイットマンだけだった(ほかの四人は辞退したか、すでに落とされていた)。その時点で、私はもうすべての過程を終えていた。取締役が知らないことはなかったし、私は何度も同じ質問に丁寧に答え尽くして、答えることは何も残っていなかった。もう終わりにしてほしかった。ディズニーは半年ものあいだ、先の見えない状況に置かれていたし、マイケルにまつわるゴタゴタの時期を含めると、不安定な期間はもっと長く続いていた。その状態を終わらせる必要があったのだ。取締役の中にはこのことを理解できない人もいて、私の忍耐も限界に達していた。

最後の面接も終わり近くになった頃、それまでずっと私につっかかってマイケルの悪口を言わせようとしていたゲイリー・ウィルソンが、また同じ質問をしてきた。「君がマイケルとどう違うのかを教えてくれ。マイケルのどこが悪かったんだ？　君はどんな風に違いを出すんだ？」そこでついに堪忍袋の緒が切れて、取締役全員の前でゲイリーに食ってかかってしまった。「もう三回も同じことを聞いたじゃないか」怒鳴らないように自分を抑えるのが精一杯だった。「無礼だろう。答えるつもりはない」

部屋が静まり返り、面接は打ち切られた。私は立ち上がり、誰とも目を合わせずに立ち去った。握手もしなかったし、礼も言わなかった。本当は彼らが投げつける質問を何でも受け止めなければならなかったのに、忍耐力と礼儀の試験に見事に落ちてしまったわけだ。その夜、ジョージ・ミッチェルともうひとりの取締役のエイルウィン・ルイスがそれぞれ自宅に電話をくれた。「取り返しのつかないミスというわけじゃないが、君の得にはならなかったな」とジョージは言っていた。エイルウィンはもっと手厳しかった。「ボブ、ここで焦ってる様子を見せちゃダメじゃないか」

もちろん、自分でもダメだったと思ったが、私だって人間だ。やってしまったことは仕方がないし、怒っていい場面だとも思った。電話を切る前に、私はジョージに言った。

「もう決めてください。お願いします。このせいで会社が苦しんでいるんです」

あの時期を振り返って思うのは、苦しい時こそ粘りと忍耐が大切だということと、自分にはどうしようもないことに怒ったり不安になっても仕方がないということだ。プライドを傷つけられたことにいつまでもこだわって、自分を消耗させてはいけない。みんなに褒められている時は、誰でも前向きになれる。だが、自分を否定された時、しかもみんなの目の前で自信を傷つけられた時こそ、難しくても前向きにならなければいけない。

後継者選びの過程で、私はこれまでのキャリアではじめて極度の不安と向き合うことになった。私についての騒がしい噂に完全に耳を閉ざすことはできないし、私がどれほどCEOにふさわしくないかがおおっぴらに議論されるのを聞いて傷つかないわけはない。それでも、自制心と家族からの愛情のおかげで、世間の評判によって私という人間の本質が変わるわけではないことがわかったし、噂は放っておくしかないと思うことができた。私にコントロールできるのは、自分の行動と態度だけだ。それ以外のことは私にはどうしようもない。もちろん、その視点をたまに失ってしまうこともあったけれど、そう考えることである程度不安を遠ざけることができた。

二〇〇五年三月のある土曜日に取締役会が開かれて決定が下された。ほとんどの取締役が電話を通して参加した。マイケルとジョージ・ミッチェルは一緒にニューヨークのABCの会議室にいた。

その朝目覚めた時、CEOの指名に必要な「浮動票」は獲得できているのではないかと思っていたが、一方でこれまでの一連の出来事と世の中の評価を考えると、彼らが変化を求めて外部の者を選ぶことも充分に考えられた。

その日は二人の息子と一緒に過ごして、気を紛らわせていた。マックスとはキャッチボールをし、昼食に出かけ、息子のお気に入りの公園で一時間ほど過ごした。もしCEOになれなかったら、車に飛び乗って、ずっと夢に見ていたアメリカ横断の旅に出たいと妻のウィローには話していた。ひとりで大陸を横断すると考えると、天国のようだった。

取締役会が終わるとすぐ、マイケルとジョージ・ミッチェルが自宅に電話をくれた。ウィローも私と一緒に書斎にいた。「君に決まったよ」と二人が言う。翌日に発表されると知らされた。電話越しにマイケルに感謝を伝えた。彼が辛いのはわかっていた。ディズニーの経営にすべてを注ぎ込んできたマイケルが、まだ諦めきれずにいるのは当たり前だった。しかし、たとえCEOの交代は避けられない事態だったにせよ、引き継ぐのが私だったことをマイケルが喜んでくれたと信じたい。

この過程を通してずっと、ジョージが私に敬意を持って接してくれていたことはありがたかった。もし彼がいなかったら、ほかの取締役たちから公平な扱いを受けられなかったはずだ。

何より、妻のウィローに感謝した。彼女が私を信じ、知恵と支えを与えてくれなかったら、私がここまでくることはできなかった。妻は私を応援し続けてくれていたが、折を見ては、私の人生、そして私たち二人の人生で一番大切なのはCEOの座ではないと教えてくれた。妻が正しいのはわかっていたが、それでもこの言葉を本当に肝に銘じるには彼女の助けが必要だった。電話を終えると、私は妻と静かに座って、この瞬間を味わった。すぐに電話したい人たちの顔が思い浮かんできたが、その気持ちを抑え、ただそのままの姿勢でゆっくりと呼吸し、高揚と安堵をじっくりと味わった。

しばらくしてからロングアイランドの両親に電話した。ウォルト・ディズニーが作った会社を自分たちの息子が経営することを二人とも誇りに思い、少し信じられないようだった。それからニューヨークの娘たちに電話をかけ、キャピタル・シティーズでお世話になったダン・バークとトム・マーフィーにも電話した。そのあとに電話をした相手はスティーブ・ジョブズだった。普通ならやらないことかもしれないが、いつかピクサーとの関係を修復できるチャンスがあるとしたら、その時のために、こちらからスティーブに歩み寄りたいと思ったのだ。

この時、私はスティーブをほとんど知らなかったが、翌日に私がディズニーの次期CEOになると発表されることを伝えておきたかった。彼の反応は、「そうか、そりゃよかったね」くらいのものだった。私は、そのうちに彼に会いに行っていつか一緒に仕事をしたいと話し、これまでとはやり方が違うことを伝えようとした。スティーブはいつもの調子だった。「マイケルの下でどのくらい働いてたんだ？」

「一〇年です」

「なるほどね。何かが変わるとは思えないな。ま、落ち着いたら連絡してくれ」スティーブはそう言った。

# 第2部
# LEADING
# 導く

# 第8章　最初の一〇〇日

私が次期CEOに任命されてからマイケルがディズニーを去るまで、まだ半年の待機期間があった。日々の仕事はもちろん忙しかったものの、長かった後継者選びの過程のあとで一息ついて、ゆっくりと考えをまとめられることを心待ちにしていた。CEOとしての私の「最初の一〇〇日」がはじまるのは、マイケルが出ていってからだと思い込んでいたので、それまでは注目を避けて、じっくりと慎重に計画を立てようと思っていた。

ところが、そうは問屋がおろさなかった。私がCEOになると発表されるとたちまち、マスコミも投資家も業界もディズニーの社員も、同じことを聞いてきた。どうやってディズニーを立て直すつもりか？　どれだけ迅速に実行できるのか？　この会社の歴史からも、またマイケルがこの会社を劇的に変えたことからも、ディズニーは昔から世界で最も衆目に晒されてきた企業だ。ここ数年のあいだはゴタゴタがおおやけになっていたせいもあって、私が何者で、何をするつもりかに、いつにもまして世間は好奇の目を向けていた。私を一時的なCEOだろうと疑っている人も多かった。外部のスター経営者を見つけるまでの、「つなぎ」だと思われていたのだ。関心は高かったが私への期待は低く、正式にCEOに就任する前に方向性を決めて重要課題に対処しておいた方がいいことに、すぐに気がついた。

後継者発表後の最初の週には、私が最も信頼する側近たちに来てもらった。現最高財務責任者（CFO）のトム・スタッグス、法律顧問のアラン・ブレイバーマン、そして広報責任者のゼニア・ムーカだ。三人をオフィスに呼んで、今後半年のあいだにかならずやっておかなければならないことのリストを確認していった。「まず最初に、ロイとのいざこざを解決すること」と私。マイケルが辞めさせられたことで、ロイ・ディズニーはある程度自分の主張が認められたと感じてはいたが、取締役会がすぐに行動を起こさなかったことに対しいまだに怒りが収まらず、マイケルをおおやけに擁護していた私がCEOになったことを批判していた。ここまできてロイが私を脅かすことは実際には不可能だったが、ディズニー家の一員と喧嘩を続ければ企業イメージを損ねることになると思った。

「次に、ピクサーおよびスティーブ・ジョブズとの関係を修復すること」ピクサーとの提携が切れたことは、財務的にも企業イメージの点からも、ディズニーにとっては大打撃だった。その頃のスティーブは、テクノロジーとビジネスとカルチャーの分野で誰よりも尊敬されていた人物だった。ディズニーをおおっぴらに拒否し激しく非難しているスティーブとの関係を少しでも修復できれば、金星《きんぼし》をあげたと見られるはずだった。しかも、今やピクサーはアニメーション業界の先頭を走る存在になっていて、私はディズニー・アニメーションの凋落ぶりをこの時は完全には把握していなかったものの、ピクサーとふたたび手を組むことがディズニーのためになるのはわかっていた。もちろん、スティーブほどの頑固者がこちらを向いてくれる可能性は限りなくゼロに近いこともわかっていた。それでも、やってみないわけにはいかなかった。

最後に、意思決定のやり方を変えはじめることが必要だった。それは戦略企画部を再編し、その規模と影響力と使命を変えるということだ。最初の二つは外側から見た企業イメージを変えることで、最後のひとつは内側から会社の見方を変えることだった。社内の構造改革には時間がかかり、戦略企画部からの怒りや抵抗や闘争が起きることはわかっていたが、なるべく早いうちに戦略的な権限を現場に戻すような組織再編は必須だった。各事業部を縛っていた戦略企画部の影響力が弱まれば、社員の士気も徐々に回復するはずだと思っていた。

とはいえ、まずやらなければならないのは、ロイ・ディズニーと和解することだった。

それなのに、私がロイに声をかける前に、和解の見通しは吹き飛んでしまった。私がCEOになることが発表されて数日も経たないうちに、ロイとスタンリー・ゴールドが取締役会を「不正な後継者選び」のかどで訴えたのだ。後継者ははじめから私に決まっていて、すべてが出来レースだったと彼らは主張していた。ばかばかしい訴えだったが、仕事の邪魔になるので、何とかしなければならない。私はまだCEOにもなっていないうちから、最初の危機を抱えてしまった。私が正当なCEOでないという、醜《みにく》い訴訟がおおっぴらになってしまったのだ。

私は弁護士を通してではなく自分から直接スタンリーに電話をかけることにした。私と差しで話をする気があるかどうかを探るつもりだった。二〇〇三年秋にロイとスタンリーが辞任するまでずっと、私とスタンリーは取締役会で席を共にしていた。その数年間の経験からスタンリーが私を苦々しく思っているのは明らかだったが、少なくとも私の言い分を聞くくらいのことはしてくれるだろうとも思っていた。スタンリーはロイよりも感情的ではなく現実的だったので、ディズニー相手に長く訴訟を続けても誰の得にもならないことがわかってもらえるかもしれないと期待した。スタンリーが会ってくれるというので、彼が会員になっているディズニー本社からそう遠くないカントリークラブで会うことになった。

スタンリーにまず、後継者選びの過程で私が耐えてきた数々の出来事を説明した。十数回に及ぶ面接を受けたこと、外部のヘッドハンティング会社が雇われたこと、取締役会が数えきれないほど多くの外部候補者を考えていたこと、六か月にわたって絶え間なく世間の評価に晒されたこと。「後継者選びのプロセスは厳密なものだった。取締役会はものすごく時間をかけて決めたんです」と言った。スタンリーたちの訴えには何の根拠もなく、彼らが勝てる見込みはないことをわかってほしかった。

スタンリーはまた昔の話をほじくり返し、マイケルとこの数年間の経営手法への批判を長々と繰り返した。私は言い返さず、彼の言い分を聞き、そんなことはもう昔の話だし、後継者選びのプロセスは正当だったともう一度伝えた。話をしているうちにスタンリーはそれほど喧嘩腰ではなくなった。確執の原因になっているのは、マイケルが引退年齢を盾に無理やりロイを追い出したことで、辞めさせられる前に辞めたとはいえマイケルのやり口がロイにとっては屈辱だったという点だと、スタンリーは言っていた。ロイにとって故郷のような場所との関係が絶たれたのが一番辛いことなのだとスタンリーは言う。ロイは、彼がマイケルを追い出す活動をはじめた時に取締役会が耳を貸そうともしなかったことを責めていた。結局、マイケルを追い出すことには成功したものの、ロイ自身も大きな犠牲を払ったと感じていたのだ。

話の終わりに、スタンリーはこう言った。「もしロイが戻れる方法を見つけてくれたら、訴えを取り下げよう」そんな言葉が出ようとは夢にも思っていなかったので、スタンリーと別れたあとすぐにジョージ・ミッチェルに電話をかけた。ジョージもまた幕引きを望んでいて、私に何か落とし所を見つけてほしがっていた。私はスタンリーに電話をかけ、ロイと直接話したいと伝えた。ロイが会ってくれるかどうかわからなかったが、面と向かってわだかまりを解くしか道はないと感じた。

そしてまた同じカントリークラブでロイと会った。ロイはぶっきらぼうで、話しやすい相手ではなかった。私を嫌っていることはわかっていますが、現実を受け入れてほしいんですとロイに伝えた。すでに私がＣＥＯに指名されていて、後継選びのプロセスは決して八百長ではなかったと語った。「ロイ、もし私が失敗したら、クビを求める人はあなたとスタンリーどころじゃないんです」

ロイは、今後ディズニーが正しい方向に向かっていないと思えば喜んで戦争を続けると断言しながらも、私がこれまで見たことのなかった脆《もろ》い部分を見せてもいた。ディズニーから切り離されてしまったことがロイを苦しめ、戦い続けることにも疲れているように見えた。取締役会を去ってから二年のあいだに相当老け込んでいたし、以前には感じなかったほど弱々しく助けが必要に見えた。今回の訴訟も、もっと大きな心の痛みの一部なのではないかと思った。実際、ロイとうまくいかなかったのはマイケルだけではない。スタンリーを除けば、亡くなって久しい叔父のウォルトも含めて、ディズニーの中でロイに敬意を払う人は少なかったし、ロイはそれを不当だと感じていた。私はそれまでロイと本当に打ち解けたことはなかったが、その時はじめてロイの脆く傷つきやすい部分を垣間見たような気がした。ロイを卑小に感じさせたり辱めを与えても、何も得るものはない。彼はただ誰かに敬意を払ってほしかっただけで、そうしてくれる人がこれまで周りにいなかったのだとわかった。この闘いは彼の気持ちの問題で、プライドとエゴがここにかかっていた。そしてこれは彼の中でもう何十年も続いていた闘いだったのだ。

そういう目でロイを見てみると、彼をなだめてこの闘いに終止符を打つ方法がおそらくあるのではないかと思えてきた。とはいえ、どんな手を打つにしろ、私にもディズニーにも彼を近寄らせすぎない方がいいとも思った。彼がまたそのうち内部から反乱を企てる可能性は避けられないようにも思えたからだ。それに、マイケルに対して失礼にあたることや、ロイの批判を認めるようなことは、何であれしたくなかった。だから、ちょうどいい落とし所を見つける必要があった。私はマイケルに電話をして、微妙な状況を説明し、アドバイスを求めた。私がロイに和解を申し出ようとしていることをマイケルは喜びはしなかったが、決着をつけた方がいいことはマイケルにもわかっていた。「君が正しいことをしてくれると信頼している。ただし、近づけすぎるんじゃないぞ」マイケルはそう言った。

私はスタンリーにもう一度連絡し、こんな提案をした。ロイに名誉取締役の肩書きを与えて、映画のプレミアやテーマパークの開園式や特別イベントに招く（だが取締役会には出席させない）。少額のコンサルティング料を支払い、社内にオフィスを設け、彼が自由に出入りできるようにし、ディズニーを故郷と呼べるようにする。そのかわり、今後一切、訴訟を起こさず、勝利宣言もせず、批判を触れ回ったりしない。二四時間以内にこれを文書にして実行してくれとスタンリーが言ったことに、内心驚いた。

そんなわけで、CEOとしての出だしを曇らせそうだった暗雲はあっさりと晴れた。ロイとスタンリーに対する手打ちを、私たちが負けを認めたようなものだと思った人もいたが、私は真実を知っていたし、世間がどう見るかよりも真実の方がはるかに大切だった。ロイとの手打ちを通して、代替わりについて人々があまり気にかけないあることの大切さが、改めて身に染みた。それは、最善の判断をするためにはプライドは脇に置けということだ。取締役会が私をCEOに選んだことで、ロイとスタンリーが訴訟を起こした時、彼らと闘って勝つこともちろんできた。しかし、そうなるとディズニーに多額の費用がかかり、本当に大切なことに集中できなくなってしまう。私の仕事はディズニーを新たな軌道に乗せることで、その第一歩は不必要な争いの火種を消すことだった。そのために一番簡単で効果のある解決策は、ロイが何よりも敬意を求めているという事実を認めることだった。それがロイにとっては一番大切なものだったし、私にも会社にもカネのかからないことだった。

ほんの少し敬意を払うだけで、信じられないようないいことが起きる。逆に、敬意を欠くと大きな損をする。その後の数年のあいだに、私たちはディズニーを生き返らせ、その姿を変えていくような大型買収を手がけることになる。その中で、「敬意を払う」という、一見些細でつまらないことが、どんなデータ分析にも負けず劣らず大切な決め手になった。敬意と共感を持って人に働きかけ、人を巻き込めば、不可能に思えることも現実になるのだ。

ロイとの和解が成立したあと、私の次の仕事は、スティーブ・ジョブズおよびピクサーとの関係を修復する可能性が少しでもあるかどうか探ることだった。CEOに決まった日に電話をしてから二か月後、ふたたびスティーブに連絡した。そのうち何とかピクサーとの関係を立て直すことができればいいとは思っていたが、最初からその話を持ち出すのははばかられた。スティーブの恨みは根が深すぎた。スティーブとマイケルはどちらも頑固者で、企業としての方向性も合わないことが、激しい衝突を引き起こしていた。テクノロジー業界がコンテンツにきちんと敬意を払っていないとマイケルが非難すると、スティーブは侮辱されたと感じた。ディズニーが創造性に欠けているとスティーブがほのめかすと、マイケルは侮辱されたと感じた。マイケルは生涯を作品作りに賭けてきた企業人だった。ピクサーを業界一のアニメーション企業にしたスティーブは、自分の方が上だと思っていた。ディズニー・アニメーションが坂道を転げ落ちはじめると、スティーブはさらに傲慢な態度を取るようになった。スティーブはディズニーにはピクサーが必要だと思っていたし、マイケルはスティーブに優位に立たれることが我慢ならなかった。

二人の確執に私は何の関係もなかったが、スティーブにとっては私も関係者だ。あれほどあからさまにディズニーを槍玉にあげて縁を切ったスティーブに、私が仲直りを申し出ても、はいそうですかと気が変わるわけはない。簡単にいくはずがないのはわかっていた。ところで、ピクサーとは関係のない、スティーブが興味を持ちそうなアイデアが私にはあった。私は大の音楽ファンで、iPodに好きな曲を全部ダウンロードしていつも聴いていた。テレビの未来を考える中で、テレビ番組や映画をコンピューターで視聴する時代がすぐにやってくるはずだと思っていた。モバイル技術がどのくらい急速に進化するかを知らなかったので（iPhoneの発売はそれから二年後だった）、iTunesのプラットフォームでテレビ番組を配信することを想像していた。「パソコンで、これまでのすべてのテレビ番組が見られたら、すごいと思わないか？」とスティーブに話した。先週見逃した『ロスト』の最新話も、『アイ・ラブ・ルーシー』の最初のシーズンも、よりどりみどりだ。「いつでも好きな時に『トワイライト・ゾーン』が一気見できるんだから！」そうなるのは確実だと思っていたし、ディズニーがその波の先頭に立っていたかった。その実現には、スティーブを説得して手を組むのが一番だと思っていた。私はそのアイデアを「iTV」と呼んで、スティーブに売り込んだ。

スティーブはしばらく黙ったままで、やっと口を開いた。「そのうちもう一度話そう。見せたいものがあるんだ」

数週間後、スティーブはバーバンクの私のオフィスにやってきた。世間話もほどほどに、窓の外を見て天気についてひと言何か言うとすぐに、仕事の話をはじめた。「誰にも話すんじゃないぞ」とスティーブ。「このあいだ、テレビの話をしてたよな。まさしく同じことを考えてたんだ」そう言って、ゆっくりとポケットからデバイスを取り出した。私が使っていたiPodとそっくりに見えた。

「新しいビデオiPodだ」スクリーンは切手数枚分ほどの大きさだったが、彼の話を聞いているとまるでIMAXシアターのように思えた。「iPodで音楽を聴くだけじゃなく、動画が見られるんだ。これを発売したら、テレビ番組を提供してくれるかい？」とスティーブが聞く。

その場で、もちろんだと答えた。

製品を紹介させたらスティーブの右に出る人はいないが、そのスティーブが今回は私だけにそれを見せてくれていた。この手の中に未来がある、そう感じた瞬間だった。このデバイスでテレビ番組を配信するまでには紆余曲折があることは予想できたが、それが正しい決断だと私は直感していた。

私が即答したのは、スティーブにこれからはディズニーとの仕事のやり方が変わることを示したかったからでもある。スティーブの不満のひとつは、ディズニーとのあいだでは何事もなかなか進まないということだった。ディズニーではすべての合意事項を重箱の隅をつつくように確認し分析してからでないと何もできなかったし、スティーブのやり方とは正反対だった。私はこれまでのような仕事の進め方はしないということをスティーブにわかってもらいたかった。私に決断の権限があること、彼らと共に未来を探っていきたいと熱望していること、そしてそれを素早く実行できることを知ってほしかった。スティーブが私の仕事のやり方を見て、私がリスクを取れる人間だとわかってくれたら、もしかして、万にひとつの可能性かもしれないが、ピクサーの扉がもう一度開くかもしれないと思った。

そこでもう一度、スティーブに「もちろんやらせてくれ」と答えた。

「わかった」とスティーブが言う。「じゃあ、もっと話し合うことがあればまた連絡する」

その年の一〇月、最初の会話から五か月後(正式にCEOに就任してから二週間後)、スティーブと私はアップルの新製品発表会の舞台に立っていた。iTunesで五本のディズニー番組がダウンロードできるようになり、新しいiPodでそれらの番組が視聴可能になったことを発表するためだ。テレビで大人気の『デスパレートな妻たち』や『ロスト』、『グレイズ・アナトミー』もその中に入っていた。

この話は、ABCの社長だったアン・スウィーニーの助けを借りたものの、基本的に私が直接取りまとめた。素早く気持ちよく話が進んだことと、私たちがアップルとその製品に敬意を払っていたことに、スティーブは感心したようだった。エンターテイメント業界で自社の既存事業を破壊するようなことにあえて挑戦しようというような人間に会ったのは、これまではじめてだとスティーブは言っていた。

その日、アップルとの提携を発表するために私が舞台に出た時、観客は少し戸惑ったに違いない。「ディズニーの新しい経営者がなんでスティーブと一緒に出てきたんだ？ きっと例の件しかない」と思っただろう。原稿はなかったので、ついこう口に出してしまった。「みなさんが何をお考えかはわかってます。でも違うんです！」笑い声とうめき声が聞こえた。だが、その発表を私ほど待ち望んでいる人間はいなかった。

二〇〇五年三月にCEOに決まってから数日後、香港にまもなくオープンする予定のテーマパークの入場料についての会議がスケジュールに入っていることに気づいた。会議の主催者は戦略企画部のピーター・マーフィーだった。そこでパーク&リゾート部門の責任者に電話をし、誰の会議なのかと聞いた。

「ピーターです」

「香港ディズニーランドの入場料について、ピーターが話し合いたいと言ってるのか？」

「そうです」

私はピーターに電話して、理由を聞いた。

「彼らが抜かりなくやっているか、確かめないといけないので」とピーターは言う。

「価格設定がきちんとできないようなら、そもそもこの仕事を任せるべきじゃない。でも彼らがこの仕事にふさわしいなら、価格設定も彼らがやるべきだ」私はミーティングを取りやめさせた。この一件はそれほど大事件というわけではなかったが、これまでの戦略企画部の終わりのはじまりになった。

ピーターは頭脳明晰で誰よりも猛烈な仕事人だった。ここまでにも書いたように、ディズニーが拡大していくにつれ、マイケルはピーターに頼りきるようになった。その中で、ピーターは影響力を肥大させ自分の権力を守るようになっていった。並外れた頭脳とスキルを持つピーターは、上層部のほかのリーダーたちをあからさまに軽蔑していた。そのせいで彼を嫌い恐れる人は多かった。力関係は壊れ、組織がうまく機能しなくなっていた。

私の知る限り、昔からそうだったわけではない。一九八〇年代の半ばにマイケルとフランク・ウェルズがディズニーの経営者としてやってきた時に、さまざまな新規ビジネスのチャンスを発掘し分析するために作られたのが戦略企画部だった。一九九四年にフランクが亡くなり、九五年にキャピタル・シティーズ／ABCを買収してから、マイケルは拡大した新会社を経営するのに助けが必要になった。明らかなナンバーツーがいない中で、マイケルは戦略企画部に頼って意思決定を行ない、ディズニーのさまざまな事業の方向性を決めるようになった。戦略企画部の価値は私もわかっていたが、年を経るごとに彼らは肥大し、影響力を強めていった。彼らの力が強まれば強まるほど、実際に仕事をしている現場の人たちの力は奪われていった。マイケルが私をCOOに指名する頃には、戦略企画部は六五名もの大所帯になっていて、社内のほぼすべての重要な決定は彼らが下すようになっていた。

事業部の経営を任されたリーダーたちは、パーク&リゾート事業も、キャラクターグッズ事業も、映画事業も、そのほかのすべての事業も、戦略的な意思決定の権限が自分たちにないことをわかっていた。その権限は、バーバンク本社の一部門に集中していて、ピーターと部下たちは事業部のパートナーというより、社内を取り締まる警察のように思われていた。

多くの点で、ピーターは未来人だった。彼は、ディズニーの上層部は時代遅れで、彼らのアイデアはどれも二番煎じにすぎないと思っていた。それはあながち間違いではない。ピーターのような分析力も積極性も持ち合わせていない人は確かに社内にたくさんいた。それでも、周囲の人にあからさまに侮辱的な態度を取っていいわけがない。そんなことをすれば、周りの人たちは飼い慣らされて服従するか、いやいやながら言われたことだけをやるかの、どちらかになる。どちらにしろ、現場の人たちは自分の仕事にプライドを持てなくなる。時間が経つうち、ほとんどすべての人がピーターと戦略企画部に責任を放り投げるようになり、マイケルは彼らの厳密な分析に慰めを見出すようになっていた。

私からすれば、戦略企画部は頭でっかちで、分析しすぎて決断が遅いように見えた。この部署にいる頭のいい人たちが寄ってたかってディズニーに有利になるよう案件を進めようとしていたせいで、時間ばかりが取られて行動できないことが多かった。もちろん、調査と慎重な分析が重要でないと言うつもりはない。宿題はきちんとやらなければいけないし、準備も必要だ。大型買収なら、果たしてそれが本当に正しい案件かを判断するために分析が必要なのは言うまでもない。だが一方で、一〇〇パーセント確実な案件などないことも、心に留めておく必要がある。どれほどたくさんのデータがあってもまだ、どんな案件にもリスクはあるし、そのリスクを取るかどうかの判断は個人の直感に任される。

ピーターと部下のアナリストたちは、これほど多くの意思決定を自分たちが一手に引き受けている構造に疑問を持っていなかった。一方で、世界が激変するにつれてディズニーの事業環境は目もくらむようなスピードで変化していた。私たちは変わらなければならなかった。より小回りのきく組織になる必要があったし、今すぐにでもそうすべきだった。

香港ディズニーの価格設定の一件から一週間かそこらが過ぎた頃、私はピーターを部屋に呼び、戦略企画部の再編を計画していることを告げた。戦略企画部の人数を大幅に減らして、意思決定の権限をもっと事業部に引き渡すことで、戦略判断を迅速にしたいと説明した。私の描く戦略企画部の役割がピーターに合わないことはお互いにわかったし、ピーターがディズニーに留まる理由はないこともわかっていた。

その話をしてからまもなく、ピーターはディズニーを去り、私は戦略企画部を再編することを発表して、ただちにこのグループの解体に取り掛かった。戦略企画部は六五人から一五人になった。CFOになったトム・スタッグスの勧めで、以前に戦略企画部にいて数年前にディズニーを辞めたケビン・メイヤーを呼び戻し、目的を変えスリムになった新しい戦略企画チームの責任者になってもらった。ケビンはトムの下につき、私が定めた三つの優先課題に合うような買収案件の掘り起こしに注力することになった。

正式にCEOになる前の半年間の準備期間に行なった仕事の中で、戦略企画部の再編は最も大きな成果をあげた。すぐに効果があがるだろうとは思っていたが、事業部は戦略企画部に手足を縛られなくなると発表したとたん、即座に、また急激に社員の士気が上がった。まるで家中の窓がパッと開かれて新鮮な空気が流れ込んできたようだった。ある重役は私にこう言った。「もしディズニーに教会の鐘があったら、きっと鳴り響いているでしょうね」

# 第9章　ピクサー買収

新しいiPodでディズニーのテレビ番組を配信する件についてスティーブと話し合っていた数か月のあいだに、ゆっくりと少しずつだが、ピクサーとの新しい協力関係の可能性についても糸口が見えてきた。スティーブは態度を和らげていたが、それでもほんの少しだけだった。ピクサーの話に応じてはくれても、スティーブの持ち寄る条件はいつも、一方的にピクサーの有利になるようなものばかりだった。

どんな形なら話がまとまるかを何度か軽く話してみたものの、それ以上は先に進まなかった。トム・スタッグスに入ってもらって、話が進むかどうか様子を見ることにした。また、ゴールドマン・サックスのジーン・サイクスに仲介役として間に入ってもらうことにした。ジーンはスティーブをよく知っていて、私たちも彼を信頼していた。ジーンを通してスティーブにいくつか違う提案を持ちかけてみたが、スティーブは乗ってこなかった。抵抗があるのは理解できた。スティーブはピクサーを愛していたし、ディズニーを気にかけてはいなかったので、彼が持ち出す条件はいつもディズニーを犠牲にしてピクサーだけが大きく得をするようなものだった。

そんな提案のひとつが、『トイ・ストーリー』や『モンスターズ・インク』や『ミスター・インクレディブル』といったディズニーと共同制作した作品の続篇の権利をすべてピクサーに渡す代わりに、ディズニーがピクサー株式の一〇パーセントを所有するというものだった。ディズニーはピクサーの取締役の席と、今後すべてのピクサー作品の配給権を得ることができ、大掛かりな記者会見を開いてピクサーとディズニーが手を組み続けることを発表できる。ただしこれでは、ピクサーがほとんどの利益を持っていく形になる。ピクサーは自社でオリジナル映画と続篇を自由に制作し、永遠にそれを所有できる一方で、ディズニーはただの配給業者として使われるようなものだった。ほかにもいくつか同じような提案を断った。交渉のたびにトムと私は顔を見合わせて、何でもいいからスティーブの言うことを受け入れるべきなんじゃないかと思いかけてはまたすぐに、やはり長期的に価値のある取引でなければ受け入れてはいけないと思い直した。記者会見は長期的な価値とは言えない。

どこから見ても、スティーブが優位に立っているのは明らかだった。その頃までに、ピクサーは断トツに斬新で洗練されたアニメーション制作会社として不動の地位を築いていたし、いつディズニーを見限ってもおかしくなかった。私たちが交渉のネタにできるのは、ピクサーの了承なしに以前の作品の続篇を作る権利を持っているということだけだった。実際、二年前にピクサーとの関係が壊れたことで、マイケルは何本かの続篇制作をはじめていた。今のディズニー・アニメーションの状況では、本当に偉大な作品を作ることはできないだろうとスティーブは知っていて、できるものならやってみろとけしかけていた。

二〇〇五年九月三〇日はマイケルにとって、二一年間務めたCEOとしての最後の一日になった。それは悲しく、ぎこちない一日だった。この日を境《さかい》に、マイケルとディズニーとの縁はすっぱりと切れる。マイケルは取締役会にも残らず、名誉職もコンサルタント的な役割も与えられていなかった。これほど完全な断絶はないほどの引き際だった。私への態度は丁寧だったが、わだかまりを感じずにはいられなかった。最後の数年は大変だったけれど、マイケルはまだ辞めたくないと思っていたし、私はどんな言葉をかけていいかわからなかった。

ゼニア・ムーカとトム・スタッグス、そしてアラン・ブレイバーマンと少し話し合い、どう去るかはマイケルに任せて、私たちはある程度距離を保って見守ることにした。マイケルの妻のジェーンと息子のひとりが昼食にやってきて、その日の午後に会社を後にした。マイケルが何を感じていたか、私には想像もできない。彼は二〇年前にここにやってきて、ディズニーを救った。そして今、自分の時代が終わったことを知り、彼が世界最大のエンターテイメント企業に育て上げたディズニーが彼なしで続いていくことを感じながら、去っていったのだ。あまりにも長いあいだ自分の一部だった肩書きや役割やつながりを失ってしまうと、自分が果たして何者なのかわからなくなる。この一瞬に彼がそんな想いを抱えていたかもしれないと思った。マイケルの痛みを私も感じたが、彼の気持ちを軽くするために私ができることはほとんどなかった。

三日後の一〇月三日の月曜、私は正式にウォルト・ディズニー・カンパニーの六代目CEOに就任した。社会に出てからはじめて、上には取締役会だけという立場に立った。長かった後継者選びと半年の待機期間が終わり、やっと私がトップに立つ最初の取締役会がはじまろうとしていた。取締役会ではいつも、事前に事業部の責任者に概況を聞き、取締役たちに業績や重要課題やリスクや事業機会を伝える。だが、CEOに就任後はじめての取締役会では、ただひとつのことだけを取り上げるつもりだった。

取締役会に先立って、アニメーションを含む映画制作部門のトップのディック・クックとナンバーツーのアラン・バーグマンに、過去一〇年間のディズニー・アニメーションを分析しプレゼンテーションをまとめてくれと依頼した。公開された映画のタイトル、それぞれの興行収入額といったものを網羅してもらうことにした。二人は困っていた。「ショックを受けると思いますよ」ディックはそう言った。

「ひどい数字ですから」とアランが付け加える。「しょっぱなにこれを出すのはどうかと」

どれほどひどくても、紛糾しそうでも、気にするなと彼らに言った。それからトム・スタッグスとケビン・メイヤーにちょっとした調査を依頼した。ディズニーにとって一番大切なお得意様である、一二歳未満の子供を持つ母親が、ライバル会社と比較してディズニーをどう見ているかを調べてほしいと頼んだのだ。ケビンもまた、あまりいい結果にならないだろうと言っていた。「それでいいんだ。現状について率直な評価が知りたい」とケビンに告げた。

こうしたことの裏にあったのは、ある過激なアイデアだ。このことは、トムだけにしか伝えていなかった。一週間ほど前、トムに「ピクサーを買収するっていうのは、どう思う？」と聞いてみた。

トムははじめ、冗談だと思ったらしい。私が真剣だと知ると、こう言った。「スティーブが売るわけありませんよ。売るとしても、私たちには買えない値段をふっかけるに違いありません。取締役会も認めてくれるはずがありません」トムの言い分はもっともだったが、いずれにしろ私は取締役会に諮ってみたかった。そのためには、ディズニー・アニメーションの現状をありのままに隅々まで見せる必要があったのだ。トムは乗り気ではなかった。一方で、彼は私を守ろうとしていたし、もう一方でCFOとして取締役会と株主への責任があった。CEOの思いつきに何でも賛成するわけにはいかなかったのだ。

CEOとしての最初の取締役会は、夕方に開かれた。私と一〇人の取締役は役員会議室の長テーブルの周りに座った。部屋の中に張り詰めた空気が漂っていた。私にとっては人生の中でも記念すべき会議になる。取締役にとっては、二〇年ぶりに新しいCEOから第一声を聞く機会になるのだ。

この一〇年は、取締役会にとっても苦労の連続だった。マイケルの時代にピリオドを打つという辛い決断を下したこと。ロイとスタンリーからの攻撃。コムキャストによる敵対的買収工作。マイケル・オービッツが一億ドルを超える退職慰労金を受け取ったことに対する株主代表訴訟。一九九四年に追い出されたジェフリー・カッツェンバーグとの退職条件をめぐる法廷闘争。大変な出来事を挙げればキリがなかった。取締役会は大きな批判に晒され、後継者選びが進むにつれて、私も彼らも箸《はし》の上げ下げまで取り沙汰されるようになっていた。この状況で彼らが熱くなるのも、無理はなかった。私をCEOにした取締役会の判断がこれから問われるし、まだ世間が私の力を疑っていることも、彼らはわかっていた。取締役の何人かは（誰かはわからないが二、三人はいた）、最後の最後まで私の任命に反対していた。だから、たとえ最終投票の結果は全会一致であったとしても、そのテーブルに着いていた取締役の中には、私がここにいるべきではないと思っていたり、私に長く居座ってほしくないと思っていたりする人がいることはわかっていた。

ジョージ・ミッチェルがまず冒頭で、この瞬間の重大性について短くも心震える挨拶をした。ジョージは、私が「後継者選びの過程を耐え切った」ことを褒め、次に私が話す番になった。私は熱い気持ちでいっぱいになり、すぐに問題の核心に飛び込みたかったので、挨拶を飛ばしていきなりこう切り出した。「みなさんもご承知のとおり、ディズニー・アニメーションは悲惨な状態です」

この話題は以前にも出ていたが、現実は彼らが思っているよりはるかに悪かった。業績とブランド調査の結果を見せる前に、数週間前の香港ディズニーランドの開園式のことを語った。香港ディズニーランドの開園は、マイケルのCEOとしての最後の大イベントで、私たち数人も、目もくらみそうな暑さの中で開園式に参加した。トム・スタッグスとディック・クックと私は一緒に、メインストリートでパレードを見物した。キャラクターを乗せた乗り物が次々に目の前を通り過ぎる。まず、『白雪姫』、『シンデレラ』、『ピーター・パン』など、ウォルトが作り出した伝説的な映画のキャラクターを乗せた乗り物が通る。そしてマイケルの最初の一〇年間の大ヒット作品のキャラクターもやってきた。『リトル・マーメイド』、『美女と野獣』、『アラジン』、『ライオン・キング』だ。それから『トイ・ストーリー』、『モンスターズ・インク』、『ファインディング・ニモ』など、ピクサーのキャラクターを乗せた乗り物もやってきた。

私はトムとディックに向き直って訊ねた。「パレードを見ていて何か気づいたことはあったかい?」特に何もなかったと言う。私は言った。「この一〇年間のディズニーキャラクターはほとんど登場していない」

何か月もかけてどこがいけなかったのかを分析することもできるが、答えは目の前にあった。映画の出来が悪いから、キャラクターも人気がないか記憶に残らず、そのことがすべての事業とブランドに打撃を与えていた。ディズニーはこれまで、創造性と、斬新な物語と、卓越したアニメーションの上に成り立っていたが、最近の映画は過去の栄光の足元にも及んでいなかった。

香港ディズニーランドでのひと幕を語ったあと、部屋の照明を暗くした。スクリーンに、この一〇年でディズニー・アニメーションが公開した映画が映し出された。『ノートルダムの鐘』、『ヘラクレス』、『ムーラン』、『ターザン』、『ファンタジア2000』、『ダイナソー』、『ラマになった王様』、『アトランティス』、『リロ・アンド・スティッチ』、『トレジャー・プラネット』、『ブラザー・ベア』、『ホーム・オン・ザ・レンジ』。そこそこにヒットした作品はいくつかあった。何本かは大失敗だった。大ヒットした作品は一本もなかった。過去一〇年で、アニメーション部門はおよそ四億ドルの損失を出していた。一方で、一〇億ドルをはるかに超える制作費を投入し、これでもかと宣伝していたのに、投資を回収できていなかった。

同時期にピクサーは、芸術的にも商業的にも大ヒット作品を連発していた。技術面でもピクサーがデジタルアニメーションの先端を行っていたのに対して、本家本元であるはずの（!）ディズニーはほんの真似事しかできていなかった。さらに深刻だったのは、ピクサーが子供たちや親たちと強いつながりを築いていたことだった。ディズニー・アニメーションの惨憺《さんたん》たる収益を見せたあと、ブランド調査の結果をトムに報告してもらった。一二歳未満の子供がいる母親のあいだで、「家族向けのブランド」としてピクサーはディズニーよりも上にランクされていた。一対一の比較では、ピクサーはディズニーとは比べものにならないほど消費者に愛されていた。数人の取締役がヒソヒソと話しはじめ、怒りが膨らんでいくのが感じられた。

アニメーション部門が苦戦しているのは取締役も知っていたし、ピクサーの勢いがいいのも、もちろん知っていた。だが、現実をこれほどはっきりと目の前に突きつけられたのははじめてだった。業績がこれほど悪いことも知らなかったし、ブランド調査など考えてみたこともなかった。私が話し終えると、数人が食ってかかった。後継者選びで私に猛烈に反対していたゲイリー・ウィルソンが言う。「君はこの五年のあいだCOOだったんだぞ。君にも責任があるんじゃないか?」

ここで言い訳をしても仕方がなかった。「ピクサーと最初に関係を築いたことは、マイケルとディズニーにとっては大手柄でした。協力は簡単ではありませんでしたが、素晴らしい作品がここから生まれました」しかし、ABCの買収後は新会社の経営に手がかかり、アニメーションに向けるべき注意が向けられていなかった。映画制作部門のリーダーが次々と入れ替わったことで、問題は悪化し、どのリーダーもこの部門をきちんと運営できていなかった。そして、後継者選びの過程で何度も言ったことをまた、繰り返した。「ですが、それはもう終わったことです。過去のクリエイティブの判断ミスや公開された映画の失敗についてはどうすることもできません。ですが、未来を変えることはできますし、今すぐにはじめなければなりません」

「アニメーションがうまくいけば、ディズニーもうまくいきます」そう取締役たちに指摘した。多くの意味で、ディズニー・アニメーションこそが、ブランドそのものだった。キャラクターグッズ、テレビ、テーマパークといった多くの事業の原動力はアニメーションだった。過去一〇年でそのブランドが傷ついていた。当時のディズニー、つまりピクサー、マーベル、ルーカスフィルムを買収する前のディズニーは、今よりはるかに小さく、アニメーションはブランドそのものだったばかりか、ほかのすべての事業の土台になっていたため、アニメーションがうまくいかないと話にならなかった。「まずはアニメーションを立て直すことが求められているんです」株主もアナリストも私に猶予をくれないことはわかっていたし、ディズニー・アニメーションをどう立て直すかで、CEOとしての力量をまず判断されることもわかっていた。「これを解決しないと、私にはあとがありません」

それから、考え得る三つの方向性を説明した。ひとつ目は、今の経営陣を信じて、彼らが再建できるかどうか様子を見るというやり方だ。これまでの成果を見ると、私自身はこのやり方はうまくいかないと思うと付け足した。二つ目は、才能のある人材を見つけて、アニメーション部門を経営してもらうことだ。しかし、CEOに任命されてから半年ものあいだ、アニメーションと映画制作の業界を探し回って、私たちの期待に添うレベルの人材を見つけようとしたが、まったく見つからなかった。「あるいは」と切り出した。「ピクサーを買うというやり方もあります」

とたんに部屋の中がどっと騒がしくなった。もしここが法廷で私が裁判長だったら、小槌を叩いて「静粛に！」となだめていたことだろう。

「ピクサーが売りに出ているかどうかは知りません。もし売りに出たとしても、とんでもない値段になるはずです」と私は言った。ピクサーは時価総額六〇億ドルを超える上場企業で、スティーブ・ジョブズが全株式の半数を所有していた。「スティーブが絶対に手放したがらないことも充分に考えられます」そう聞いて、取締役の何人かはほっとしたようだったが、一方では、数十億ドル規模の買収を正当化できるとしたら、どういう理由になるのかをあれこれと議論しはじめた人たちもいた。

「ピクサーを買収すれば、ジョン・ラセターとエド・キャットマルにディズニーに来てもらえます」ジョンとエドは、スティーブと共に、ピクサーのシンボルとも言えるリーダーだった。「ジョンとエドにこのままピクサーの経営を続けてもらいながら、同時にディズニー・アニメーションも立て直してもらうことができるかもしれません」

「二人を雇ったらいいじゃないか」と誰かが聞く。

「ジョン・ラセターにはピクサーとの契約があるんです」と私。「でもそれより、スティーブと固く結びついていますし、自分たちが築いてきたものから離れがたいはずです。ピクサーに対しても、社員に対しても、その使命に対しても、並外れた忠誠心を持っているんです。彼らを雇えるというのは甘い考えでしょう」大金を積めばどうにかなるのではないかという取締役もいた。「そんなやり方では雇えませんよ。カネで動く人たちじゃありませんから」

取締役会の後すぐ、トムとディックにどう思ったかを聞いた。「部屋から出る前にクビにされるかと思いましたよ」とトムが言う。冗談っぽい口ぶりだったが、それが冗談でないことはわかっていた。

その夜帰宅して部屋に入っていくと、妻が「どうだった？」と聞いてきた。実は妻にもまだ、何を話すかを打ち明けていなかった。「ピクサーを買収すべきだって言ったんだ」

私の気がふれたのかとでも言いたげに、妻がこちらを見て、例の大合唱に加わった。「スティーブが売るわけないわ」だがそう言ったあとで、私がCEOに決まったすぐあとに教えてくれたことを繰り返した。「フォーチュン五〇〇社のCEOの平均在職期間は、四年に満たないから」CEOに決まった直後は、無理な期待を抱かないようにという冗談として、妻はそう言ったのだ。ただし、この時の言い方は、素早く行動しても失うものはほとんどないという調子に取れた。「ドンといけ」というアドバイスだったのだろう。

取締役の中には、このアイデアに絶対反対の人もいて、反対の姿勢を明らかにしていたが、面白そうだと思った取締役もある程度はいて、「黄信号」らしきものを出してくれた。注意しながら慎重に前に進み、どうなるか見てみようという態度だった。買収が成立するとはとても思えないけれど、試しにもう少し可能性を探ってみてもバチはあたらないだろうというのが、取締役会の結論だった。

翌朝、トムに細かい財務分析をまとめはじめてほしいと頼んだが、急ぐ必要はないとも言い添えた。その日、あとでスティーブにこの話を切り出してみるつもりだった。数時間もしないうちにすべてが水の泡になることも充分考えられた。午前中いっぱい自分の中で勇気を振り絞り、やっと午後イチでスティーブに電話をかけた。スティーブは不在だったので、内心ほっとした。だが仕事を終えて自宅へと運転していた時、六時半頃にスティーブが折り返してきた。

ちょうどビデオｉＰｏｄの発表を一〇日後に控えていたので、その件について数分話したあとに、こう切り出してみた。「もうひとつ別にとんでもないアイデアがあるんだが。明日か明後日、話しに行っていいかな？」

とんでもないアイデアと聞いて、スティーブは食いついてきた。「今教えてくれ」電話をつないだまま、自宅前に車を停めた。それは一〇月の暖かい夜で、エンジンを切ったものの、暑さと緊張で汗が吹き出した。妻のアドバイスを心の中で唱えた。ドンといけ。その場で断られる可能性は高い。上から目線だと思われて、腹を立てられてもおかしくない。ピクサーを軽々しく買収できると思うなんて、ずうずうしいにもほどがあるのかもしれない。ふざけるなと言われて電話を切られて終わっても、元に戻るだけだ。失うものは何もない。「お互いの未来について、しばらく考えていたんだ」そう切り出した。「ディズニーがピクサーを買収するっていうのはどうだろう？」スティーブが電話を切るか、吹き出すか、待っていた。その一瞬が、私には永遠に思えた。

私の予想を裏切って、スティーブはこう言った。「あぁ、それならとんでもないってこともないいな」

断られると思い込んでいたので、少しでも可能性があるとわかって、アドレナリンがどっと噴《ふ》き出した。もちろん、万が一夢が実現するとしても、その時までには数知れないハードルがあるのは頭ではわかっていた。それでも、興奮を抑えられなかった。「そうか。よかった。じゃあ、もっと話し合うのはいつにしたらいい？」

人は時として大きな賭けをはなから諦めてしまうことがある。勝率を計算し、最初の一歩を踏み出す前に、うまくいきっこないと自分に言い聞かせるからだ。私が昔から直感的に感じてきたことであり、ルーンやマイケルのような人たちと働いた経験からも確信を強めたことは、到底できっこないと思えることが、意外に現実になるということだ。ルーンとマイケルはどちらも自分の力を信じ、組織の実行力を信じていた。熱量と思慮深さと努力によって、どんな大胆なアイデアも実行できると二人は思っていた。これからのスティーブとの話し合いの中で、私も二人と同じ姿勢で臨むことにした。

最初に車の中で電話で話してから数週間後に、私はクパチーノのアップル本社の役員会議室でスティーブに会った。会議室は縦に長く、同じくらい長いテーブルが中央に置いてあった。片方の壁はガラス張りで、アップルキャンパスの入り口を見下ろせる。もう一方の壁には、幅七、八メートルはありそうなホワイトボードがかかっていた。スティーブはホワイトボードに全体像を描き出してみるのが好きだと言っていた。マーカーを手にした人が思いのままに、考えやデザインや計算をここに描き出すことができる。

当然ながら、この日マーカーを手にしていたのはスティーブで、彼がいつもこうやって話し合いを進めていることはすぐにわかった。スティーブは手に持ったマーカーで、片側に「メリット」、反対側に「デメリット」と書いた。「じゃ、君からだ」とスティーブ。

「メリットは？」

口火を切るのは気が引けてしまい、スティーブに先攻を譲った。

「わかった。デメリットはいくつか思いついた」そして勢いよく吐き出した。「ピクサーの文化が壊される！」もっともだった。これまでのディズニーとのやりとりを考えれば、そう思っても無理はない。スティーブは立て続けにデメリットを挙げ、完全な文章でボードに書き込んでいく。「ディズニー・アニメーションを立て直すには時間がかかりすぎ、そのうちにジョンとエドが燃え尽きてしまう」「お互いに強い嫌悪感が残っていて、癒すのに何年もかかる」「投資家が嫌がる」「取締役会が絶対に許可しない」「移植された臓器を体が拒絶するように、ピクサーはディズニーを宿主として受け入れない」。そのほかにも、たくさんのデメリットがあったがすべて大文字で書かれていた文章がひとつあった。「(買収の)混乱がピクサーの創造性を殺す」。買収と合併のプロセスすべてが、ピクサーの作り上げてきた体制を破壊する可能性があるという意味だと理解した(数年後、スティーブはディズニー・アニメーションを完全に閉鎖して、ピクサーでアニメーション映画を作ればいいと提案してきた。ジョン・ラセターとエド・キャットマルでさえ、それはありえないと言ったし、私も拒否した)。

私がデメリットを付け加える意味はないと思ったので、メリットに移った。今度は私が口火を切った。「ピクサーはディズニーを救い、その後みんなで幸せに暮らすことになる。めでたしめでたしだ」

スティーブはニコッとしたが、書き留めなかった。「どういう意味だ？」

「アニメーションを立て直せばディズニーのイメージが一変し業績も回復する。それに、ジョンとエドは、これまでよりはるかに大きなキャンバスに自分たちの絵を描くことができる」

二時間経って、メリットはほんのひと握りしかなく、デメリットはどうでもいいことも含めて、余るほどあった。私は落ち込んだが、仕方のないことだとも思った。「まあ、仕方がないな。いいアイデアだと思ったんだが。やはり無理だろうな」

「メリットは数少ないが間違いのないものだし、たくさんのデメリットよりも重要だ」とスティーブが言う。「さて、ここからどうする?」また勉強させられた。スティーブはメリットとデメリットのすべての重要性を推しはかり、デメリットの多さに騙されてメリットの重みを、特に彼が成し遂げたいことを、見失わなかった。そこがスティーブのスティーブたる所以《ゆえん》だった。

スティーブが亡くなったのは、六年後だ。彼の死後まもなく、私はアップルの取締役になった。あの役員会議室に入って、そこにある巨大なホワイトボードを見るたび、スティーブがそこにいるような気になる。張り詰めて、生き生きとして、熱く、心を開いて、このアイデアの(そして他のたくさんのアイデアの)実現を信じるスティーブの姿をそこに見る。

「ピクサーに行ってみたいんだが」と私は言った。一度もピクサーに行ったことがなかったのだ。以前の契約が終わりに近づく頃にはピクサーと険悪な状態になっていて、ほとんど一緒に仕事をしていなかったので、ディズニーの誰も、ピクサーでどんな作品が制作されているかを知らなかった。ディズニーが配給するピクサー作品は『カーズ』一本を残すだけになっていたが、その『カーズ』でさえ、まだ誰も見ていなかった。パリのレストランの厨房に住むネズミのアニメを作っているという噂は聞いていたが、ディズニーの中では笑いものになっていた。契約の終了を目の前にして、両社のやりとりはまったく途絶えていた。

だが、ピクサーの買収を取締役会に売り込むには、彼らの仕事のやり方をもっと詳しく知る必要がある。ピクサーを支える人材に会い、制作中の作品について知り、企業文化を肌で感じたかった。ピクサーで働くのはどんな感じだろう？　次々と独創的な作品を生み出せるのは、ディズニーとどこが違うからだろう？

スティーブは、私がピクサーに行くことにすぐに賛成してくれた。ジョンとエドにはここまでの話を伝えてくれた。スティーブは何も約束しなかったし、ジョンとエドが賛成しなければ何も約束するはずもなかったけれど、二人が私を案内する価値はあると思ったようだった。翌週、私はひとりでエメリービルにあるピクサーのキャンパスを訪れた。ジョンのアシスタントが私をロビーで迎え、スティーブがデザインを監修した広場のようなアトリウムに通してくれた。食堂はアトリウムの両側に広がり、その一番奥に映画館の中央入り口があった。人々がぶらぶらと歩いていたり、何人かで集まっているのを見て、映画の制作会社というより、大学の自治会のようだと思った。そこにはクリエイティブなエネルギーがあふれていた。誰もが幸せそうに見えた。

ディズニーのCEOになってから最良の日を一〇日挙げるとしたら、ピクサーキャンパスをはじめて訪問した日はかなり上位に入る。ジョンとエドは私を温かく迎えてくれ、午前中は監督たち全員と会わせてくれ、制作中の映画のラフカット、ストーリーボード、コンセプト画、音楽、出演者の一覧といった構成要素を見せてくれる予定だと教えてくれた。そのあとで、ピクサーの新しい「飛び道具」、つまり、今どんな技術を開発しているかを見せてくれると言う。ここでテクノロジーとクリエイティブがどのように融合されているかが垣間見られるはずだった。

まずはジョンが私を案内してくれた。はじめに『カーズ』のほぼ完成版を見せてくれた。私は映画館に座って、アニメーションの質の高さに心を奪われ、前作よりテクノロジーが大幅に進化したことに感動した。レースカーのメタリックな質感に光が反射している様子を見て、息を飲むほどハッとしたことを覚えている。これまでのCGアニメーションでは見たことのないような映像だった。それから監督のブラッド・バードが、ちょうど制作中の、ディズニーで笑いものにされていた例の「ネズミ映画」を見せてくれた。それが『レミーのおいしいレストラン』だ。ピクサー作品の中でも、最も洗練されたテーマで、筋書きが独創的な一本だと感じた。『ファインディング・ニモ』を作り終えたばかりのアンドリュー・スタントンは、『ウォーリー』の一部を見せてくれた。孤独なロボットが別のロボットに恋するディストピア映画で、消費主義の行き着く先にある人間と環境への危機をやさしく伝えてくれる作品だった。そのあとにピート・ドクターが『カールじいさんの空飛ぶ家』のストーリーを教えてくれた。苦悩と死に向き合ったラブストーリーで、物語の舞台として南アメリカの美しい風景が見事に描かれていた（ピートは『カールじいさんの空飛ぶ家』のあと、『インサイド・ヘッド』を監督した）。ゲイリー・ライドストロームは、二匹の足の青いイモリの冒険を通して種《しゅ》の絶滅を描くような映画を制作中だと教えてくれた。のちにこの作品はお蔵入りになったが、ゲイリーの想像力と知性の高さには感心した。ブレンダ・チャップマンは『メリダとおそろしの森』を見せてくれた。その後『トイ・ストーリー3』と『リメンバー・ミー』を監督することになるリー・アンクリッチは、マンハッタンのアパートに住むペットの物語について話してくれた（『レミーのおいしいレストラン』『カールじいさんの空飛ぶ家』『ウォーリー』『トイ・ストーリー3』『メリダとおそろしの森』『インサイド・ヘッド』『リメンバー・ミー』はすべて、アカデミー賞の最優秀長篇アニメ映画賞を受賞した）。

それからの数時間は、テクノロジーを統括するエド・キャットマルとエンジニアたちが、ピクサーのアニメーション制作のすべてを支えている技術的なプラットフォームについて詳しく説明してくれた。その朝、ジョン・ラセターが私を迎え入れてくれた時に話していたことを、ここで直《じか》に見ることができた。アニメーターと監督たちは、自分たちの頭の中の夢を忠実に描けるような道具を作ってもらうように、たとえば、本物のパリを感じられるようなツールを、いつもエンジニアに注文しているのだとジョンは言っていた。一方で、エンジニアリング担当のエドとチームの方でも独自にツールを開発し、それをアーティストに試してもらい、これまでとは違うものの見方や作り方ができるように刺激を与えていた。「雪や水や霧をどんな風に作り出しているか、見てほしい」エドは最先端のアニメーションツールを見せてくれた。それは創造性を最も高い次元で実現させる、技術の粋《すい》だった。この芸術と技術の陰陽の組み合わせがピクサーの魂だった。すべてがここから生み出されていた。

その日の終わりにピクサーの駐車場に停めていた車に戻った私は、急いで感想を書き留めはじめた。それからトム・スタッグスに電話をかけて、ロスに戻ったらすぐに会いたい

ると何度言われたかわからない。スティーブとは絶対にうまくやっていけないし、彼がディズニーに戻ってきたらすぐ反旗を翻すだろう……

と伝えた。取締役会がゴーサインを出してくれるかどうかはまったくわからないし、スティーブがいつ心変わりしてもおかしくないことはわかっていた。だが、人材の能力と芸術的な志の高さ、良質な作品へのこだわり、ストーリーテリングにおける創意工夫、テクノロジー、経営陣の構成、そして温かく協力的な雰囲気、建物や建築そのものも含めて、私は今見たことを興奮冷めやらぬままに、息を切らしながらトムに説明した。クリエイティブな仕事につく人なら誰でも、いやどんな業界にいる人でも、憧れるに違いない環境だった。ピクサーは私たちよりはるかに先を行っていたし、ディズニーが逆立ちしてもできないことをやっていた。何としてでもこの買収を実現させなければ、と私は思った。

バーバンクのオフィスに戻ってすぐ、チームと合流した。興奮していたのは私だけで、チームの反応は冷ややかだった。ピクサーの内部を直接見たのは私だけだったし、彼らにとってピクサーの買収はあまりにも現実離れしていたのだ。リスクが大きすぎます、と彼らは言った。カネがかかりすぎますよ、と。私はCEOになりたてで、ピクサーを追いかければ、将来を棒に振るのではないかと彼らは心配していたし、もちろんディズニーの未来を危険に晒すのではないかと心配していた。

ピクサーについて話し合うたびに、同じことを言われた。リスクは大きすぎ、無謀すぎると何度言われたかわからない。スティーブとは絶対にうまくやっていけないし、彼がディズニーの経営を乗っ取るに違いないと思った人も多かった。ＣＥＯになりたての人間が巨大な買収案件に挑むべきではないとも言われた。ある投資銀行家は、私を「クレイジー」呼ばわりした。絶対に割に合わないし投資家に受け入れてもらえないからという理由だった。

確かにその意見にも一理ある。理屈では、ピクサーの買収は割に合わない。だが、ピクサーほどの才能の集積は私たちの理解をはるかに超えた価値があり、計算しようとしても計算できないものだと私は確信を持っていた。リーダーはただ現場に出向いて自分の勘を信じればいいと言いたいわけではない。それでは思慮深さよりも衝動を優先しているように聞こえるし、注意深く分析するよりただギャンブルに出た方がいいと言っているようにとられてしまう。だが、何事もそうだが、ここで大切なのは認識力と判断力だ。すべての情報を吸収し、それぞれの要素を秤にかけてみることが必要になる。買収の目的、信用できる人たちの意見、綿密な調査と分析が教えてくれること、そして分析が教えてくれないことを認識しなければならない。こうした要素をすべて慎重に取り入れ、同じ状況は二度とないことを心に留めた上で、最終的にはリーダーが直感に従って判断するしかない。確かなことは何もないが、少なくとも大きなリスクを恐れてはいけない。大きなリスクを取らなければ、大きな成功はなし得ない。

ピクサーについては、確信に近いものがあった。この買収がディズニーを一変させることになるとわかっていた。ピクサーと一緒になれば、ディズニー・アニメーションは立ち直る。おそらく誰よりもテクノロジーに高い見識を持つスティーブ・ジョブズがディズニーの取締役に加わることになる。卓越の追求と高い志がディズニーに持ち込まれ、全社にその文化が波及するだろう。最終的には取締役会に否認されるかもしれないが、怖いから諦めるというわけにはいかなかった。チームメンバーの意見はもちろんありがたいし、みんなが私を心配してくれていることもわかっているが、これはやり遂げたいとチームに伝えた。少なくとも、持てる力を尽くし切ってからでないと、諦め切れなかった。

ピクサーキャンパスを訪問した翌日に、スティーブに電話した。電話をかける前に、スティーブの前では興奮を抑えるんだと自分に言い聞かせた。スティーブのプライドをくすぐるために褒めた方がいいが、真剣勝負の交渉がこれからはじまるという時に、私が喉から手が出るほどピクサーを欲しがっていることがわかってしまうと、スティーブがとんでもなく無茶な要求をしてくるかもしれない。それなのに、スティーブが電話に出たとたん、私のポーカーフェイスは脆くも崩れ去ってしまった。興奮を隠すことはできなかった。ピクサーで過ごした一日のことを最初から最後まで語り尽くし、小狡《こずる》く立ち回るより正直な方が結局いいはずだと開き直るしかなかった。何が何でも手に入れたいという気持ちを晒してしまうと、高い値段をふっかけられることになるので、交渉相手にそんな弱みを見せてはいけないと考える人もいるが、今回ばかりは純粋な興奮を表に出した方が良さそうだった。最後にスティーブに、「もうわかっているとは思うが、心から実現させたいと思っている」と言って締めくくった。

スティーブは、もしジョンとエドが賛成すれば、その時は真剣に考えたいと言った。私と話した後に、スティーブは二人に連絡を取り、二人に連絡を取り、スティーブ自身は交渉に前向きであることと、二人が喜ばない場合には決して話を前に進めないことを約束した。その上で、私がもう一度ジョンとエドに個別に会い、私が思い描いていることをもっと詳しく説明し、彼らの疑問に何でも答えることにした。その後に、ジョンとエドに交渉を前に進めてもいいかを決めてもらうことにした。

数日後、私はベイエリアに飛び、ジョンとその妻のナンシーと、ソノマにある彼らの自宅で夕食を共にした。とても気持ちよく話が進み、すぐにお互いに気が合うことがわかった。私はこれまでの経歴をかいつまんで話した。ABCで『ワイド・ワールド・オブ・スポーツ』を担当したこと、キャピタル・シティーズに買収されたこと、長いあいだABCのプライムタイムの指揮を執ったこと、そしてディズニーに買収されたあと、長い道のりを経てCEOになったこと。ジョンは、二〇年ほど前、マイケルがCEOになる前にディズニー・アニメーションで働いていた日々のことを語ってくれた（当時の上層部はＣＧアニメーションの未来を理解できず、ジョンはクビになってしまった）。

「誰かに買収されるのがどんな気持ちかは、よくわかっているつもりです」と私は言った。「たとえ首尾よく行ったとしても、違う会社がひとつになるのは簡単ではありませんから。無理やりくっつけるわけにはいきませんからね。ピクサーのような会社ならなおさらです」買った側の企業は、そのつもりがなくても買われた会社の文化を壊してしまうことも多いし、相手の価値を破壊してしまうことがあるものだと話した。

自分たちが本当のところ何を手に入れるのかがよくわからずに買収を行なってしまう企業は多い。買収は、物理的な資産や製造設備や知的財産を手に入れるためだと彼らは思っている（確かに、産業によってはその考えが当てはまる場合もなくはない）。だがほとんどの場合は、買収によって手に入れるのはそこにいる人材だ。クリエイティブな産業では、そこにこそ本当の価値がある。

ピクサーをピクサーたらしめている文化を守らなければ、ディズニーがピクサーを買収する意味がないのだと、私はジョンにしかと確約した。ピクサーをディズニーに迎え入れるということは、新たな経営陣と才能ある人材を大量に注入するということだ。だからこそ正しくやらなければならない。「ピクサーはピクサーらしくあり続けないといけないんです。みなさんが創り出した文化を守らなければ、せっかくの価値を壊すことになってしまいますから」

それが聞けて嬉しいとジョンは言った。そこで、私がずっと考えていた構想を打ち明けた。「あなたとエドにディズニー・アニメーションを指揮してほしいと思っています」

これほどの時を経てもまだ、ディズニーをクビになったことに傷ついていながら、ディズニー・アニメーションの伝統に憧れがあるのだとジョンは言った。私がスティーブに興奮を隠せなかったように、ジョンもまたディズニー・アニメーションの指揮を執ることへの興奮を隠せなかった。「そうなったら、夢が叶うな」とジョンは言った。

数日後、エド・キャットマルが私に会いにバーバンクまで来てくれた（お互いに肉は食べないのに、その日はディズニー本社の近くにあるステーキハウスで夕食を共にした）。ジョンにしたのと同じように、今回も私の買収哲学をじっくりとエドに説明した。彼らが創り上げた組織文化が、彼らの生み出す魔法の核になっていること、そしてピクサーをピクサー以外の何物にもするつもりはないことを、重ねて伝えた。ここでエドにもまた、もうひとつの構想を打ち明けた。ジョンとエドの二人にディズニー・アニメーションを立て直してほしいということだ。

ジョンは表情豊かで感情を表に出すタイプだが、エドはそれとは正反対の性格だ。静かで思慮深く、内向的なコンピューターサイエンスの教授のようだ。ピクサーのデジタルアニメーション技術のほとんどを作ってきたのがエドだった。ディズニー・アニメーションは技術面で比べものにならないほど遅れていたが、ディズニーのほかの部門にはエドの興味を引く技術のタネがありそうだった。エドは控えめに、「何ができるか、楽しみですね」と言った。

翌日、スティーブから電話があり、ジョンとエドが交渉を進めることに賛成してくれたと教えてくれた。それからまもなく、今度はニューヨークで二度目の取締役会が開かれた。私は、ピクサーを訪問しジョンとエドに会ったこと、そしてスティーブに交渉の意思があることを報告した。トム・スタッグスはまだ不安を抱きながらも、買収を仮定した場合の財務面での課題について報告してくれた。株式発行に関わる希薄化の問題や、投資家がどのように反応するかをトムが予測した。市場の反応は良し悪し半々か、かなりネガティブなものになると予想された。取締役はトムの言葉に聞き入っていた。取締役会の終わりにはほとんどの人が相変わらず半信半疑のままだったが、スティーブと交渉を進めることは許可してくれ、具体的な進展があった時点でまた取締役会に持ち寄ることになった。

トムと私は取締役会が終わるとそのままサンノゼに飛び、翌日アップル本社でスティーブに会った。スティーブに会う時点で、買収のプロセスを長引かせないようにしようと決めていた。スティーブの性格からして、長々と複雑なやりとりを交わすのは不可能だった（マイケルと延々と刺々《とげとげ》しくやり合ったことを、スティーブはまだ昨日のことのように覚えていた）。スティーブがディズニーのいつものやり方に反感を持っていることはわかっていたし、どこか一点にこだわって交渉が行き詰まれば、スティーブが何もかもいやになって歩き去ることを私は恐れていた。

席についたとたんに、私はこう言った。「率直に言おう。これはやり遂げなくてはならないと思っている」スティーブも今回の案件がお互いに必要だと認めてくれ、以前とは違って不可能な金額を要求したりはしなかった。どの金額に落ち着くにしろピクサーが得をするのはわかっていたが、ディズニーの手の届く金額でなければならないことも、スティーブは承知していた。彼は私の率直さを前向きに評価してくれていたと思う。

翌月、トムとスティーブは財務の細かい点を詰め、買収金額を決めた。七四億ドルだ（全額、株式交換による買収で、ピクサー株式一株につき、ディズニー株式二・三株と交換することになった。ただし、ピクサーは一〇億ドルの現金を保有しているため、それを差し引いた買収金額は六四億ドルになる）。スティーブが欲を出すのをやめたといっても、莫大な金額であることには変わりなく、取締役会にも株主にも売り込むのが大変なのはわかっていた。

金額と同時に、私たちはいわゆる「文化面の合意事項」についても交渉をまとめていた。私たちは、組織文化における重要な事柄や原則を二ページにわたって文書にし、それを守ると約束した。ピクサーは、買収後もピクサーらしさを感じられる環境を欲しがり、ピクサーらしさを保つことにつながる事柄をすべて維持したがった。たとえば、ピクサーのメールアドレスをそのまま使い続けること。本社ビルに掲げたピクサーのロゴもそのままにすること。新しい社員を迎え入れる時の習慣も、毎月のビールパーティーも続けること。映画、グッズ、テーマパークのアトラクションについては、より神経を遣って交渉が進められた。ブランドイメージに関する私たちの調査では、ピクサーがディズニーを上回っていたし、ピクサーもそれはわかっていた。だが、ジョンとエドがこれからディズニー・アニメーションを指揮することになれば、ディズニー・ピクサーとした方が長期的にはブランドイメージを強めることになると私は感じていた。そして、最終的にはディズニー・ピクサーとすることで落ち着いた。ピクサーの有名な「ルクソー・ジュニア」のアニメーションはかならずオープニングに流すが、ディズニー城のオープニングロゴをその前に流すことにした。

私の最後の難題は、取締役会を説得することだった。一番効果があるのは、取締役たちにスティーブとジョンとエドに直接会ってもらい、彼らの話を聞いてもらうことだと思った。この三人よりうまくこの話を売り込める人間はいない。というわけで、二〇〇六年一月の週末に、取締役全員がロサンゼルスのゴールドマン・サックスの会議室に集まった。取締役の中にはまだ買収に反対していた人も何人かいたが、スティーブとジョンとエドが話しはじめたとたん、部屋にいた全員が彼らに釘付けになった。彼らは原稿もスライドも映像も何も持ってきていなかった。ただ、話をしただけだ。ピクサーの哲学、働き方、これから一緒にやろうとすでに思い描いていること、そして彼らがどんな人間なのかを語ってくれた。

ジョンは、子供の頃から今までずっとディズニーを愛していること、そしてディズニー・アニメーションに以前のような輝きを取り戻したいと思っていることを情熱的に語った。エドは、テクノロジーがどこに向かっているか、ディズニーとピクサーが一緒になれば何が可能になるかを、知的に解説した。こんな大胆なことを売り込むのに、スティーブほどいいセールスマンはいない。スティーブは、大きな企業は大きなリスクを取るべきだと話した。そして、ディズニーのこれまでの立ち位置と、方向性を劇的に変えるには何が必要かも語った。そして、iTunesの案件で私と協力したこと、ピクサーの文化を守るという話し合いを通じて私たちの間に絆が生まれたこと、このとんでもないアイデアを成功させるために力を合わせて働きたいと思っていることを話してくれた。スティーブが語りかける姿を見てはじめて、もしかしたら夢がかなうかもしれないとやっと前向きな気持ちになった。

取締役会の最終決議は一月二四日に予定されていたが、買収の噂はすぐに外に漏れ出した。突然、いろいろな人が私にやめろと圧力をかけてきた。マイケル・アイズナーもその中のひとりだった。「ボブ、やめてくれ。バカなことをするんじゃない」また同じ文句の繰り返しだった。値段が高すぎ、リスクは大きすぎる。スティーブをディズニーに入れたら、引っ掻き回される。「アニメーションは、君が立て直せるはずだ」とマイケルは言う。「ピクサーは必要ないだろ。奴らの実力なんて知れているじゃないか？」マイケルはウォーレン・バフェットにまで電話をかけ、ディズニーの取締役に顔のきくウォーレンがバカな投資だと言えば、取締役たちを説得できるとさえ考えていた。ウォーレンは口を挟みたがらなかったので、今度はトム・マーフィーに電話をして何か言ってもらえるかを探り、それからジョージ・ミッチェルにも電話をして、自分が取締役会で直接話をしたいと頼み込んだ。

ジョージは私に電話をかけてきて、マイケルが取締役会で話をしたがっていると言う。「ジョージ」私は言った。「さすがにそれは許しませんよね？　何を今さら？」マイケルが引退してからもう四か月になろうとしていた。ディズニーとのつながりは、退職した日に切れていた。マイケルが辛いのはわかるが、口出しされて腹が立った。マイケルがCEOなら、絶対にそんな横槍を許すはずがなかった。

「安いもんじゃないか。したいようにさせてやろう。敬意を示して一応意見を聞き、それから君が言いたいことを言えばいい」ジョージが言いそうなことだった。ジョージは上院議員を長く務め、多数党院内総務にもなり、北アイルランドの和平協定成立に尽力した、政治家の中の政治家だ。ジョージは、一方でマイケルにきちんと敬意を払うべきだと純粋に感じ、また一方で、マイケルが外から取締役会に横槍を入れる危険分子になりかねないこともわかっていた。だからこそ、取締役会に呼んで話をさせ、私にその場で反論するチャンスを与えた方がいいと考えたのだ。取締役会長だったジョージに煮え湯を飲まされたのはこの時だけだったが、ここは彼の勘を信じるほかなかった。

取締役会決議の日にマイケルはやってきて、買収に反対の主張をした。中身は私に話したことと同じだった。高すぎる。スティーブは扱いにくく、傲慢で、ディズニーを支配しようとするはずだ。アニメーションはまだ手の打ちようがある。マイケルは私を見つめて、「ボブならアニメーションを立て直せる」と言った。「マイケル、あなたが立て直せなかったのに、私が立て直せるって言うんですか?」

取締役会の前にジョージが私の部屋に来て、こう言った。「いいか、君の意見が通ると私は思っている。だが、まだ油断するな。取締役会で命がけで訴えるんだぞ。拳《こぶし》でテーブルを叩くくらいの勢いが必要だ。情熱を見せてくれ。支持してくれと頼むんだ」

「もうやったと思ってました」と私。

「もう一度やるんだ」

私は覚悟を決めて会議室に入っていった。部屋に入る前に、セオドア・ルーズベルトの有名な「舞台に立つ男」のスピーチを見直して、自分を鼓舞したほどだった。「大切なのは、批判する者ではない。強者がつまずくとそれ見たことかと揶揄《やゆ》する人間でもない。行動する人の揚げ足を取る者でもない。実際に舞台に立ち、顔が血と汗と埃《ほこり》にまみれた人間こそ、賞賛に値する」私の顔は血と汗と埃にまみれてはいなかったし、ディズニーの取締役会議室は最も過酷な舞台でもなかった。しかし、私はそこに入っていき、リスクがあるとわかっていることのために闘わなければならなかった。もし取締役会が許可し、万事うまくいけば、私はディズニーの命運を変えた英雄になれる。もし取締役会が許可して、この買収が失敗に終われば、私はすぐに追い出される。

私は全力を振り絞って熱く話した。「ディズニーの未来が今ここに、目の前にあります。みなさんの手の中にあるんです」CEOになってはじめての一〇月の取締役会で言ったことを、もう一度繰り返した。「アニメーションがうまくいけば、ディズニーもうまくいきます。一九三七年に『白雪姫』を公開した時も、一九九四年に『ライオン・キング』を公開した時もそうでしたし、今も同じです。アニメーションが絶好調になれば、ディズニーも絶好調になります。これをやり遂げる必要があるんです。ディズニーの未来への道は、今ここで、今夜はじまるんです」

私が話し終わるとジョージが決議に入った。取締役の名前をアルファベット順にひとりひとり呼ぶので、それぞれ賛成か反対かを声に出し、何か言いたいことのある取締役は付け加えてもいいとジョージが言った。部屋の中が静まり返る。私はトム・スタッグスとアラン・ブレイバーマンに目配せした。充分な票を獲得できると二人は確信していたが、私は心配だった。この何年かのあいだに取締役会が経験した苦労を思うと、結局リスクを避けた方がいいという結論になってもおかしくなかった。最初の四人は賛成し、五人目も賛成と言ったが、それは私を支えるために賛成しただけだと付け加えた。残り五人のうち、二人は反対し、最終的には賛成九人、反対二人となった。ピクサーの買収が承認されたのだ。

全会一致にするためにもう一度決を取り直した方がいいかどうかという話が出たが、ジョージがそれをはねのけて、プロセスは透明だったのでその必要はないと言った。決議が全会一致でないと見栄えが悪いと心配する人もいたが、私は気にしないと言った。ディズニーの取締役会が買収を承認したということだけがわかればいい。内訳を公開する必要はないし、もし全会一致だったかと聞かれた場合には、本当のことを言えばいい（何年もあとになって、マイケルは潔く、彼が間違っていたと私に認めてくれた）。

買収が発表される日、私はアラン・ブレイバーマン、トム・スタッグス、ゼニア・ムーカと一緒にエメリービルにあるピクサー本社を訪れた。スティーブとジョンとエドもそこにいて、太平洋標準時間の午後一時に市場が引けたらそのすぐ後に買収を発表し、それから記者会見を行なって、ピクサー社員との集会に臨む予定になっていた。

ちょうど正午を過ぎた頃、スティーブが私を見つけて脇に寄せた。「散歩しよう」とスティーブが言う。スティーブがよく、友達や仕事仲間を誘って長い散歩に出るのは知っていたが、どうして今なのかと驚き、何かあるのかと不審に思った。私はトムのところに行って、スティーブの魂胆は何だと思うか聞いてみた。買収を取りやめたいか、それともももっと欲が出たのか、どちらかだろうというのが私たちの予想だった。

スティーブと建物を出ながら、時計に目をやった。一二時一五分。しばらく歩いて、ピクサーのよく手入れされた美しい中庭のベンチに腰を下ろした。スティーブは私の背中に手を置いた。それは意外な、親しみを表す仕草だった。そしてこう言った。「これから話すことは、妻のローレンと主治医しか知らない」絶対に他言しないでほしいと言い置いて、ガンが再発したと教えてくれた。スティーブは数年前に珍しい種類のすい臓ガンを宣告されたが、手術後は完治したと発表していた。それが再発したのだ。

「どうして私に？」と聞いた。「それに、どうして今打ち明けるんだ？」

「これから私はディズニーの最大株主になり、取締役にもなる。だから、病気のことを知らせた上で、君に買収から手を引くチャンスを与えなくちゃならないと思った」

もう一度時計を見た。一二時三〇分。発表まであと三〇分しかない。私はどう反応していいかわからなかったし、今教えられたことを頭の中で処理できずにいた。今教えられた情報を公開する義務があるかどうかを自問した。取締役会に知らせる必要があるのか？　法律顧問に聞いてもいいのか？　スティーブは絶対に他言するなと言っていた。すると、スティーブの言うとおり、買収を取りやめにするしかないようにも思えた。だが、私はどうしてもやり遂げたかったし、私たちはお互いを必要としていた。やっと私は口を開いた。

「スティーブ、あと三〇分もしないうちに、七〇億ドルを超える買収が発表されることになってるんだ。取締役に何て言えばいい？　怖気づいたとでも？」スティーブは、自分のせいにすればいいと言った。私はこう聞いた。「そのほかに、この件で私が知っておくべきことはあるだろうか？　決断を助けてくれ」

ガンが肝臓に転移したことと、生存確率がどのくらいかということを、スティーブが教えてくれた。何としてでも息子が高校を卒業するのを見届けたいと言っていた。卒業まであと四年と聞いて、愕然とした。スティーブの死期が迫っていることと、あと数分で買収が成立することを同時に話し合うことなどできなかった。

買収は中止しないと決めた。たとえ中止すると決めても、取締役会に理由を説明できない。何か月もかけて取締役を説得し、やっと承認された買収だ。あと一〇分でプレスリリースが出る。自分が正しいことをしているのかどうかまったく自信がなかったが、スティーブは私にとって大切な存在であっても、ピクサーの買収に影響を与える重大要因ではないと頭の中で素早く判断した。スティーブと私は黙ってアトリウムに戻って行った。その日のあとになって、法律顧問で弟のように信頼しているアラン・ブレイバーマンにスティーブが教えてくれたことを伝えた。アランが私の決断は正しかったと言ってくれたので、ほっとした。その夜、妻のウィローにも打ち明けた。ウィローは私よりずっと前からスティーブのことを知っていた。その日は私がＣＥＯになってまもなく訪れた記念すべき一日だった。だがその日を乾杯で祝うことはできず、スティーブを想って二人で泣いた。スティーブが何と言おうと、どれほど強い決意でガンとの闘いに臨んでいようとも、彼がこれからどうなってしまうのかと考えると怖くて仕方がなかった。

ピクサーの買収は一時五分に発表された。記者会見を終えたあと、スティーブと私はドームのようなピクサーのアトリウムに設けられた演台に立った。ジョンとエドが横に立ち、目の前には一〇〇〇人近いピクサーの社員がいた。私が話しはじめる前に、誰かがこの瞬間の記念に、ピクサーの象徴であるルクソーランプをプレゼントしてくれた。とっさのことだったが、私はみんなに感謝し、このランプでディズニー城を照らしますと言った。それ以来ずっと、ピクサーのランプはディズニーを照らし続けてくれている。

# 第10章　マーベル買収

ピクサーの買収は、ディズニー・アニメーションの立て直しという差し迫った問題を解決するための策ではあったが、同時により大きな成長戦略の第一歩でもあった。良質なオリジナルコンテンツを増やすこと、テクノロジー面で進歩を遂げること、魅力あるグッズを作り消費者に届けること、そしてグローバルに成長することが、私たちの目指すところだった。

この優先課題を解決する助けになりそうな「買収候補」のリストを、私とトム・スタッグスとケビン・メイヤーで作り、まずは知的財産に目を向けることにした。ディズニーのすべての事業分野で利用できそうな、優良な知的財産を所有しているのは誰だろう？　すぐに頭に浮かんだのは二社。マーベル・エンターテイメントとルーカスフィルムだ。彼らに売却の意思があるかどうかは見当もつかなかったが、さまざまな理由からマーベルに狙いを定めた（ジョージ・ルーカスに彼が一から創り上げた会社を売却するように説得し、スター・ウォーズという彼の分身を手放してもらうのは相当に難しいだろうと思っていた）。私自身はマーベルオタクではなかったが、生粋のアメコミファンでなくても、彼らが所有するあまたの強烈なキャラクターと物語は、私たちの映画やテレビ番組やテーマパークやグッズの事業にすぐにでも使えることはわかっていた。買収候補のリストにはほかの企業もあったが、マーベルとスター・ウォーズほどの価値はなかった。

もちろん、ここから一筋縄でいかないのはわかっていた。ひとつには、マーベルがすでにほかの映画会社との契約に縛られていたからだ。これから公開される複数の映画については、パラマウントが配給することになっていた。『スパイダーマン』の権利はすでにコロムビア・ピクチャーズに売却されていた（コロムビア・ピクチャーズはその後、ソニー・ピクチャーズになる）。『ハルク』はユニバーサルが持っていた。『X-メン』と『ファンタスティック・フォー』はフォックスのものになっていた。ほかの映画会社に権利が渡っていないものをすべて手に入れることができたとしても、知財の獲得としては理想的とはいえない状況だった。すべてのキャラクターをひとつのブランドの傘下に収めることができないと、この先混乱のタネになり、ライセンス契約上のゴタゴタが発生してしまうと思われた。

　しかし、それよりも大きな壁は、マーベルの経営者のアイク・パルムッターだった。まったく謎の人物だったのだ。アイクはイスラエルの元軍人で、強面で秘密主義の経営者として知られ、決して表に出ようとせず、写真を撮ることも許さなかった。破綻企業の債権を買い上げて大金持ちになり、その金を使って企業の支配権を握った。超がつくほどのドケチ経営でも知られていた（アイクがゴミ箱の中からゼムクリップを拾い上げていたという逸話もある）。そうした噂以外には、彼のことは何ひとつわかっていなかった。私たちの申し入れに彼がどう反応するかまったく予測がつかなかったし、呼びかけても返事をしてくれるかどうかさえわからなかった。

　アイクとマーベルコミックとのつながりは一九八〇年代半ばに遡《さかのぼ》る。当時マーベルを所有していたロン・ペレルマンがトイビズという会社を買収したのがきっかけだ。トイビズを所有していたのがアイクと、そのパートナーのアビ・アラッドだった。コミック本の収集ブームが続いた八〇年代後半から九〇年代はじめにかけて、マーベルは莫大な利益を上げていた。しかしブームが去ると、損失が積み重なりはじめた。リストラと破産申請のあと、ペレルマン、マーベルの会長になった投資家のカール・アイカーン、アイクとアビ・アラッドのあいだでマーベルの支配権をめぐる闘いが続いた。一九九七年にアイクとアラッドが、ペレルマンとアイカーンからマーベルの支配権を取り戻した。その翌年、彼らはトイビズとマーベルを完全に合併させてマーベル・エンタープライズを作り、その後マーベル・エンターテイメントと改称した。

私たちがマーベルに目をつけた二〇〇八年には、マーベルはすでに上場企業になっていて、アイクはそのCEOであり支配的株主だった。そのアイクとのミーティングを取り付けようと半年も模索していたが、まったく手がかりがなかった。CEO同士ならそれほど苦労せずにミーティングの約束が取り付けられそうなものだが、アイクはやりたくないことは絶対にやらないし、彼は世間から隠れていたので直接のつながりを見つけ出せなかったのだ。

もし彼が時間を割いてくれるとしたら、彼が信頼する誰かが間に立って私たちの人柄を保証してくれる場合に限られそうだった。私とアイクとのつながりはひとつだけあった。ディズニーの重役だったデビッド・メイゼルがマーベルに移って映画事業への進出を助けていたのだ。デビッドと私は昔からうまが合い、デビッドはたまに私に連絡をくれて何か一緒にできることがないかと話していた。以前に何度か、マーベル映画を配給しないかと言われていたが、単なる配給元にはなりたくなかった。アイクに会わせてもらえないかとデビッドに頼み、アドバイスがあったら教えてくれと聞いた。デビッドは私たちが会うのはいいことだし、手配してみると言ってくれたが、確約はできないし時間がかかるかもしれないと念を押した。

一方で、ケビン・メイヤーはマーベルがディズニーに加わったらどんなすごいことが可能になるかを想像し、夢を膨らませ続けていた。私がこれまで一緒に働いた人間の中で、ケビンは誰より切れ味の鋭い猛烈な仕事人だった。価値ある何かを見つけて狙いを定めたら、いてもたってもいられず、毎日のように私をせっついて何とかアイクにつながる方法を探そうとしていた。私は、デビッドが何かしてくれるかもしれないので、それを待とうと諭した。

数か月が過ぎた。そのあいだデビッドは連絡をくれたが、返事は同じだった。まだ何もないので、待ってほしいということだった。しばらくして、二〇〇九年六月にデビッドから電話があり、アイクが会いたいと言っていると教えてくれた。どうしてアイクの気が変わったのかをデビッドは教えてくれなかったが、おそらくディズニーがマーベルの買収に興味を持っていることをデビッドから聞いて、好奇心をそそられたのではないかと思った。

デビッドから連絡をもらった数日後、アイクに会うためマンハッタンのミッドタウンにあるマーベルのオフィスに出向いた。ピクサーのジョンとエドに対してもそうだったが、ここでも私はアイクへの敬意を示すために自分からニューヨークに出向き、取り巻きを連れずにひとりきりで彼のオフィスを訪れた。マーベルのオフィスは、アイクの評判そのものだった。質素極まりない仕事部屋だった。狭苦しく、何の飾りもない。小さな机と椅子が数脚、小さなテーブルにランプが置かれている。高価な家具もなく、眺めも悪く、壁にはほとんど何もかかっていない。エンターテイメント企業のCEOの部屋とは思えなかった。

アイクは明らかに私を警戒してはいたが、冷たいわけでも嫌がっているわけでもなかった。痩《や》せてはいたが握手は力強かった。私が椅子に腰掛けると、水とバナナを出してくれた。「コストコで買った」とアイクが言う。「週末に妻とコストコで買い物をするんだ」

デビッドがどこまで私のことを話してくれたのかも、用件は何かを知らせてくれたのかもわからなかったが、会っていきなり挨拶のあとでおたくの会社を買いたいんですがとは言えない。もちろん、私がここに出向く理由はひとつしかないとアイクも感づいているはずだとは思ったが、とりあえず自分たちのこれまでのことやお互いの仕事について話した。アイクはピクサーの買収について具体的に聞きたがり、私はピクサー独自の文化を守りながらディズニーと融合させた話をした。そこで、私が出向いた理由を説明し、同じようなことがマーベルとできないだろうかと切り出してみた。

アイクは話に飛びつきはしなかったが、断りもしなかった。それからさらに三〇分ほど話し、その晩、東六〇丁目にある彼のお気に入りのステーキハウスで食事をすることにした。夕食を食べながら、かなり長時間いろいろなことを語り合った。アイクはこれまで経営してきたさまざまな事業について、またアメリカに来る前のイスラエルでの生活について話をしてくれた。アイクは噂どおりの厳しく誇り高い人物で、私は押し付けがましくならない程度にしか買収の件については話さなかった。ただ、マーベルがディズニーの明るい未来の一端を担うことになれば嬉しいと夢を語るだけに留めた。夕食も終わり近くなって、アイクは「考えたい」と言い、私はまた明日連絡しますと言った。

翌日電話をかけると、アイクはまだ疑心暗鬼ではあったものの、興味は持っていた。アイクは抜け目のない実業家で、マーベルをディズニーに売却すれば莫大な富が手に入ることはわかっていた。しかし、破綻に瀕《ひん》したマーベルを手に入れて立て直したのはアイクだった。よそのCEOがやってきてこの会社をさらっていくと考えると、たとえ大金が手に入るとしても心穏やかでいられないのは当然だった。

アイクと私はまったく違う人間で、マーベルを買収してからも意見が食い違うことも多かったけれど、彼が人生の中で経験してきたことを私は心から尊敬していた。アイクはほぼ一文無しでアメリカにやってきて、その頭脳と執念だけで大成功を収めてきた。私が彼という人間とその成し遂げてきたことを尊敬していることを彼にわかってもらいたかったし、彼とマーベルにとって私たちが信頼できる相手であることも理解してほしかった。とはいえ、アイクは企業の枠に易々《やすやす》と収まる人間ではなかったし、ハリウッド的なおべんちゃらを相手にしなかった。こちらが飾らず正直で彼と同じ言葉を話す相手だと彼に思ってもらえなければ、ディズニーを信用してマーベルを任せる気にはならないに違いなかった。

運良く、ちょうど妻のウィローもその週に仕事でニューヨークにいた。そこでアイクに、奥様も一緒に夕食をどうですかと誘ってみた。ウィローは私の仕事上の食事には滅多に顔を出さないが、彼女のビジネスの知識、経歴、そして人あたりの良さは私の秘密兵器になる。数日前に一緒に食事をした例のステーキハウスの同じテーブルでまた会うことにした。アイクの妻のローリーは、頭が良く元気いっぱいの女性だった（また、競技会に出場するほどのブリッジの名手でもあった）。ローリーとウィローのおかげで、気楽でリラックスした雰囲気になった。仕事の話はせず、アイクに私たちがどんな人間かを知ってもらい、私たちもパルムッター夫妻の人となりを知るいい機会になった。アイクは口には出さなかったが、その晩の終わりには彼が売却に前向きになりつつあると確信が持てた。

ディズニーがマーベルに目をつけたのは、これがはじめてではなかった。マイケルの下で働きはじめてまもない頃、重役の昼食会でちらっとマイケルが買収話を持ち出したことがある。そこにいた四、五人の重役は反対した。マーベルは際どすぎる、という理由だ。ディズニーのイメージを壊してしまうと彼らは思っていた。当時は社内でも、また取締役のあいだでも、ディズニーはある特定のイメージを貫く単一のブランドで、すべての事業がディズニーの傘の下にあるのが当たり前とされていた。ディズニーブランドへの否定的な意見を聞かされたり、ブランドイメージがきちんと管理されていないと匂わされたりするだけでも、マイケルは自分自身が否定されているように感じた。

ディズニーが抱えていたさまざまな提携企業の中で、ミラマックスとの関係は成功ではあってもゴタゴタが絶えなかった。ミラマックスはボブとハーベイのワインスタイン兄弟が創った映画制作会社で、一九九三年にマイケルのもとでディズニーが買収していた（マイケルがまだCEOだった二〇〇五年に提携関係を解消し、五年後にはミラマックスの全事業を売却した）。その期間にミラマックスはおよそ三〇〇本の映画を公開した。芸術的にも商業的にも成功した作品は多かったが、失敗した作品も多かった。ワインスタイン兄弟とは予算と作品の内容をめぐる争いが絶えなかった。特に、マイケル・ムーアが監督した『華氏９１１』について、マイケルはディズニーで配給するのを嫌がった。アカデミー賞作品が生まれてはいたものの、次から次へと問題が起き、緊張が絶えなかった。たとえば、一九九九年にミラマックスは雑誌の『トーク』を立ち上げ、巨額の損失を出していた。

ワインスタイン兄弟は、マイケルに無断で有名ジャーナリストのティナ・ブラウンと契約を結んでいた。トーク誌ははじめから大失敗だった。私自身はミラマックスとは無関係だったものの、マイケルが社内的にも社外的にも打撃を受けたのは見てとれた。ミラマックスがカネにだらしないという取締役会の批判に加えて、ワインスタイン兄弟との争いは常にストレスの元になっていた。最後の数年には、プレッシャーが増すにつれ、マイケルは明らかにうんざりして疲れて見えた。そんな時に、一部の重役にマーベルの買収話を軽く否定され、もうその話はしなくなった。ABCを買収してからまだあまり時間も経っていなかったし、別の会社を急いで買収する必要もなかった。

私がCEOになって何よりも優先させたのは、アニメーションを立て直してディズニーブランドを復活させることだった。今はジョンとエドがアニメーションを見てくれているので、この問題は解決に向けて順調に進んでいた。アニメーションの立て直しが確認できたら、たとえディズニーとはイメージの違う会社でも買収する意思はあった。むしろ、私は守りに入らないように意識していた。ピクサーの買収で大きなリスクを取っていたので、成長を加速させるよりもしばらく大人しくしている方が無難だっただろう。しかし、ピクサーをディズニーの一部にしてから三年が経ち、エンターテイメント業界の趨勢《すうせい》がさらに劇的に変わっていく中で、常に野心的に考え続け、今の勢いを利用してブランドのポートフォリオを拡大することが必要だと思っていた。

私の考えはみんなとは違っていた。マーベルについて心配なことがあるとすれば、それはディズニーよりも明らかに際どい作品を作っている会社を傘下に入れていいのかという点ではなかった。マーベルがディズニーに悪影響を与えるかどうかよりも、むしろ、生粋のマーベルファンがディズニーとの結びつきを嫌うのではないかと心配したのだ。ディズニー傘下に入ることで、マーベルの価値が一部損なわれるのではないだろうか？　ケビン・メイヤーのチームがこの点について調査を行ない、ケビンとも何度か話してみたところ、私たちがマーベルブランドに敬意を払い、ディズニーとは切り離して管理できると自信を持てたし、マーベルとディズニーは共存でき、どちらにも悪影響はないことが確認できた。

アイクのもとにいた制作側の人たちの中には当然ながら、不安になる人もいた。私は何人かをバーバンクのディズニー本社に招いて、私自身の口からキャピタル・シティーズとディズニーに買収された経験を話し、別の会社に飲み込まれるのがどんな気持ちかはわかっていると伝えた。スティーブとジョンとエドとの交渉で何度も繰り返したことを、ここでまた口にした。「君たちらしさに価値があるのに、それを変えてしまったら買った意味がなくなる」

アイクから真剣な交渉に入る意思があることを伝えられ、トム・スタッグスとケビン・メイヤーとチームメンバーは、相応の買収価格を弾《はじ》き出すために、マーベル単体の場合とディズニーの一部になった場合の現在価値と潜在的な価値を細かく評価しはじめた。彼らの資産と負債をすべて洗い出し、契約上の障害になるものを調べ、人材や統合の際の課題についても考えた。複数年にわたる映画公開のスケジュールと興行成績の予想も立てた。また、ディズニーの中で拡大できる収益、たとえばテーマパークや出版やキャラクターグッズの収益についてもモデルに組み入れた。

ピクサーを買収して以来、何か大きなことをしたい時はかならず、取締役であり最大株主であるスティーブに相談し、取締役会に正式に提案する前に助言と支援をもらっていた。取締役会の中で、スティーブの意見には影響力があった。取締役たちはスティーブに一目置いていた。交渉を進める前に、私はクパチーノに出向いてスティーブと昼食を取りながら、マーベルのビジネスについて説明した。スティーブは生まれてこのかたコミックブックなど読んだことがないと言っていた（「ビデオゲームより嫌いなんだ」と私に言った）。そこでマーベルのキャラクターを網羅した百科事典を持参して、マーベルの世界を説明し、私たちが買おうとしているものを見せるつもりだった。スティーブは事典をぱらぱらとめくったあとすぐに脇に置いてこう聞いてきた。「君にとってはこれが大切なんだな？　本当に欲しいのか？　これは次のピクサーなのか？」

ピクサーの買収以来、スティーブと私はいい友達になっていた。仕事以外でもたまに会っていたし週に何度かは話をしていた。何度かハワイの隣同士のホテルで休暇を取り、待ち合わせてビーチを延々と散歩し、妻や子供や音楽やアップルやディズニーやこれから一緒にやれそうなことを話した。

私とスティーブのつながりはビジネスをはるかに超えた関係だった。お互いに一緒にいる時間を心から楽しみ、心おきなく何でも言い合えた。率直な物言いをしても決して崩れることのない、固い友情で私たちは結ばれていた。人生の後半になってそれほど親しい友達ができるのは珍しいが、私がCEOとしての時間を振り返って最もありがたくも意外だったことのひとつは、スティーブとの関係だ。スティーブが私を批判することもあったし、私が彼に反対することもあったけれど、どちらも根に持ったりはしなかった。数多くの人から、スティーブをディズニーに入れるなどもってのほかで、私もほかの人たちもスティーブにいじめ抜かれるはずだと忠告された。私の返事はいつも同じだった。「スティーブが入ってくれるのが、会社にとって悪いはずがないだろう？　スティーブの後光を浴びたくない企業経営者がいるかい？」スティーブがどんな振る舞いをするかは心配しなかったし、もし行き過ぎた言動があれば私がはっきり注意すればいいと思っていた。スティーブは人の好き嫌いがはっきりしていたし、批判する時には口が悪くなることも多かった。だが、取締役会にやってきては積極的に参加し、取締役にふさわしい客観的な批判をしてくれた。スティーブが頭痛のタネになるようなことは滅多になかった。といっても、一度もなかったわけではない。

一度、オーランドにオープンした「アート・オブ・アニメーション」というホテルにスティーブを案内したことがある。三〇〇〇室もある超大型ホテルで、ディズニーのほかのホテルよりもお手頃な宿泊料になっていた。オープンしてまもなく、取締役会の社外ミーティングでスティーブがオーランドにやってきた時、彼に見てもらおうと思って連れてきた。ホテルに入ると、スティーブは周りを見回して、大声で言った。「ひどいな。安っぽすぎる」

「スティーブ」と私は返した。「子供たちとディズニーワールドに来たくてもホテルに大金を使う余裕のない人たちが、ここに泊まるんだ。一泊九〇ドルで、それなりに綺麗で清潔で気持ちよく過ごせるんだよ」

「わからんね」とスティーブ。ほとんどの人なら、このホテルに私たちが込めた品質とサービスをわかってくれるはずだったが、スティーブは「ほとんどの人」ではない。彼は彼自身のメガネを通してしか物事を見られなかった。

「君には合わないってことだ」と私。「見せなければよかったな」スティーブのお高くとまった態度に少し腹が立ったが、それが彼らしさだということも私にはわかっていた。スティーブは最高品質の物を作ってきた。万人に手が届くものではないかもしれないが、品質を犠牲にして価格を優先するようなことは決してしなかった。それ以来、大衆向けのものはスティーブに見せないことにした。

『アイアンマン2』が公開されると、スティーブは息子を連れて映画館に見に行き、翌日私に電話してきた。「昨日の夜、息子と一緒に『アイアンマン2』を見てきた」と言う。

「最低だな」

「そりゃどうも。もう七五〇〇万ドルは稼いでくれてるよ。今週末はすごい興行収入になるだろうな。スティーブ、君の批判は歓迎だけど、『アイアンマン2』は大成功してるんだ。君が嫌いでもね」(もちろん、『アイアンマン2』がアカデミー賞を取るような作品でないことは私も承知していたが、スティーブがいつでも正しいわけではないと言わずにはいられなかったのだ)

それからまもなく、二〇一〇年の株主総会の折に、法律顧問のアラン・ブレイバーマンが私のところに来てこう言った。「取締役四人に対して大量の反対票が届いています」

「株数は?」

「一億株を超えています」

わけがわからなかった。普通なら、取締役への反対票は多くても二パーセントから四パーセント程度だ。一億株といえば、それをはるかに超える。業績は順調だったし、取締役もみな尊敬されていた。私の知る限り、マスコミやアナリストの批判の声は聞こえなかったし、こんなことが起きそうな前兆はまったくなかった。おかしなことだ。すると、一拍置いてアランが言った。「スティーブじゃないかと思うんですが」大株主のスティーブが、同じ取締役会のメンバーに反対票を投じたのだ。投票結果を発表するのは明日。四人の取締役に大量の反対票が投じられたことが公開されれば、マスコミで大騒ぎになることは間違いない。

私はスティーブに電話をかけた。「四人の取締役選任に反対したのは君か？」

「そうだ」

「どうして先に私に相談してくれないんだ？　大騒ぎになるぞ。社外に説明のしようがないじゃないか？　本人たちにも説明できない。君だってことはすぐにわかる。それに、あの四人はいい取締役だぞ！　なんで反対するんだ？」

「空間の無駄だから」とスティーブ。「あいつらは好きじゃない」私はその四人の弁護をはじめたが、すぐに無駄だと気づいた。スティーブに間違っているとわからせることなどできないのだ。「どうしてほしいんだ？」スティーブがやっと聞いた。

「投票を変えてほしい」

「変えられるのか？」

「変えられる」

「なら、変えるよ。君のために。だが、来年は反対するからな。絶対だぞ」

結局、そうはならなかった。翌年の株主総会が近づく頃には、スティーブの病状はかなり悪化していて、ほかのことに注意が向いていたからだ。そうした何度かの事件を除けば、スティーブは素晴らしく心の広いビジネスパートナーであり、賢い相談役だった。

マーベルについての質問に話を戻すと、次のピクサーかどうかはわからないが、才能ある人材と豊かなコンテンツを抱えた企業で、その権利を私たちが持てればライバルたちを大きく引き離すことができる、とスティーブに話した。アイクに連絡して、私の人柄を請け合ってくれるとすごくありがたいのだが、とスティーブに頼んだ。

「わかった。君がそう言うなら、アイクに電話するよ」スティーブ自身はこの手の会社に絶対に投資しないはずだし、コミック本やスーパーヒーロー映画を嫌っていたはずなのに、私を信頼して気持ちよく助けてくれた。翌日、スティーブはアイクに電話をかけてしばらく話をしてくれた。アイクでさえ、あのスティーブ・ジョブズから電話を受けたことに感動し、喜んでいた。スティーブは、ピクサーのディズニー入りは彼の期待をはるかに超えるほどいい結果になったこと、それは私がピクサーのブランドと人材を尊重するという約束をきっちり守ったからだということをアイクに伝えてくれた。

ずっとあとになって、マーベルの買収が完了したあと、アイクは、最初は私たちを疑っていたが、スティーブからの電話が決め手になったと教えてくれた。「君が約束を守る人間だと言っていたよ」とアイクは言っていた。スティーブが、最も影響力のある取締役としてよりも、友達として私を助けてくれたことが嬉しかった。たまに私がスティーブに何かを頼まなければならない時、「大株主の君にお願いしたいんだが」と言うと、彼はいつもこう返した。「そんな風に見ないでくれよ。失礼だぞ。僕は君の友達なんだから」

二〇〇九年八月三一日、アイクとはじめて会ってから数か月後、四〇億ドルでマーベルを買収することを発表した。事前に情報は漏れず、マスコミの憶測記事も出ていなかった。淡々と買収を発表し、その後の批判の嵐に備えた。マーベルが切れ味を失ってしまう！ディズニーは純粋さを失ってしまう！　四〇億ドルも使ってスパイダーマンさえ手に入れられないなんて！　買収を発表した日、ディズニーの株価は三パーセント下がった。

発表からしばらくして、オバマ大統領がローズガーデンに数人の大企業の経営者を招いて昼食会を開いた。コムキャストのブライアン・ロバーツ、フォードのアラン・ムラーリー、そのほか五、六人の経営者もそこにいた。昼食を取りながら、さまざまなビジネスについておしゃべりを交わしていると、大統領がマーベルの大ファンだと言う。昼食のあと、ホワイトハウスから出る車に、コムキャストのブライアンと同乗することになった。「マーベルのどこにそんな価値があるんだい？」車の中でブライアンが聞いてきた。知財が山ほどあるんだ、と答えた。「もう全部表に出てるんじゃないのか？」表に出ているものもあるが、掘り出し物もたくさんある、と答えた。ブライアンはその頃、NBCユニバーサルを所有するゼネラル・エレクトリックのジェフ・イメルトCEOとよく話をしていると教えてくれた（その後まもなく、コムキャストはNBCを買収した）。ジェフはブライアンに、マーベル買収の意味がわからないと言っていたらしい。「どうして四〇億ドルも出して、コミック本のキャラクターを買い漁るんだ？　この業界から出ていきたくなるよ」とジェフが話していたと言う。

私は笑顔で肩をすくめた。「どうかな、そのうちわかるよ」ほかのCEOたちがどう思うかは気にならなかった。宿題はきっちりやった。ディズニーとマーベルの両ブランドが並び立つことは時間が証明してくれるとわかっていたし、マーベルの中にほとんどの人が知らない掘り出し物が数多く隠れていることもわかっていた。私たちはマーベルについての調査を進める中で、およそ七〇〇〇のキャラクターを含む知的財産の一覧を作成していた。たとえ、スパイダーマンやほかの映画会社が持っている権利を手に入れられなくても、お腹がいっぱいになるほど豊富な掘り出し物が手に入る。マーベルにはコンテンツも人材もあった（実のところ、ケビン・ファイギ率いるマーベル・スタジオの才能あるクリエイターたちは、ずっと先を見据えていた。そのビジョンはのちに、マーベル・シネマティック・ユニバース、略してMCUとして実現した。ケビンが語ってくれたのは、次の一〇年間で複数の別々の映画のキャラクターを絡ませる計画で、とても賢いアイデアに思えた）。

私たちは手早くマーベルを統合した。アイクは今までと同じようにニューヨークから経営に携わる（出版、テレビ、映画も含まれていた）。ケビン・ファイギも引き続きカリフォルニアのマンハッタンビーチで仕事をし、アイクに報告することにした。はじめのうちはこのやり方で、少なくとも表面的にはうまくいっていた。映画はヒットを続けていたし、私たちがとんでもないミスでもするか、予想外の出来事に襲われるかでもしなければ、マーベルが期待をはるかに超える価値をもたらしてくれるのは、買収後の比較的早い時期に明らかになっていた。

とはいえ、業績以外の心配事はあった。それは、アイクとケビンの関係で、もっと正確に言うとケビンに対するアイクの態度だった。マーベルが次々と映画を公開するたびに、二人の関係は険悪になっていった。映画ビジネスはスリルと狂気に満ちている。ほかの伝統的な産業とは違う法則で動いている。直感だけに従って、賭けを続けなければならない。すべてがリスクだ。素晴らしいアイデアと一流のチームが集まっても、自分にはどうにもならないさまざまな理由で行き詰まってしまうこともある。脚本がうまくまとまらなかったり、監督とクルーの相性が悪かったり、制作会社と監督の方向性が違っていたり、思ってもみないような映画が先に公開されたりする。ハリウッドの華やかさにどっぷりと浸りすぎて、自分を見失ってしまう人は多い。逆にハリウッド的なものをバカにし過ぎて、自分を見失う人もいる。私はどちらのケースも繰り返し見てきた。

アイクはハリウッドをバカにしていた。マーベルの経費を管理していたアイクは、莫大な費用とますます膨らんでいくリスクに不安を感じていた。しかも、アイクはハリウッド文化を嫌い、映画制作のクリエイティブな側面にこれっぽっちも興味を持っていなかった。もともとそういう性格なのだ。アイクは脚本も読まず、ラフカットも見なかった。監督やプロデューサーや脚本家とアイデアを話し合うこともなかった。マーベルは長年多くの映画を公開してきたが、アイクがプレミアに出席したのはたった一度きり、最初の『アイアンマン』の公開時だけで、しかもあからさまにいやそうな顔をしていた。興行成績は好調だったが、経費も膨らんでいき、アイクは部下たちがまるで共謀して自分を利用しているように感じはじめ、嫌悪と不信を募らせていった。部下たちと五〇〇〇キロも離れていることで、不信は増幅され、時には被害妄想のようになっていた。

ケビン・ファイギは映画史上有数の才能あるクリエイターだが、アイクは彼をパートナーでも部下でもなくまるで敵《かたき》のように扱っていた。それが何気なく表れることもあれば、はっきりと表に出ることもあった。ケビンが望む俳優を揃えるのに必要な予算や、理想の制作レベルに達するために必要な予算を、アイクが許可しないこともよくあった。ケビンを完全に見下した調子で話していたし、俳優の契約から、制作費から、キャラクターグッズの可能性から、はたまたそうしたグッズがないことまで、何から何までケビンに反対した。それらすべてがケビンを蝕《むしば》んでいた。ケビンは痩せていき、ストレスで体調を崩すまでに追い詰められた。とうとう、ケビンはウォルト・ディズニー・スタジオのトップを務めるアラン・ホルンにもうやっていけないと打ち明け、会社を辞めるか、もしかしたら映画業界から出ていくしかないと直訴した。

アランはひどいことになっていると私に知らせてくれ、私とアランとでニューヨークに飛んでアイクに詰め寄り、今後は映画制作への口出しは無用だと伝えた。それ以前からアイクは、ケビンへの信頼を失ってしまったので、誰かと入れ替えたいと私にほのめかしていた。ではどうするのかと私が聞くたびに、まだいい人材が見つからないので、もう少し考えたいと言っていた。アランと私はアイクと夕食の席に座り、こう言った。「あなたの態度が原因でケビンが体調を崩しています。このままでは彼を失ってしまいます。それはできません」

私がケビンをかばうとアイクは激怒した。「あいつは君たちを裏切るぞ。自分のことしか考えてない奴だからな」私はまったくそう思わなかったが、もしそれが本当だとしたら、どうするんですかとアイクに聞いてみた。アイクは何も考えていなかった。

「だったら答えはひとつですね」と私は言った。改革が必要だった。

ケビンはアランの下に入り、アイクは引き続きマーベルのテレビと出版を担当するが、映画には口を出せないようにした。アイクはカンカンだった。彼はハリウッドを忌《い》み嫌っていた。彼は映画そのものにまったく興味はなかったが、マーベルの核になる事業の支配権を奪われたことでひどく傷ついていた。アイクに選択の余地はなかったので最終的には決定を受け入れたものの、その後私と彼の関係が元に戻ることはなかった。

誰かを解雇したり、権限を取り上げたりすることは、上司としておそらく最も難しい決断だ。すでに多くを成し遂げた人たちに悪い知らせを届けなければならなかったことが、私にも何度かある。その相手の中には友達もいたし、私が任命した場所で花開くことができなかった人もいた。クビを言い渡すのにいい方法などないが、私には自分の中で決めているルールがある。直接言い渡すこと。電話ではいけないし、メールやメッセンジャーなどはもってのほかだ。相手の目を見ること。誰かのせいにしないこと。決断を下すのは自分だ。ただし、その人の人間性ではなく、仕事の成果を評価すること。そしてあなたが決断を下したということを相手に知らせなければならない。クビにすると決めて呼んだら、世間話はいらない。私はいつも、こんな風に切り出す。「今日ここに来てもらったのは、難しい決断をしたからだ」それから、できるだけずばりと問題を指摘し、何がうまくいっていないのか、その状態がなぜ変わらないと思うのかをはっきりと簡潔に説明する。またこれが私にとって難しい決断であること、そして相手にとっては一層辛いことはわかっていると語ることにしている。このような場合に、上司がよく遠回しな表現を使うことも多いが、それはむしろ失礼だと私は思っている。痛みを伴わずにクビを言い渡すことはできないが、少なくとも正直に接することはできるし、こちらが正直に打ち明けることで相手はなぜこんな事態になったのかを理解し、たとえその場を去る時点では頭にきていても、いつかは気持ちを切り替えられるようになる。

アラン・ホルンがディズニー・スタジオのトップになったのは、私が前任者のリッチ・ロスを解雇したからだった。マーベルの買収直後にリッチをこの仕事に任命したのは私だった。その時は、自分が因習に囚われない大胆な人選をしたつもりだった。リッチには映画の経験はなかったが、ディズニー・チャンネルを大成功に導いた実績があった。大ヒットシリーズを何本か立ち上げ、他部門と連携してテレビで成功したキャラクターを全社で利用できるようにした。彼は子供向けテレビ番組を全世界の市場に広げることに成功していたが、テレビから映画制作部門の経営に移るのがどれほど大変かを私はわかっていなかった。おそらく、私自身が映画ビジネスの複雑さを充分に理解していないことも理由のひとつだった。私は大胆な人選に前のめりになり、リッチなら、たとえ閉鎖的なハリウッド文化の中でうまく道を切り開いた経験はなくても、ほかの人にない重要なスキルをこの仕事で発揮してくれると思ったのだ。

私はこれまで人事で大失敗を何度かしてきたが、リッチのケースはその中のひとつだった。トム・マーフィーとダン・バークは、私の能力と可能性に賭け、経験のない事業も任せてくれた。私はそのことを昔からありがたく思ってきた。だから同じようにリッチにも賭けてみたのだ。だが、彼にとってはあまりにも畑違いすぎて、一度つまずくと二度と立ち直れなかった。数年経っても、企画制作中の映画が少なすぎた。ディズニー内外の影響力のある制作パートナーたちはリッチへの信頼を失い、彼との仕事にあからさまに文句を言いはじめた（中でもアイクは最も手厳しく批判していた）。映画制作部門でうまくいっていることはほとんどなく、私の勘が間違っていたことは明らかだった。このまま何とか修正を目論《もくろ》んだり、言い訳したりするよりも、損失を最小限に留め、失敗から学び、急いで次に移った方がいいと思った。

リッチがまだディズニー・スタジオの会長だった時、当時ワーナー・ブラザースの共同会長だったボブ・デイリーが電話をかけてきて、アラン・ホルンにリッチの相談役になってもらうよう頼んでみるべきだと言う。アランはつい先ごろ、ワーナー・ブラザースの社長兼COOから降ろされたばかりだった。アランは六八歳で、これまでに『ハリー・ポッター』シリーズなどいくつかの大ヒット映画を手がけてきたが、タイム・ワーナーのジェフ・ビュークスCEOはもっと若い人材を映画制作のトップに就けたがった。

ボブがリッチの相談役にアランを雇ったらどうだと言ってきた時、アランはまだタイム・ワーナーとの契約に縛られていたが、一年後、リッチがもはや務まらないことが業界のみんなにも知れ渡った頃、ボブがまた電話をかけてきてアランを後釜に据えることを勧めた。私はアランをよく知らなかったが、彼の作品を尊敬していたし、人柄についても業界の内外で評判がいいことは知っていた。無理やり引退を強いられることが、アランにとって屈辱だということもわかった。私はアランを朝食に誘い、リッチの後任を探していることを説明した。その朝食の席でも、その後の二度にわたるミーティングでも、アランがまだまだ活躍できることを証明したがっているのはよくわかったが、何かに挑戦して失敗すればキャリアの最後に汚点が残ることを心配しているのもわかった。別の場所に移ってうまくいかなかったら最悪だと彼は言っていた。

「私も、もう失敗はできない」とアランに打ち明けた。それから数か月にわたって、映画部門の次のトップにアランを迎え入れられるかどうかを話し合った。アランの懸念のひとつは、私がどのくらい彼の仕事に口出しするかという点だった。私の承認がなければ大きなプロジェクトは進められないとアランには伝えた。「パーク&リゾート部門のトップが、私の許可なく二億ドルのアトラクションを作ることはできない。映画も同じだ」と私は言った。アランは、ワーナー・ブラザースでの最後はゴタゴタで辞めさせられてしまったものの、それまではほぼ完全な自由裁量があった。CEOのジェフ・ビュークスが映画に口出ししたくても、五〇〇〇キロも離れたニューヨークにいたのだ。「私は一〇メートルしか離れていない。それに、映画部門をすごく気にかけている。私が制作に首を突っ込むことを知った上で、決めてほしい。九九パーセントは君が作りたいものを作ることができる。だが、完全に自由というわけにはいかない」

最終的にアランは話に乗ってくれ、二〇一二年の夏にディズニー・スタジオのトップに就任した。アランを選んだのは、引退間近で経験豊富なアランなら、私たちがもう一度映画業界といい関係を築く助けになると思ったからだけではない。アランは自分の実力を証明したがっていた。映画制作のトップに就任すると、バリバリと活動をはじめ、そのエネルギーと集中力でディズニー・スタジオを一変させた。この本の執筆現在、アランは七五歳を超えているが、業界の誰よりも生き生き働き、切れ味の良さを発揮している。私の期待をはるかに超えた働きぶりを見せてくれている(興行収入が一〇億ドルを超えた二〇本ほどのディズニー映画のうち、およそ四分の三は、アランのもとで公開された)。しかも、アランは善良で、親切で、率直で、どんな人とも協力できる、素晴らしい人物だ。それは彼を雇い入れてわかったもうひとつの教訓だ。仕事ができる上に人としても尊敬できる人物を周りに置くこと。もちろん、倫理観の欠けた人をいつも見分けられるわけではないし、意外な側面があとになってわかることもある。最悪の場合、企業イメージに傷をつけ責任を問われるような言動に対処しなければならなくなることもある。経営者ならそれを避けて通ることはできないが、それでも周りの人に正直さと誠実さを求めるべきだし、倫理が欠けていればすぐに手を打つべきだ。

マーベルの買収は、私たちの最も楽観的な予測さえ軽々と超えるほどの成功を収めた。本書執筆時点で、マーベル二〇作目となる『アベンジャーズ/エンドゲーム』は公開初週に映画史上最高の興行成績を記録した。すべてのマーベル作品を平均しても、興行収入は一〇億ドルを超え、その人気ぶりはテーマパークやテレビやキャラクターグッズにも、予想しなかったほどの広がりを見せている。

同時に、マーベル映画は興行成績以上に、ディズニーとポップカルチャーに大きな影響を与えた。二〇〇九年以来、ケビンとアランと私は、そのほか数人と四半期に一度会って今後のマーベルの青写真を描いてきた。すでに制作中のプロジェクトについても話し合うし、まだほんの思いつき程度のものについても話し合う。これから世の中に出せるキャラクターはどれかと検討し、どの続篇やシリーズ物をMCUに加えたらいいかもじっくりと考える。ここで、俳優や監督を検討し、さまざまな物語をどうクロスオーバーさせるかに頭を絞る。

このミーティングの前に、私はよく手元のマーベル百科事典を頼りに、たくさんのキャラクターに没頭し、映画にしたくなるキャラクターはないかと探してみる。昔ケビン・ファイギがアイクの下にいた頃には、映画の制作判断はニューヨークのチームが行なっていた。私は一度、多様性がないのは問題だと訴えてみた。マーベル映画の主人公はそれまでほとんど白人男性だった。それは変えた方がいいと言うと、ケビンは同意してくれたが、ニューヨークのチームは乗ってくれないのではないかと心配していた。私がニューヨークのチームに電話をかけ、この件を相談してみた。すると、「女性のスーパーヒーローものには絶対に客が集まらない」と言われた。また、海外のファンは黒人のスーパーヒーローものは見たがらないと彼らは思い込んでいた。

私は、この手の古臭い「常識」が本当だとは思えなかった。そこで、どの新しいキャラクターを映画にできるかを話し合いはじめた。ケビンが挙げたのはブラックパンサーだ。ちょうど、『シビル・ウォー／キャプテン・アメリカ』の中でブラックパンサーを登場させることになっていて、アランも私も興味を持った。『42～世界を変えた男～』でジャッキー・ロビンソンを演じ、数々の賞に輝いていたチャドウィック・ボーズマンがブラックパンサー役に決まっていた。チャドウィックは人を惹きつけて離さない演技力のある俳優で、彼がマーベル映画の主人公を演じる姿はすぐに目に浮かんだ。

同じ頃に、マーベルのテレビとコミック本の部門を率いていたダン・バックリーから、現代アメリカ文学の旗手として名高い作家のタナハシ・コーツがブラックパンサーのコミック本を書いていると聞いた。ダンにコミックを送ってもらい、タナハシがブラックパンサーのキャラクターに深みを与え、美しい物語にしていることに目をみはった。私はそのコミック本に没頭し、本を読み終える前に、私の頭の中の「かならず映画にすべきキャラクター」のリストにブラックパンサーを加えた。

黒人のスーパーヒーローものには客が集まらないと思い込んでいたのは、ニューヨークのマーベルチームだけではない。ハリウッドでは昔から、黒人キャストが大半を占める映画や、黒人が主役の映画は海外市場でウケないと思われていた。そのせいで、黒人が主役になる映画はあまり制作されず、黒人俳優の起用も少なく、興行収入が見込めないというリスクのせいで予算もつきにくかった。

私もこの業界に長くいるので、そうした古臭い「常識」はすべて聞き尽くしていたが、それがただ古く、今の世界にそぐわない、またあるべきでない思い込みだということもわかっていた。だからこそ、そこに偉大な映画を作る可能性があり、またアメリカの中で過小評価されてきた市場を表に出すチャンスでもあり、この二つの目標は両立できるはずだった。私はアイクに電話をかけ、ニューヨークのチームに邪魔をしないよう伝え、『ブラックパンサー』と『キャプテン・マーベル』をどちらも制作するよう命じた。

アイクは私の要求を受け入れた。早速『ブラックパンサー』の制作を開始し、そのあとすぐに『キャプテン・マーベル』が続いた。どちらも業界の予想をしのぐ興行成績をあげた。本書執筆時点で、『ブラックパンサー』は史上第四位の興行収入を記録したスーパーヒーロー映画になり、『キャプテン・マーベル』は一〇位に輝いている。どちらの興行収入も一〇億ドルをはるかに超えている。どちらも海外で大成功した。そして、この二本の映画が文化に与えた影響はさらに大きい。

『ブラックパンサー』のプレミアでドルビーシアターにつめかけた人々と共にこの映画を見たことは、私のキャリアの中でも忘れられない体験のひとつになった。それまで、この映画は自宅で試写をしたり、スタジオで少人数で見ただけだった。この映画に特別な何かがあることはわかっていたが、人々がそれをどう受け止めるかはわからなかった。私はこの映画を世界に披露し、観客の反応をこの目で見て肌で感じる日が待ちきれなかった。プレミアの夜、照明が落ちるずっと前からドルビーシアターの中にはビリビリするような活気がみなぎっていた。これまでに見たこともない何か、歴史的な何かが起きそうな予感があったし、映画の出来はその期待をはるかに超えていた。

プレミアのあと、私がこれまで関わってきたどの仕事よりも多くの電話や手紙を受け取った。スパイク・リー、デンゼル・ワシントン、そしてゲイル・キングも連絡をくれた。オバマ前大統領にも映画を送っていたが、その後、前大統領本人からこの映画がどれほど重要だと信じているかを聞かされた。オプラ・ウィンフリーも手紙をくれて、この映画は「あらゆる意味で社会現象」であり、「小さな黒人の子供がこの映画を見て育つと思うと涙が出てくる」と言ってくれた。

私が作ってきたものの中で、『ブラックパンサー』ほど誇らしく思える作品はない。公開初週のあとで、この映画への誇りをみんなと分かち合いたいと思い、全社員に向けて次のようなレターを送った。

## 親愛なる社員のみなさん

『ブラックパンサー』についての素晴らしいニュースをみなさんと分かち合うにあたって、「ワカンダよ、永遠に！」とつい口にしたくなってしまいます。

マーベルの『ブラックパンサー』は、究極の傑作映画です。映画制作のさまざまな側面で成功を収め、観客の琴線に触れ、心を開き、同時に数百万の人々を楽しませ、最も楽観的な予測さえはるかに上回る興行成績をあげています。世間の常識を覆したこの映画は、公開初週で国内二億四二〇〇万ドル、公開四日で見ると映画史上二番目に高い興行収入を記録しています。現時点での世界での興行収入は四億二六〇〇万ドルを超えましたが、まだ多くの主要市場でこれから公開が予定されています。

また、『ブラックパンサー』はまたたく間に社会現象になり、議論を巻き起こし、内省を生み出し、老若男女に勇気を与え、古臭い業界の常識を打ち破りました。

この偉大な会社のＣＥＯとして、私はディズニーの創作物への意見をこれまでも多く聞いてきました。ですが、この仕事に就いてからの一二年間で、『ブラックパンサー』に寄せられたほど圧倒的な興奮、賞賛、尊敬、感謝を受け取ったことはありません。多様な声と考え方を世の中に広めることがどれほど重要か、そして芸術とエンターテイメントの世界で多様性が表現され、鑑賞されることがどれほど社会に対して大きな力を持つかを、このことは教えてくれています。この映画の成功は、ディズニーという企業が大胆で独創的なプロジェクトを進めることに誰よりも前向きで、斬新なビジョンを完璧に実現する力があり、ヒーローやロールモデルや偉大な物語を必要としている世界に非凡な娯楽作品を提供することに全力を注いでいるという証でもあるのです。

第11章　スター・ウォーズ継承

マーベルへの投資がどれほどの成果をもたらしたかを、スティーブに見てほしかったと心から思う。おそらくスーパーヒーロー映画なんて彼にとってはどうでもよかったかもしれないが（それでも、『ブラックパンサー』と『キャプテン・マーベル』が業界の思い込みを覆したことを、喜んでくれたはずだ）、彼のおかげでアイクを説得でき、マーベルがディズニーのもとで大輪の花を咲かせたことを誇りに思ってくれただろう。

スティーブが亡くなって以来、何かに成功するたび、興奮の最中に「スティーブにここにいてほしかった」という想いがかならず心をよぎった。もし彼が生きていたら交わしたはずの会話を、頭の中で交わさずにはいられなかった。

二〇一一年の夏、スティーブと彼の妻のローレンがロスの私たちの自宅に来てくれて、私たち夫婦と夕食を共にしてくれた。その頃にはスティーブはガンの末期で、ガリガリに痩せ、見るからに痛々しかった。元気はなく、しゃがれ声を絞り出して話していた。それでも、私たちと共に夕べを過ごしたいと言ってくれた。ひとつには、私たちが何年も前に成し遂げたことを祝うのが目的だった。私たちは四人で食卓を囲み、夕食前にワインを掲げた。「偉業を成し遂げたな。二つの会社を僕らが救ったんだ」

四人とも、泣きそうになった。スティーブの誰よりも温かく優しい面が現れた瞬間だった。ピクサーはディズニーの一部にならなければ今のような形の成功はなかったし、ディズニーはピクサーを取り込んだことでふたたび活力を取り戻せた。私は知り合ってまもない頃のスティーブとの会話を思い出し、彼に電話をかけた時どれほど自分が緊張していたかを考えずにはいられなかった。たった六年前のことなのに、前世の出来事のように感じられた。スティーブは私にとって仕事でも私生活でも大切な存在になっていた。グラスを掲げながら、私は妻のウィローを見ることができなかった。ウィローは私よりもずっと前からスティーブを知っていた。知り合ったのは一九八二年で、スティーブはアップル創業者としてまだ若く生意気でキラキラと輝いていた。今目の前にいるスティーブは、痩せ細って弱々しく、あと数か月の命だと見てとれた。そんなスティーブを目にするのが妻にとってどれほど辛いことかはよくわかった。

スティーブは二〇一一年一〇月五日に亡くなった。パロアルトでの埋葬に呼ばれたのは二五人ほどだった。スティーブの棺《ひつぎ》を囲んだ私たちに、ローレンが何か言葉をかけたい人はいるかと聞いた。私は何も準備していなかったが、ピクサー買収の発表直前にスティーブとキャンパスを歩いた時のことが頭に浮かんだ。

あの時の会話を打ち明けたのは、法律顧問のアラン・ブレイバーマンと妻のウィローだけだった。妻にはあの日の感情の高ぶりを話さずにはいられなかったのだ。スティーブの人となりが表れたあの瞬間を思い出し、棺の前で話をした。スティーブが私を脇に寄せたこと。ピクサーの中庭を歩いたこと。ガンが再発したと教えてくれたこと。スティーブが誠実に、私とディズニーにこの秘密をきちんと伝えるべきだと思ってくれたこと。息子が高校を卒業して大人の入り口に立つまで生きていたいと語ったこと。

葬儀のあと、ローレンが近寄ってきて、こう言った。「あの話は私も聞いていたわ。でも、まだ話してないことがあるの」あの晩スティーブが帰宅したあとの出来事を、ローレンは教えてくれた。「夕食のあとで子供たちがいなくなったあと、スティーブに『話した？』って聞いたの。そしたら、『話した』って。私は『信頼できる人？』って聞いてみた」私たちはスティーブの墓を背にして立っていた。夫を埋葬したばかりのローレンは、私に大切な贈り物をくれた。あの日から毎日のように、私はその贈り物を頭に思い浮かべている。もちろん、スティーブのことも毎日思い出す。「あなたを信頼できるかって聞いたの。そしたら、スティーブはこう言ったわ。『ああ、すごくいい奴だ』って」

私も同じ気持ちだった。

マーベルの件でクパチーノにスティーブを訪ねた時、ほかに買収を考えている会社はあるかと聞かれた。ルーカスフィルムの名前を出すと、「ジョージに電話してみるといい」と言われた。スティーブはジョージ・ルーカスからピクサーを買っていて、ジョージとは長年親しく付き合っていた。「聞いてみないと、わからないから」とスティーブは言う。「もしかしたら興味を持つかもしれないぞ。いつか二人でジョージのスタジオに行ってランチでもしよう」

だが、結局その約束は叶わなかった。まもなくスティーブの病状が悪くなり、ディズニーとの関わりが薄れてきたからだ。しかし、マーベルの買収を終えてからずっとルーカスは買収候補のトップに挙がっていて、私はジョージの気分を害さずに、彼の創り上げた奇跡の世界を彼の方から私たちに売りたいと思わせるにはどうしたらいいかを考え続けていた。

マイケル・アイズナーは一九八〇年代半ばにジョージとライセンス契約を結び、スター

・ウォーズとインディ・ジョーンズのアトラクションをディズニーのパーク内に作っていた。そして、二〇一一年の五月にふたたび、一年間の改修工事期間を経て、ディズニーワールドとディズニーランドの中にスター・ウォーズのアトラクションを（スター・ツアーズと名付けて）オープンすることになった。このアトラクションの新装オープンを記念して、ジョージがオーランドまで来てくれることがわかったので、私はそこに合流することにした。普段なら新しいアトラクションのオープニングはパーク&リゾート部門のトップに任せて私は出席しないのだが、この時はジョージにそれとなくこの件を匂わせて彼に売る気があるかどうかを探ることができるかもしれないと思ったのだ。

ジョージと私の関係は、私がABCエンターテイメントを経営していた時代に遡る。『ツイン・ピークス』が成功すると、ハリウッドで最も尊敬されている監督たちが私たちとテレビシリーズを作ることに興味を示しはじめた。私はジョージに会い、若きインディ・ジョーンズが世界中を旅して回る物語をテレビ番組にしたいという相談を受けた。「どのエピソードからも歴史が学べる」とジョージは言っていた。インディが毎回、チャーチルやフロイトやドガやマタ・ハリといった歴史上の偉人と絡む番組になる。私はその場でオーケーを出し、一九九二年に『マンデー・ナイト・フットボール』の直前の時間帯に『インディ・ジョーンズ／若き日の大冒険』を放送することにした。滑り出しは絶好調だったが、そのうち視聴者は歴史の授業に飽きてきて、視聴率は下がっていった。ジョージは約束した内容をすべて届けてくれたし、相手があのジョージ・ルーカスとあればもうひとシーズン続けて視聴者が戻るか試してみる価値はあると私は思った。視聴率は回復せずじまいだったものの、私がこの番組にセカンドチャンスを与えたことに、ジョージは感謝していた。

オーランドでスター・ツアーズが新装オープンした日、私はジョージと一緒に朝食を取るようにお膳立てした。場所はスター・ツアーズ近くのブラウン・ダービーというレストランだ。そのレストランは通常、ランチ前には開店しないので、ほかに人を入れず私たちだけのためにテーブルを準備するよう頼んだ。到着したジョージと婚約者のメロディー・ホブソンは、私以外に誰もいないのを見て驚いていた。私たちは腰を下ろして素敵な朝食を楽しんだ。朝食の時間も半分ほど過ぎたところで、売却を考えたことはあるかとジョージに聞いてみた。ジョージを怒らせないように気をつけながらも、誤解のないようにずばりと聞くよう努力した。ジョージはその時六八歳だった。私はこんな風に話しかけた。

「ジョージ、もしこの話がいやだったらやめるからそう言ってほしい。でも聞いてみる価値はあると思ったんだ。この先どうするつもりだい？　君の後継者はいないだろう。誰かが権利を持っても、きちんと管理してくれるだろうか？　君の遺産を守り、次の世代に引き継ぐ人を、君が決めるべきじゃないだろうか？」「まだ売る気になれない」とジョージは言う。

私の話にジョージはうなずいていた。

「だが、君の言うことはもっともだ。もし売ると決めたら、君以外にいない」ジョージは『インディ・ジョーンズ／若き日の大冒険』のことを思い出し、視聴率が振るわなかったのに私がシーズン継続の許可を与えたことがどれほどありがたかったかを語った。そして、彼の方からピクサーの話を持ち出した。スティーブが以前にその件についてジョージに話していたに違いない。「あのやり方はよかった。ピクサーによくしてあげた。もし私の気が変わったら、かならず君に声をかけるから」

その時にジョージが言ったもうひとつのことを、私はその後の彼との会話で毎回心に留めていた。「私が死んだら、追悼記事の一行目は〝スター・ウォーズの生みの親、ジョージ・ルーカス〟ではじまるな」スター・ウォーズはジョージの人となりの一部だった。そのことはもちろんわかっているつもりだったが、ジョージが私の目を覗き込んでそんな風に言うのを聞いて、今回の話し合いで一番大切な要素が何かを改めて感じることになった。この話し合いは、企業買収の交渉とは違う。ジョージの遺した伝説を誰が守るかを決める話し合いになる。いつもそのことに細心の注意を払っておかなければならないと肝に銘じた。

ケビン・メイヤーとそのほかのメンバーは、喉から手が出るほどルーカスフィルムを欲しがっていた。マーベルとその前のピクサーもそうだったが、ルーカスフィルムはディズニーの戦略にぴったり一致していたからだ。ケビンたちは歯ぎしりしていたが、フロリダで話をしたあと、こちらからジョージには連絡しないことにした。もし話が先に進むとしたらそれは、ジョージ自身が売却したいと決めたからでなければならない。私はジョージを尊敬していたし彼が大好きだったので、決めるのは彼だということを知っていてほしかった。だから待っていた。オーランドでの朝食から七か月後、ジョージが電話をかけてきてこう言った。「オーランドで話した例の件について、ランチでもしながらもっと話したい」

バーバンクのディズニー本社で昼食を取ることにして、私は聞き役にまわり、ジョージに話してもらうことにした。ジョージはすぐに本題に入り、例の会話がずっと頭に残っていて、真剣に売却を考えていると言う。それから、「ピクサーのようにしてほしい」と言った。ジョージが売却に前向きだと聞いて心が躍ったが、「ピクサーのように」と言う意味はわかったし、その瞬間に交渉は一筋縄ではいかないことを覚悟した。もちろんルーカスフィルムにはかなりの価値があるはずだとは思っていたが、少なくともその時点の分析に基づけば七四億ドルもの価値はなかった。ピクサーを買おうとしていた時にはすでに六本の映画がさまざまな制作段階にあり、公開時期のおおよその目処もついていた。つまりかなり早期に投資を回収する見通しが立っていた。そのうえ、ピクサーは世界でも一流のエンジニア、経験豊富な監督、そしてアーティストと脚本家を多数抱えていて、本格的な制作インフラも整っていた。ルーカスフィルムには、テクノロジー側には優れた社員も多くいたが、監督はジョージだけで、制作段階の映画もなければ、企画中の作品も私たちが知る限りは存在しなかった。企業価値について見当をつけようとしていくらか分析は行なってみたし、ケビンと私でどのくらいの価格なら支払えるかについて話し合ってはいたものの、ルーカスフィルムは上場企業でないため財務情報が手に入らず、私たちが知らないことや私たちからは見えない部分も多かった。私たちの分析は一連の推測に基づくもので、そこから財務モデルを組み立て、過去の映画やテレビ番組の作品リストの価値と出版とライセンス資産の価値を計算していた。また、スター・ウォーズのブランド価値と、ルーカス自身が設立した特殊効果の開発企業であるインダストリアル・ライト・アンド・マジック社の価値も組み入れた。

その上で、精度は低いが、ルーカスフィルムがディズニー傘下に入った場合に何ができるかを予測してみた。買収後最初の六年間で一年おきにスター・ウォーズ映画を公開できるだろうとは見当をつけていたが、今制作中の映画はなかったので、出だしには時間がかかることが予想された。この分析を行なったのは二〇一二年のはじめで、その時点では、急いで買収を完了すれば二〇一五年五月にはディズニー傘下で初のスター・ウォーズ映画が公開できるだろうと当たりをつけた。すると、次とその次の公開予定が二〇一七年と二〇一九年になる。それからこれらの映画のグローバルな興行収入を弾き出したが、最後に公開された『スター・ウォーズ　エピソード3／シスの復讐』は七年前の二〇〇五年だったため、今後の興行収入の予測はかなり当てずっぽうに近かった。これまでのスター・ウォーズ作品すべてのレビューとそれぞれの興行収入をケビンが一覧にまとめてくれて、今後の三作品で少なくとも一〇億ドルの興行収入は見込めるだろうという結論に落ち着いた。

次に当たりをつけたのはライセンス収入だ。スター・ウォーズは相変わらず子供たちに人気があり、レゴ・ミレニアム・ファルコンを集めたりライトセーバーで遊んだりしている幼い男の子には特に人気があった。これまでの私たちのキャラクターグッズ事業では、ライセンス収入がなかったので、ここにライセンス事業が加わることには大きな価値があった。最後に、ディズニーのテーマパークでスター・ウォーズをどう利用できるかを考えた。すでに三つのパークではスター・ツアーズのアトラクションに対して権利使用料をルーカスフィルムに支払っていたことも考慮に入れた。アトラクションについては大きな夢はあったものの、まだ未知の部分があまりにも多かったので、ここについてはほとんど価値のないものとして考えざるを得なかった。

ジョージの気持ちの中では、ルーカスフィルムはピクサーと同じくらいの価値があった。だが、私たちの比較的大雑把な分析から見ても、ルーカスフィルムにそこまでの価値はなかった。いつかそうなる可能性はあったが、そこにたどり着くには何年もの努力が必要だと思われたし、偉大な作品を作り出さなければその夢に到達しないことはわかっていた。ジョージを怒らせたくはなかったが、誤解させたくもなかった。交渉にあたって、相手が聞きたいことをほのめかしたり約束したりして、あとで前言を翻すことになれば最悪だ。はじめから、自分の立ち位置をはっきりさせていなければならない。ただ交渉のきっかけを摑むためとか、話を進めるためだけにジョージを誤解させてしまったら、あとでしっぺ返しを食らうのは目に見えていた。

そこで、私はすぐにこう言った。「ジョージ、ピクサーと同じというわけにはいかない」そして、その理由を説明した。早い時期に私がピクサーを訪れた時のことや、そこで独創性のある資産をたくさん発見したことを語った。

ジョージは一瞬むっとしたようで、そこで話は終わりになるかと思った。だが、彼はこう言った。「そうか、じゃあどうする？」

私は、ルーカスフィルムをもっと細かく見たいので、協力してほしいと頼んだ。守秘義務契約を結び、社内で噂にならないような形で調査をしたいと申し出た。「CFOか財務のことがわかっている人に収益構造を説明してもらうだけでいい」と言った。「少人数でそちらに伺って、手早く済ませる。大ごとにはしない。ほんの数人以外には誰にもわからないようにする」

ほとんどの場合、私たちは企業価値とそれほど違わない買収価格を提示する。弾き出した資産価値よりかなり低い価格を提示して、できれば安く買い叩こうとする買い手は多いが、それでは交渉相手を敵に回してしまうことになりかねない。「数字をいじくり回したりはしない」とジョージに伝えた。買収価格をできるだけ早く提示するし、その価格は取締役と株主と投資家たちが納得できるものでなければならないことを話した。「私は低い価格からはじめて交渉で落とし所を見つけるようなことはしない。スティーブの時と同じようにやるつもりだ」

ジョージは私たちに必要な情報を与えてくれたが、それでもはっきりと価値を弾き出すのは相当に難しかった。いい映画を素早く公開する力が私たちにあるかどうかが大きな不安要素だった。買収価格の算定に制作側の人間は関わっていなかったので、長期的な作品供給の見通しは立てづらかった。すぐに公開できる作品はなかったので、制作面でのリスクやスケジュール通りに映画が公開できるかといったリスクは大きく、財務分析は映画の興行収入がもとになっていたので、正確な価値を算出することはほぼ不可能だった。

そんなわけで私はジョージに電話して、だいたいこのくらいの価格という幅までは弾き出したが、具体的な価格提示はもう少し待ってほしいと伝えた。私たちが算出した価格帯は、三五億ドルから三七億五〇〇〇万ドルのあいだだった。「ピクサー価格」に届かないのは仕方がないとしても、マーベルより低い価格をジョージは受け入れないだろうとは感じていた。私はケビンたちと合流し、もう一度分析を見直した。興行収入の予想を水増ししたくはなかったが、ジョージに提示した上限の価格よりも少しだけ多く支払える余裕はありそうだった。とはいえ、そうなると映画の公開時期と興行収入にはるかに大きな期待がかかる。六年で三本作れるだろうか？　スター・ウォーズ映画となると、扱いにはかなりの慎重さが求められる。最終的に、ケビンと話し合って、四〇億五〇〇〇万ドルまでは出せると考えた。これならマーベルより少しだけ高くなる。ジョージはすぐに合意した。

実はここから難しい交渉がはじまった。ジョージがどこまで制作に関わるかが問題だった。ピクサーの場合には、ジョンとエドが引き続きピクサーを率いて、さらにディズニー・アニメーションの経営も引き受けることが、買収の条件だった。ジョンはチーフ・クリエイティブ・オフィサーになり、私に報告していた。マーベルの場合には、私がケビン・ファイギと彼の率いるチームに会い、彼らがどんな作品を制作中かを聞いて、綿密に協力しながら今後の公開予定を決めた。ルーカスフィルムに関しては、制作を支配しているのはただひとり、ジョージだけだった。そのジョージは、ディズニーの社員にならずに、映画制作の支配を保ちたがっていた。私としては、四〇億ドルも支払っておきながら、「この会社はまだあなたのものです。好きな映画を好きな時に作ってください」とは言えない。それでは経営者としてあまりにも無責任だ。

映画業界でジョージほど尊敬されるクリエイターはほとんどいない。これまで、スター・ウォーズはジョージだけのものだった。これから会社を売ろうという人間が、自分に何でも自由に作らせせろと要求するのが道理に合わないことは頭でわかっていても、現代最高の神話を創り上げたことが彼の人格そのものになっていた。それを手放すのが辛いのは当たり前だし、私もそのことには充分気を遣っていた。ジョージを侮辱するようなことは絶対にしたくなかった。

とはいえ、これだけの金額を投資するからにはジョージの思い通りにさせるわけにはいかなかったし、彼にそう切り出せば買収そのものを危険に晒す可能性があった。実際にそうなった。価格にはすぐに合意したものの、ジョージの役割をめぐって数か月間行ったり来たりを繰り返した。これからも続いていくスター・ウォーズのシリーズを手放すのはジョージにとって難しく、私たちにとってはそれを支配できなければ買収する意味がなかった。交渉は、堂々巡りになった。ジョージは遺産を簡単に手放すわけにはいかないと言い、私はスター・ウォーズを支配できなければ買えないと言い、交渉は二度暗礁に乗りあげ、買収は中止になった（一度目は私たちから買収中止を申し入れ、二度目はジョージから売却中止の申し入れがあった）。

そんなある時、ジョージが三本の続篇映画のあらすじを完成させたと教えてくれた。そのあらすじを三部ずつ送ってもらうことになった。一部は私に、もう一部はアラン・ブレイバーマンに、そしてもう一部は映画制作部門のトップとして雇われたばかりのアラン・ホルンに送ってもらった。私はアラン・ホルンと一緒に、送ってもらったあらすじを読み、これは是非手に入れたいと考えたが、同時にジョージが描いた筋書きに従う義務はないことも、契約の中ではっきりさせていた。

最終的に買収交渉を救ったのは、間近に迫ったキャピタルゲイン税制の改正だった。二〇一二年末までに売却を完了しなければ、ルーカスフィルムの所有者であるジョージは、およそ五億ドルもの損をすることになる。もし彼が私たちに会社を売る気ならば、早急に話をまとめる必要があったのだ。私が制作面の支配権を譲らないことをジョージはわかっていたが、それを受け入れるのは彼にとってやさしいことではなかった。しかし、私たちが求めれば彼が相談に乗るという条件にいやいやながら合意した。ジョージのアイデアを歓迎することを私は約束したが（もちろん、あのジョージ・ルーカスが相談に乗ってくれるなら大歓迎だった）、例の続篇の筋書きと同じでそれを採用する義務はなかった。

二〇一二年一〇月三〇日、ジョージが私のオフィスにやってきて、二人で机につき、ディズニーがルーカスフィルムを買収する合意書に署名した。ジョージは感情を表に出さないように必死に努力していたけれど、その声と眼差しから彼がどれほど感情的になっているかは見てとれた。我が子同然のスター・ウォーズを手放そうとしていたのだから、無理もなかった。

ルーカスフィルムの売却に署名する数か月前、ジョージはキャシー・ケネディを雇い入れて、経営を任せることを決めていた。キャシーはかつて夫のフランク・マーシャルと、スティーブン・スピルバーグと共にアンブリン・エンターテイメントを創業し、『E.T.』や『ジュラシック・パーク』シリーズや数多くのヒット映画を制作していた。ジョージがキャシーを雇ったことは、ある意味で興味深かった。ディズニーへの売却の最終段階に入って突然、自分の会社の運営と次回作を任せる人物を決めたということだ。キャシーを雇ったこと自体は悪くはないが、私たちにとっては不意打ちだったし、キャシーもこれから自分が経営しようという会社がすぐに売却されると知って驚いたはずだ。キャシーは伝説のプロデューサーで、仕事のパートナーとしても非の打ち所がない。キャシーを雇い入れたことは、ジョージにとって自身の遺産を信頼できる誰かに守ってもらうための、最後の一手だったのだろう。

二〇一二年末に買収が完了すると、キャシーとアランと私は制作チーム探しに入った。その末に、J・J・エイブラムスを説得してディズニー傘下での第一作目となるスター・ウォーズの監督になってもらい、脚本家には『トイ・ストーリー3』と『リトル・ミス・サンシャイン』の脚本を書いたマイケル・アーントを雇うことにした。JJが監督を引き受けてくれたすぐあとに私はJJと一緒に夕食を取った。私たちはABC時代からの知り合いで、当時JJは『エイリアス』や『ロスト』といった多くの人気番組を制作していた。私は彼とじっくり話し合い、これまで私たちのどちらもがやってきたことよりはるかに大きなものが、今回の映画にかかっていることを一緒に確認したかった。その晩、夕食の途中に私は、「これは四〇億ドルの映画だな」と冗談を言った。つまり、ルーカスフィルムの買収が成功するかどうかは、この映画の成功にかかっているという意味だ。あの冗談にはまったく笑えなかったとJJはあとで打ち明けてくれた。

もし失敗すれば、JJも私も失うものは大きかった。だが、ジョージ・ルーカス以外の人間がはじめてスター・ウォーズ映画を作るという重荷を二人で分かち合えたことを、J

Jがありがたく感じているのはわかった。ストーリーの展開を最初に話し合った時から、撮影現場や編集室を訪れた時までずっと、幾度となく交わしたやりとりの中で、私はこのプロジェクトのパートナーであって、経営者が監督に商業的に成功する映画を作らせようとプレッシャーをかけているわけではないことを、JJにわかってもらえるよう努力した。私たちのどちらも、すでに充分すぎるプレッシャーを感じていたので、JJには悩んでいる問題があればいつでも私に連絡できるとわかってほしかったし、私も考えていることがあればいつでもJJに連絡することを知っていてほしかった。私は彼を支える存在であり、協力者であって、肩書きや虚栄や義務感からこの映画に自分の名前を刻みたいと思っているわけではなかった。幸い、JJと私は感性も好みも似ていて、何が問題で何がうまくいっているのかについてだいたい意見が一致した。ロサンゼルス、ロンドン、アイスランド、スコットランド、そしてアブダビでの長期にわたる制作と編集の過程で、JJは素晴らしいチームプレーヤーであり、この映画の壮大なスケールと、ジョージに対して、スター・ウォーズのファンに対して、報道陣や投資家に対して、制作陣が担っている責任の重さを一度も忘れることはなかった。

これほどの大きな挑戦になると、どう対処すればうまくいくといった決まりはない。だが一般的には、高いリスクのあるプロジェクトの場合、仕事をしている人たちに余計なプレッシャーをかけてもいいことはあまりない。自分の不安をチームに押し付けても、逆効果なだけだ。トップが部下のストレスを理解し、負担を分かち合っていることを伝えるのと、トップが自分のストレスを和らげるために結果を出せと部下の尻を叩くのとでは、微妙だが大きな違いがある。今回のプロジェクトに何がかかっているかを制作陣に念押しする必要などなかった。私の仕事は、彼らが制作面や実務上の問題にぶつかった時に大きな方向性を見失わないように導き、最善の解決策にたどり着くように手を差し伸べることだった。時にそれは、より多くのリソースを割り当てることだったり、脚本の新しい草稿について話し合うことだったり、延々と続く未編集の映像や数えきれないほどのカットを見たりすることでもあった。JJとキャシー・ケネディとアラン・ホルンに、私が彼らを信頼していること、そしてこの映画を任せるにふさわしいのは彼ら以外にいないことを改めて伝えるのもまた、私の仕事だった。

とはいえ、滑り出しは順調とはいえなかった。プロジェクトが始動したばかりの頃に、キャシーはJJとマイケル・アーントを連れて、北カリフォルニアのスカイウォーカー・ランチにジョージを訪ね、次回作の構想を話した。彼らがあらすじを説明しはじめたとたんに、ジョージは動揺した。買収の交渉中にジョージが渡したあらすじを使っていないことにショックを受けたのだ。

　実はその前に、キャシーとJJとアランと私で、スター・ウォーズシリーズの今後の方向性について話し合い、ジョージが描いたあらすじとは違うものでいくことに決めていた。もちろん、契約上は私たちがジョージのあらすじに従う義務がないことは彼もわかっていたが、彼の差し出した物語を私たちが買い入れたことが、彼のあらすじに従うという暗黙の約束だと考えていたのだろう。だから、私たちがジョージのあらすじを捨ててしまったことに、彼はがっかりしていた。私は最初の会話から彼にどんな誤解も与えないように気をつけてきたつもりだったし、今振り返っても誤解させるようなことは言っていないと思うものの、もっとうまく扱えたはずだった。ジョージがJJとマイケルに会う前に、私たちがすでに話し合いをして、別の方向に行った方がいいと感じていたことをジョージに伝えておくべきだった。前もってジョージにきちんと理由を説明しておけば、不意打ちで怒らせるようなことは避けられたかもしれない。だが、スター・ウォーズの未来についての最初の話し合いでジョージは裏切られたと感じてしまった。ジョージにとってはこのすべてのプロセスが辛いものだったのは間違いないが、しょっぱなから避けられたはずのゴタゴタを抱えてしまったのだった。

　ジョージを怒らせてしまったことに加えて、ほかにも難題が待っていた。マイケルは数か月のあいだ悪戦苦闘しながら脚本に取り組んでいたが、とうとうＪＪとキャシーはマイケルの代わりに、過去に『帝国の逆襲』と『ジェダイの帰還』の脚本をジョージと共同で執筆したラリー・カスダン（『レイダース／失われた聖櫃《アーク》』や『再会の時』も彼の作品だ）に脚本を書いてもらうことにした。ラリーとＪＪは急いで草案を書き上げて、二〇一四年春には撮影を開始した。

もともとの公開予定は二〇一五年五月だったが、滑り出しでの脚本の遅れやその後のゴタゴタもあり、公開は一二月に延びることになった。ということは、スター・ウォーズの収益が反映されるのは二〇一五年度の業績ではなく二〇一六年度の業績になる。私は取締役会にも投資家にも、ルーカスフィルムへの投資回収は二〇一五年にはじまると言っていたが、それは叶わなくなった。数億ドルという収益が今期から来期にずれることになる。大問題というほどでもなかったが、何らかの手を打つ必要があった。

映画制作会社がよくやってしまう最悪の失敗は、一旦決めた公開日にこだわりすぎて、内容の判断がおろそかになったり、まだ生煮えの状態で編集を急がせてしまうことだ。私は公開予定日の圧力に屈しないよう必死に努力した。公開予定日を延期しても、いい作品を作る方が大切だし、私たちはこれまでも、たとえ目先の業績を犠牲にしても、何より作品のクオリティを優先させてきた。今回は特に、スター・ウォーズファンの期待に応えられないような作品を公開することだけは避けたかった。スター・ウォーズのコアなファンはみんなありえないほど情熱的で、彼らに愛され、その献身に報いるような作品を届けることが、絶対的に求められていた。最初の作品でしくじってしまったら、ファンとの信頼が崩れ、回復が難しくなるのは目に見えていた。

全世界での公開を前にして、キャシーはジョージに『フォースの覚醒』を見てもらった。ジョージは失望を隠さなかった。「新しい要素がどこにもない」と。オリジナルの三部作では、毎回新しい世界と新しいストーリーが展開され、新しい人物が登場し、新しいテクノロジーが使われていた。今回の作品には、「視覚的にも技術的にもほとんど飛躍がない」とジョージは言っていた。それは間違いではないが、コアなファンに向けてスター・ウォーズらしい作品を届けなければならないという大きなプレッシャーがあったことを、ジョージが充分に理解していたとは思えない。私たちは意図的に、視覚的にも全体の雰囲気も前作とのつながりに気を配り、ファンが愛し期待している要素からあまり離れすぎないようにした。だが、ジョージはまさに、私たちが気を配っていたその点を批判していた。あれから数年が経ち、続篇を数本作った後に振り返ってみると、ＪＪがほぼ不可能な目標を達成していたことがわかる。これまでのスター・ウォーズと、これからのスター・ウォーズの完璧な架け橋を作ることに、ＪＪは成功していた。

ジョージの失望に加えて、マスコミやスター・ウォーズオタクたちのあいだでは、スター・ウォーズが「ディズニー化」されてしまうのではないかという憶測が流れていた。マーベル作品と同じように、スター・ウォーズ映画のどこにも、また広告宣伝にも、ディズニーの名前は出さず、スター・ウォーズのロゴも一切変えなかった。アニメーション作品ではブランディングの観点から「ディズニー・ピクサー」の併記に意味があったが、ルーカス作品では私たちもまた同じファンの一員であり、ジョージ・ルーカスを尊敬し、彼の遺産を荒らすのではなく守ろうと努力していることを、ファンに知ってもらう必要があった。

たとえジョージが今回の作品にがっかりしていても、プレミアには出席してほしかった。最初は嫌がっていたジョージを、彼の妻メロディー・ホブソンとキャシーが、出席しなければダメだと説得してくれた。買収が完了する前の最後の交渉で合意したことのひとつに、誹謗中傷禁止条項があった。今後私たちが制作するスター・ウォーズの続篇をおおやけに批判しないことに合意してほしいとジョージに頼んだのだ。この件を私が持ち出すと、ジョージは「私はウォルト・ディズニー・カンパニーの大株主になるんだぞ。君や君のやることを誹謗するわけがないじゃないか。信頼してくれ」と言った。私はその言葉を額面通りに受け止めた。

プレミアをどうするかは思案のしどころだった。私は世界中に向けて、これがＪＪの作品であり、キャシーの作品であり、私たちの最初のスター・ウォーズ映画だということを発表したかった。もちろん、私がＣＥＯになってから公開した映画の中で、最も注目を集めた作品であることは間違いない。プレミアはアカデミー賞授賞式の会場になるドルビーシアターで開かれ、大掛かりで華やかなイベントが予定されていた。まず最初に私が舞台に上り、それからＪＪとキャシーを舞台にあげて、こう言った。「私たちが今日ここにいるのは、あるひとりの人物のおかげです。現代の最も偉大な神話を創り出し、それをウォルト・ディズニー・カンパニーに任せてくれた人、ジョージ・ルーカスです」ジョージは席についていた。割れるようなスタンディングオベーションがいつまでも続いた。ジョージの後ろの列に座っていた私の妻が、総立ちになった数千人の観客に囲まれたジョージの姿を見事な写真に収めていた。あとになって、大勢の観客からあふれるほどの賞賛を受けたジョージが嬉しそうに輝いている姿を見て、私も温かい気持ちになった。

『スター・ウォーズ／フォースの覚醒』は、これまでの興行成績を塗り替える絶好の滑り出しを見せ、私たちはみんなほっと一息つくことができた。最初の作品が片付いて、スター・ウォーズファンたちは喜んでくれたようだった。しかし、ジョージが数週間前に受けていたチャーリー・ローズとのインタビューが、映画の公開直後にオンエアされた。その中でジョージは、私たちが彼のあらすじに従わなかったことへの不満を語り、ルーカスフィルムをディズニーに売ったのは、我が子を「ポン引き」に引き渡したようなものだと言っていた。我が子同然のものを売り渡した気持ちを説明したかったのだろうが、不適切でぎこちない表現だった。私はあえて何も言わずに見過ごすことにした。ゴタゴタを晒したり、言い合ったりしても得るものは何もない。メロディーからは、ジョージがどれほど辛い思いをしていたかを説明する、謝罪のメールが来た。それから、ジョージが電話をかけてきた。「言葉が過ぎた。あんな言い方をするべきじゃなかった。スター・ウォーズを手放すのがどれほど辛かったかを説明しようとしてたんだ」

わかっている、と私は言った。四年半前、私はジョージと朝食の席に座り、スター・ウォーズを手放すことがどれほど難しいかはわかっているし、もし心の準備ができたらその時は私を信頼してほしいと伝えたのだった。ジョージとの交渉ではずっと、買収価格のことにしろ、今後のスター・ウォーズへの関わりのことにしろ、一方でジョージの残した功績に対して敬意を払い、これが彼にとってどれほど深刻な個人的問題かを心に留めつつ、また一方で会社に対する経営者としての責任を果たしていかなければならなかった。ジョージの気持ちは痛いほどわかったが、彼の求めに応じることはできなかった。交渉を一歩一歩進めるごとに、私は自分の立ち位置をはっきりと示しながら、このプロセスが彼にとってどれほど切実なものかを敏感に受け止めていた。

ピクサー、マーベル、そしてルーカスフィルムの買収を振り返ると、そのすべてに共通していたのは（この三社がディズニーを大きく変えてくれたこと以外に）、どの案件の行方もひとりの支配的な所有者との信頼を築けるかどうかにかかっていたという点だ。いずれの交渉にも複雑な問題がいくつもあり、それぞれの買収にあたったチームは何日も何週間もかけて合意に達していた。だが、どの案件でも交渉がうまくいくかどうかは、個人的な要素にかかっていて、誠実さがすべての鍵だった。ピクサーの本質を守るという私の約束をスティーブが信じていなければ、買収は成立しなかった。マーベルのチームが価値を認められ、新しい会社で大活躍できるとアイクが信じられなければ、話は進まなかった。そしてジョージは彼の遺産、つまり「我が子」がディズニーで大事にされるはずだと信じられなければ、スター・ウォーズを手放すことはできなかったのだ。

# 第12章　イノベーションか、死か

「三大買収」が終わって一服したあと、私たちは以前にも増して、メディア業界における劇的な変化と深いところで進行していた構造破壊に目を向けはじめた。メディアビジネスの未来を私たちは真剣に案じはじめ、自分たちのコンテンツを現代に合う新しい形で届ける時がきたと感じていた。つまりそれは、中間媒体を挟まずに自社のテクノロジープラットフォームを使って、直接消費者にコンテンツを届けるということだ。

ただし、まだ解決しなければならないことがある。この目的を叶えてくれるようなテクノロジーを見つけることが私たちにできるだろうか？　守りに入るのではなく、変化の先頭に立てるだろうか？　新しいモデルを確立するために、既存の、まだ利益の出ているビジネスを侵食してもいいと思い切れるだろうか？　自分自身を破壊することができるのか？　私たちが本当に今の時代にふさわしい姿に変わろうとすれば負わざるを得ない損失を、投資家たちは受け入れてくれるだろうか？

いずれにしろ、私たちがこれをやり遂げなければならないことだけは、はっきりしていた。イノベーションを起こし続けなければ生き残れないという、昔からの教訓をふたたび実践する時がきたのだ。次に答えなければならないのは、自分たちでプラットフォームを作るか、外から買ってくるかという問いだ。自分たちで作るとなると五年の歳月と莫大な投資が必要になるとケビン・メイヤーは言っていた。テクノロジーを買うことができれば、すぐに方向転換できる。何もかもがあっという間に変化していることを考えると、ゆっくり待っているわけにはいかなかった。買収候補を見てみると、グーグル、アップル、アマゾン、フェイスブックは規模から見てももちろん論外で、そのいずれかが私たちを買ってくれるとも思えなかった（とはいえ、もしスティーブが生きていたら、アップルと合併するか、少なくともその可能性を真剣に議論していたと思う）。

残ったのはスナップチャット、スポティファイ、そしてツイッターだった。いずれもディズニーが飲み込める規模だったが、売ってくれそうな会社がどれか、ディズニーの消費者層に良質なコンテンツを一番速く効果的に届けられるのはどれかを見極めなければならない。私たちはツイッターに的を絞った。ソーシャルメディア企業としてのツイッターにはそれほど興味はなかったが、グローバルな拡散力を持つ新しい配信プラットフォームとしては魅力的だった。ツイッターを利用して、映画やテレビ番組やスポーツやニュースを届けられると思ったのだ。

そこで二〇一六年の夏、ツイッターに対して私たちが買収に前向きであることを伝えた。彼らも売る気になってくれたが、ほかの買い手にも適正なプロセスを確保する義務があるということで、気は進まなかったが入札で決めることになった。秋口には、実質的には私たちが買収することがほぼ決定していた。ツイッターの取締役会も売却に賛成し、一〇月のある金曜の午後にディズニーの取締役会も買収に賛成した。だが、その週末に私は中止を決めた。これまでの買収では、特にピクサーの買収では、ディズニーにとってこれが正しい道だという自分の直感を信じることができた。しかし、今回のツイッターの買収は逆だった。私の中の何かが、「違う」と言っていた。何年も前にトム・マーフィーが言ったことが、私の頭の中にこだました。「もし何かが『違う』と思ったら、おそらくそれは君にとっては正しい道ではないんだよ」ツイッターというプラットフォームが私たちの新しい目的に役立つことははっきりと見通せたが、ブランドイメージの問題がどうしても気にかかって仕方がなかったのだ。

ツイッターが私たちにとって強力なプラットフォームになり得ることはわかっていたが、

そこに付随する問題を、私は見過ごすことができなかった。乗り越えなくてはならない課題や騒動が多すぎた。言論の自由との兼ね合いの中でヘイトスピーチをどう取り扱うか、選挙に影響を与える目的で政治的なメッセージを拡散しているフェイクアカウントをどう取り締まるか、またツイッターでの炎上や著しく野蛮な振る舞いにどう対処するかといったことも、頭の痛い問題だった。そして、こうした問題を私たちが引き受けなければならなくなる。それは、これまで私たちが経験してきた問題とは違う種類のものだったし、ディズニーのブランドイメージを傷つけることになると感じた。そこで、取締役会がツイッターの買収交渉を進めていいと承認したあとの日曜に取締役全員にメールを送り、私が「怖気づいた」ことを知らせ、中止の理由を説明した。それから、ツイッターCEOでディズニーの取締役でもあったジャック・ドーシーに電話をかけた。ジャックは驚いていたものの、丁重だった。私はジャックの幸運を願い、ほっとした気持ちで電話を切った。

ツイッターとの買収交渉を考えていたのと同時期に、BAMテックという会社にも投資した。BAMテックの主な株主はメジャーリーグで、すでにストリーミング技術を完成させ、野球ファンがひいきのチームの試合を生中継で見られるような月額課金のサービスを提供していた（HBOは自社でのストリーミングサービス構築に失敗したあと、BAMテックを雇い入れて『ゲーム・オブ・スローンズ』のシーズン5の公開に間に合うようにHBOナウを立ち上げていた)。

二〇一六年八月に、一〇億ドルでBAMテックの三三パーセントの株式を買い入れ、二〇二〇年に過半数の株式を取得するオプションも手に入れた。当初の計画では、ESPNへの脅威に対抗するためにテレビ放送と両立できるようなサブスクリプションサービスを立ち上げるつもりだった。しかし、テクノロジー企業が次々とコンテンツのサブスクリプションサービスに莫大な投資をする中で、私たちもスポーツだけでなくテレビ番組や映画もひとまとめにしたD2C(訳注/ダイレクト・トゥ・コンシューマー、消費者への直接販売)サービスを構築することが今すぐに必要だと感じはじめた。

それから一〇か月後の二〇一七年六月、オーランドのディズニーワールドで毎年恒例の取締役会の社外ミーティングが開かれた。この社外ミーティングは通常の取締役会を延長したもので、執行側が業績予想を含む今後五年の計画を発表し、特定の戦略課題や問題を議論する場になっている。二〇一七年は、業界を破壊するような構造変化について話し合うことにすべての時間を割くことを決め、各事業部門のリーダーに彼らがどのような破壊を目にしていて、それが事業の健全性にどのような影響を与えると予想しているかを話してもらうことにした。

取締役会がそうした構造破壊への対策を要求することはわかっていたし、基本的に私は解決策もなくむやみに問題だけを提起するようなことはしない（部下たちにも、同じようにしてほしいと伝えている。私のところに来て問題を提起するのはかまわないが、同時に解決策も提示してほしいと言っている）。というわけで、これまでに私たちが経験し、これからも予測している構造変化について詳しく語ったあとで、大胆で攻撃的で包括的な解決策を提案することにした。それが、BAMテックの支配的所有権を前倒しで取得し、自社のプラットフォームを使ってディズニーとESPNのD2C動画配信サービスを大々的に立ち上げる計画だった。

取締役会はこの計画に賛成してくれたばかりか、「スピードが肝だ」と言い、今すぐに動くよう強く要請したほどだった（それはディズニーの取締役会に、自分の意見に自信のある賢い人たちが多く、彼らが破壊的な構造変化を直接経験していたという証拠でもある。ナイキのマーク・パーカーとゼネラル・モーターズのメアリー・バーラは、まさしくいい例だった。どちらも自社の領域が根本から破壊された経験を持ち、変化への対応が遅れることのリスクを充分に承知していた）。この社外ミーティングのあと私はすぐにチームと合流し、ミーティングの結果を伝え、すぐにでもBAMテックの支配権を買い取るようケビンに指示し、それ以外の全員に配信事業への戦略転換に備えるように伝えた。

二〇一七年八月の業績発表で、ＢＡＭテックを前倒しで完全買収することと、二つの配信サービスを立ち上げる計画を同時に発表した。二〇一八年にはＥＳＰＮのサービスを、そして二〇一九年にはディズニーのサービスを開始するという計画だ。二年前の二〇一五年に、私が業界の構造破壊について率直に話した時には、株価が急落した。あの日から、ちょうど二年後の今回の発表で、株価は急上昇した。投資家は私たちの戦略を理解し、変化の必要性とそこにあるチャンスを認めてくれたのだった。

今回の発表は、ウォルト・ディズニー・カンパニーの再構築のはじまりを示す出来事になった。既存の領域の中で、それなりのリターンを生み出している限りはテレビ放送も引き続き支えていくし、世界中の映画館でも映画を公開していくが、ここにきて消費者への自社コンテンツの直接配信、つまり他社メディアを通さないＤ２Ｃ事業に全力でコミットすることになったのだ。要するに、自社の事業を我々自身が急いで破壊するということなので、莫大な短期損失が予想された（たとえば、ピクサーもマーベルもスター・ウォーズも含めて、テレビ番組と映画のすべてをネットフリックスから引き上げ、自社のサブスクリプションサービスに一本化すると、数億ドルというライセンス収入が失われてしまう）。

経営者となって経験を積むあいだに、ある時点で私は、「プレスリリースを使った経営」というものを意識するようになった。つまり、外の世界に向けて私が強い確信を持って発信したことは、社内にも響き渡ることがわかったのだ。二〇一五年には、私の戦略への投資家の反応はすこぶる否定的だったが、私が現実を率直に語ったことで、ディズニーの社内では「トップがこれほど真剣に打ち込んでいるなら、自分たちも真剣にならなければ」とやる気になってくれる人が増えた。二〇一七年の発表もまた、同じように社内にいい影響を与えた。私が直接配信にどれほど打ち込んでいるかを社内のチームはわかっていたが、外向きの発表を聞き、特に投資家の反応を見ることで、全員に前に進む力とやる気が湧いてきた。

実のところ、その発表の前には私も、新しいモデルへの移行は余裕を持って少しずつ段階的に行ない、ゆっくりとプラットフォームを開発し、どのコンテンツを配信するかを決めていくものだと思っていた。だが、新しい戦略への反応があまりにも前向きだったので、今すぐにでもやらなければならないという切迫感を覚えるようになった。ここにきて周囲の期待に応えなければならないというプレッシャーが生まれたのだ。加えて、これほど大きな変化を素早く実行することに対する社内の抵抗が、投資家や世間の期待の高まりによって和らげられた。

今はうまくいっていても将来どうなるかわからない事業を自ら破壊すること、つまり、短期の損失を覚悟して長期成長に賭けることには、ものすごい度胸が必要になる。日常業務やこれまでの優先事項がかき乱され、仕事の分担が変わり、責任の所在も変わる。新しいモデルが生まれ、これまでの仕事のやり方が通用しなくなると人々は不安になる。人事面で対処しなければならないことが多くなる。トップが社員に「寄り添う」ことが欠かせなくなる。もちろん、どんな局面でもリーダーは部下に寄り添わなければならないが、変化の局面ではいつにもましてそれが必要になる。リーダーは忙しすぎるし、部下のために時間を割けず、ひとりひとりの懸念や問題に応えている余裕はないのだと周囲に感じさせてしまうことはある。しかし、社員に寄り添い、リーダーが力になれると社員たちにきちんと知らせることで、社内の士気と実行力は上がる。ディズニーほどの大企業の場合は、私が世界中を旅して、さまざまな事業部と定期的に対話集会を開き、トップとしての考えを伝え、懸念に応えなければならない。それだけでなく、機を逸することなく対応しなければならないし、直属の部下から持ち寄られる問題をよく考えて判断することも必要になる。電話を返し、メールに返信し、時間を作って特定の問題についてじっくり話し、部下の感じているプレッシャーを敏感に察することも、リーダーの仕事の一部だ。先の見えない道に踏み出そうとする時にはさらに、トップのそうした役割がいつにもまして重要になる。

八月の発表後すぐに、私たちは二つの領域で動きはじめた。テクノロジー領域では、BAMテックのチームが、すでにディズニー社内にいたチームと協力して、ESPNプラスとディズニープラスという新サービスのインターフェースを開発しはじめた。それから数か月にわたって、ケビンと私はニューヨークとロサンゼルスのBAMテックチームに会い、さまざまなバージョンのアプリを試してみた。その過程で、タイルの大きさと色と配置を分析し、使い心地がより直感的で簡単になるように調整し、アルゴリズムとデータ収集をどう機能させるかや、コンテンツとブランドをどのように見せるかを決めた。

一方、ロサンゼルスの本社では、特別チームを作ってディズニープラスで配信するコンテンツを企画・制作していた。私たちには、過去の映画とテレビ番組の莫大な蓄積があったが（一部の作品については、以前に第三者に譲渡した権利を買い戻した）、解決すべき問題がまだあった。それは、新しいサービス専用のオリジナルコンテンツをどうするかという問題だ。私は映画とテレビ番組の制作部門のトップに会い、制作中のどの作品を映画館で上映し、どれをテレビで流し、どれをアプリで配信するかを決めた。スター・ウォーズ、マーベル、ピクサー作品を含めて、新サービス向けにどのような新しい作品を作ったらいいだろう？　新サービスにふさわしい斬新な作品はどのようなものだろう？　制作部門の上層部を集めて、こう伝えた。「ディズニープラス向けのコンテンツを作るためだけに新しい制作会社を立ち上げたくはないんだ。君たちにお願いしたい」

ここに集まった重役たちは、長年自分の事業部を伸ばすための訓練を受けてきて、各自の事業部の利益をもとに報酬を受けてきた。私がその重役たちに向かって言ったことは、いきなり「これまでうまくやってきたそれぞれのビジネスに注ぐ力を減らして、別のことに注意を向けてほしい。しかも、君たちとは利害が一致しないほかのチームの優秀な人たちと力を合わせてほしいんだ。あぁ、それからもうひとつ。しばらくは金にならないよ」と告げているに等しかった。

彼らにこの話に乗ってもらうには、こうした変革が必要だということをしっかりとわからせると同時に、彼らの働きに見合うような新しい報酬制度を作り出さなければならなかった。彼らが自分のビジネスを意図的に破壊することを罰してはいけないし、新規ビジネスの「成功」を収益で測ることもはじめのうちはできない。彼らにもっと働け、しかもたくさん働けと言っておきながら、これまでの報酬制度のもとでは彼らの稼ぎは減ることになってしまう。それではうまくいくはずがない。

私は取締役会の報酬委員会に呼びかけ、このジレンマを説明した。イノベーションを起こそうと思ったら、すべてを変えなければならない。プロダクトの作り方や届け方を変えるだけでは足りない。仕事の慣習そのものや組織構造も変えなければならない。今回の場合は、重役への報酬の与え方を変えなければならなかった。私は過激な提案を行なった。基本的に、私が報酬を決めるという提案だ。もちろん、新しい戦略への貢献度合いに基づいて決めるわけだが、業績という簡単に測れる尺度のない中で、これまでの報酬制度に比べるとはるかに主観的なものになることは間違いない。部下たちが新しいプロジェクトを成功させるためにあえて一歩を踏み出しているかを私が評価し、その評価に基づいて株式を与えることもあれば取り上げることもあるという方法を提案したのだ。はじめは、報酬委員会はいい顔をしなかった。これまでにそんな前例はなかったからだ。「企業がイノベーションに失敗する理由はわかっています」ある時、彼らにそう言った。「伝統のせいですよ。伝統が摩擦のタネになるんです。それがすべての障害になっています」投資家はどんな状況でも大企業の利益が減ると嫌がるので、企業は安全志向に陥り、これまでにやってきたことを繰り返すばかりで、長期的な成長を生み出したり変化に対応するために資本を使えなくなってしまうことも多い。「取締役会も障害になっています。ひとつのやり方にこだわって、株式の与え方を変えないんですから」私たちはいつも流れに逆らって泳いでいた。「みなさん次第です」と私は言った。「イノベーションのジレンマに陥るか、それをはね返すかは、みなさんにかかっています」

私がそこまで滔々《とうとう》と語らなくても、そのうちに彼らの方から私に歩み寄ってくれていたかもしれない（取締役会とはいい関係を築いていたし、私がやりたいことをほぼ何でも支持してくれていた）。私が話し終えると、委員のひとりが「賛成」と言い、もうひとりがすぐさまそれに続き、結局私の計画は承認された。私は重役たちのところに戻って、新しい株式授与の制度について説明した。年度の終わりに私が株式の割り当てを決めること、また割り当てる株数は収益ではなくどれだけ協力できたかに基づいて決めることを伝えた。「社内政治は一切排除する」と言った。「そんな余裕はない。これが会社のためだし、君たちのためだ。君たちには勇気を持って挑戦してほしい」

八月の業績発表と例のＢＡＭテックの発表から二週間にもならないある日、ルパート・マードックから電話をもらった。夕方に彼の家でワインでも飲まないかという誘いだった。ルパートは一九四〇年代に建てられた、ベルエア（訳注／ロサンゼルスの高級住宅地）の邸宅に住んでいる。邸宅からは彼が所有するモラガ・ワイナリーが一望できる。ルパートと私はまったく違う世界からやってきた。年齢も離れている。政治信条も違う。だが、もう長いことお互いのビジネス感覚を尊敬し合ってきたし、ルパートがゼロからこれほど巨大なメディアとエンターテイメント帝国を築いてきたことを昔からすごいと思っていた。二〇〇五年に私がＣＥＯになって以来、ルパートとはたまに食事をしたり飲んだりする仲だった。二人ともフールーの株主だったので、時には具体的な仕事の話もしていた。とはいえ、普段はメディア業界の構造変化を語ったり、お互いの近況を報告したりすることが多かった。

だが、今回自宅に呼んでくれたのは、私が二〇二〇年の大統領選に出馬するかどうかを確かめるためだろうと察しはついた。政治の世界に私が関心を持っていることや、大統領選に出馬する可能性を探っているという「噂」は、すでにあちこちで囁かれていた。ケリーアン・コンウェイやアンソニー・スカラムーチといったトランプ政権のメンバーが、ディズニー内部の人間に探りを入れていたのはわかっていたので、ルパート本人が直接聞くことにしたのだろうとは思った。

私は昔から政治にも政策にも興味があり、ディズニーを引退したあとに国に仕える可能性はこれまでもよく考えていた。どの選挙に立候補するかについて、たくさんの人たちがアドバイスをくれたし、大統領選もその中のひとつだった。私も興味はあったが、一方でありえないという気もしていた。二〇一六年以前に、アメリカ国民は政界以外から誰かを選びたがっていると確信していたし、政党を含むこれまでの政治体制に私も大きな不満を抱いていた。企業と同じで、政府と政治にも深いところで構造破壊が起きていた（ドナルド・トランプの勝利は、少なくとも部分的には私の予感が正しかったことを証明していた)。

ルパートと会った時点で、実は大統領選への出馬の可能性を探ってはいた。もちろん、私が勝つ可能性は万にひとつだということはわかっていた。民主党の有力者数十人と話もした。その中にはオバマ政権の閣僚もいたし、議員や選挙アナリストや資金提供者や過去に大統領選で働いたスタッフもいた。また、狂ったように勉強もはじめていた。医療から税制、移民政策、国際通商政策、環境問題、中東の歴史、連邦金利にいたるまで、あらゆることに関する記事や論文に目を通した。歴史上の偉大なスピーチも読み漁った。ノルマンディー上陸作戦から四〇周年を記念するロナルド・レーガンのスピーチ。マーティン・ルーサー・キング・ジュニアが暗殺された際にインディアナポリスでロバート・ケネディが行なった即興のスピーチ。フランクリン・ルーズベルトとジョン・F・ケネディの大統領就任スピーチ。チャールストンのエマニュエル教会銃撃事件のあとにオバマが行なったスピーチ。そしてチャーチルの数々のスピーチも読んだ。合衆国憲法と権利章典まで読み返したほどだ(出馬すべき予兆なのかすべきでない予兆なのかわからないが、ディベートの舞台に立って準備不足であたふたしている悪夢を見て、夜中に目が覚めることもあった)。もちろん、何事も当たり前には受け止めないよう努めた。巨大な多国籍企業を経営しているからといって、アメリカ大統領になれる資格があるわけではないし、出馬してもすんなり勝てるわけではない。だから、出馬するかどうかについては、まだほぼ白紙の状態だった（民主党が実際に企業経営者を擁立する意思と能力があるのかも、私は疑わしいと思っていた）。

ルパートの邸宅に行き、二人で腰を下ろして、ワインを注いでもらうと、ルパートが開口一番にこう言った。「大統領選に出るのか？」

やはりそうきたか、と心の中で思ったが、自分の胸のうちを正直に打ち明けるつもりはなかった。ここで何か言えばフォックスニュースのネタにされてしまう。「いや、ないね。いろいろな人から打診があったし、考えてもみたが、突飛すぎるしおそらくこれからも挑戦することはないと思うよ。それに」と言い添えた。「妻が嫌がる」それは本当だった。妻からは、ある時こう言われた。「政治家に立候補するならご勝手に。でも私じゃない奥さんとどうぞ」妻は私という人間をわかっていて、政治家への挑戦に私が魅力を感じるだろうことは察していたが、もし出馬したら家族と私たち二人の生活がどうなるかと心配していた（あとになって妻は、「添い遂げると誓ったんだから、もしあなたがやりたいと思ったら支えるわ。でも、いやいやだってことはわかってね」と言っていた）。

ルパートが聞きたかったことに早速答えてしまったので、残りの時間は何を話したらいいだろうと思っていると、ルパートはお互いのビジネスへの脅威についてそのまま一時間近く話し続けた。巨大なテクノロジー企業の襲来。めまぐるしい変化のスピード。規模の大きさがどれほど大切か。彼が二一世紀フォックスの未来を心配しているのは明らかだった。「うちは規模が小さい」ルパートは何度かそう繰り返した。「充分な規模があるのは君の会社だけだ」

その夜、ルパートの邸宅を出ながら、彼が私にとんでもない考えを吹き込もうとしていたような気がしてならなかった。帰宅途中にアラン・ブレイバーマンに電話をかけ、こう言った。「今ルパートと会ってきたところだ。会社を売りたがってるような気がする」アランにフォックスが抱えている資産の一覧を作るように指示し、規制面で私たちが買えるものと買えないものを調べてほしいと頼んだ。それからケビン・メイヤーに電話をして、ルパートと会ったことを伝え、どう思うか聞いてみた。ケビンにも資産リストを作るように頼み、フォックスのすべてまたは一部が実際に買収できるかを考えはじめるように指示した。

翌日、ルパートに電話して、話の続きをした。「もし私の読みが正しいとしたらだが、私たちが君の会社を買収することに興味があると言ったら、考えてくれるだろうか？」「もちろんだ」とルパート。「買収を真剣に考えてくれるのか？」私は興味はあるが、考える時間が欲しいと伝えた。すると、ルパートは「君が今予定している引退期限を延ばしてディズニーに残るのでなければ、売却するつもりはない」と言う。その時点で、私は二〇一九年六月に引退する予定だった。私が経営者として残るのでなければ、取締役会がこれほど大規模な買収を検討することは絶対にないだろうとルパートに伝え、数週間後にもう一度話すことにして電話を切った。そこでいきなり、人生の予定が変わりそうだと感じた。その原因は、大統領選への出馬ではなかった。

それから数週間にわたって、アランとケビンと私は、果たしてフォックスの買収が可能なのか、それがディズニーにどんな意味があるのかを見極めようとした。フォックスの資産のいくつかはすぐに買収不可能だとわかった。アメリカ国内では一市場で二つの地上波ネットワーク放送局を所有することは禁止されているため（古臭くてばかばかしい規制だが、決まりは決まりだ）、フォックステレビジョンネットワークは除外された。フォックスには私たちと競合する二つのスポーツネットワークがあり、それも買収すれば市場シェアが大きくなりすぎてしまうので、買収できない。

ケーブルテレビのフォックスニュースもあった。フォックスニュースはルパートの宝物だったので、売却するとは思えなかった。それに、私たちも買う気はなかった。これまでと同じ論調なら、リベラル派から激しく攻撃される。もし思い切って中道に寄らせようとすれば、右派の攻撃にあう。いずれにしろ私がフォックスニュースをどう思っているかは関係なかった。ルパートが絶対に売らないことはわかっていた。

ほかにも小さめの資産はあったが、大きな資産で私たちが手をつけられないのは、そのくらいだった。フォックステレビとスポーツネットワークとフォックスニュースを除いても、幅広い範囲のさまざまな資産が残っていた。フォックスサーチライトピクチャーズを含む映画やテレビ番組の制作会社。フールー株式。これを手に入れたら、ディズニーがフールーの過半数株主になるはずだった。外為ネットワーク。地方のフォックススポーツネットワーク（のちに売却することになる）。ナショナル・ジオグラフィックの支配的所有権。幅広い地域にまたがるさまざまな分野での海外事業。特にインドは大きかった。そして欧州最大の衛星放送事業者になったスカイの三九パーセントの所有権。

ケビンがこれらの資産の財務および戦略分析を担当することになった。つまり、チームを作り、すべての事業を細かく分析し、現在の業績だけでなく今後の予測も立て、目の前の破壊的な業界環境の中でこれからどう伸びていくかを精査するということだ。また、新しくCFOに任命されたクリスティーン・マッカーシーをチームに引き入れた。クリスティーンは以前の買収には関わっていなかったが今回は喜んで登板してくれた。彼女にとって極限を試される仕事になった。

それぞれの事業について現在と未来の価値がだいたい摑めたら、次に、ディズニーと一緒になった場合にどのくらいの価値が出るかを分析する。どうしたら、合併によってより大きな価値を引き出すことができるだろう？　一緒になることで効率が上がるのは明らかだった。たとえば、今ある二つの映画制作会社をひとつの傘の下に統合すれば、効率はよくなるはずだ。また特定の市場における優位性を得ることもできる。海外の資産を一気に手に入れて、地域の消費者を摑むことができたら、何を得られるだろう？　たとえばディズニーはまだインドに進出したばかりだったが、フォックスはすでにインドでD2Cに莫大な投資を行ない、大規模に事業を広げていた。またフォックスには素晴らしいテレビ番組制作会社があり、お金をかけてクリエイティブな人材を育てていて、ディズニーは大きく水をあけられていた。ほかの買収でもそうだったが、フォックスが抱える人材も評価の対象になった。そうした優れた人材をディズニーに引き入れたら、私たちの事業はより大きな成功を収められるだろうか？　答えは言うまでもなくイエスだった。

二つの会社を合わせると、別々の時よりも数十億ドルもの新たな価値が生まれるというのが、私たちの分析の結果だった（法人税が改正されたことで、さらに価値は高まった）。ケビンは包括的な買収の全体像を見せながら、こう言った。「ボブ、かなり優良な資産がありますよ」

「ああ、資産がたくさんあるのは知ってる」と私は返した。「だがディズニーの戦略に合うかな？」

「ぴったりじゃないですか！」とケビンが言う。まだ交渉もはじまっていないのに、ケビンはすでに頭の中でアクセルを踏み込んでいた。「あなたが語った筋書きそのものですよ！　良質なコンテンツ。テクノロジー。海外展開」私たちの新しい戦略という視点で見ると、すべての資産がさらに大きな価値を持つようになる、とケビンは言っていた。フォックスの資産はディズニーの今後の成長を決定づける要素になりそうだった。フォックスの買収は、ピクサーとマーベルとルーカスフィルムを合わせたよりはるかに大きな規模になるはずだが、ケビンとアランとクリスティーンは、私がルパートとの交渉を進めることを全面的に支持してくれた。未来の可能性はほぼ無限のように思えた。そしてリスクもまた無限に大きかった。

# 第13章　正義の代償

ルパートが売却を決意したのは大きな環境変化に対応するためで、私たちがまったく新しい戦略を作り上げるに至ったのもまた、それと同じ外的な力に対応するためだった。業界の破壊が進む中、ルパートは自社の未来をじっくりと考えた上で、二一世紀フォックスを売却し、ディズニー株式に替えることが株主にとっても彼自身の家族にとっても一番賢いことだと結論づけたのだ。それは、フォックスに比べて私たちの方が環境変化にうまく対応できる備えがあり、一緒になればさらに強い会社になれると信じたからだ。

破壊的なイノベーションがエンターテイメント業界を根底から変えていることは間違いなかったが、ルパートがゼロから築き上げた会社をバラ売りすると決めたことは、そうした変革が避けられないことの証拠だった。ただし、メディア産業の姿を変えるような、この超巨大買収が最終的に完了するには、ここからおよそ二年の歳月が必要になる。そして、私とルパートがちょうど買収の交渉に入ろうとしていた頃と同時期に、テクノロジーの変化よりも深い意味で社会の姿を変えるような変革が起きていた。特にエンターテイメントの業界で、とんでもなく不適切な行為を告発する声が次々と上がり、それをきっかけに、長いあいだ見過ごされてきたハリウッドやそのほかのあらゆる職場でのセクハラや雇用差別や男女の賃金格差に対して、やっと行動が起こりはじめた。ハーベイ・ワインスタインの醜悪な行為に対する告発に力を得て、多くの女性が一斉に性的暴行やセクハラを訴え出た。エンターテイメント業界ではほぼすべての会社が、何らかの告発を受け対処を迫られることになった。

ディズニーという会社は昔から、社員が安心して働ける職場環境を作り出し維持することに重きを置いてきた。しかし、今ここにきて、これまでよりもさらに一層、被害を受けた人たちや被害を目撃した人たちの言葉を私たちが真剣に受け止め、対策を講じ、報復から告発者を守ることを約束し、彼女ら、彼らに名乗り出てもらう必要があることは明らかだった。私たちの規範と価値観が守られているかを緊急に評価しなければならないと私は感じ、人事のチームに詳細な分析を依頼し、対話を促し、社内のすべての人たちが率直に意見できるようなプロセスを置き、告発者を守ることを改めて強調した。

二〇一七年の秋、ピクサーの男女からジョン・ラセターに対して、「望まない身体的な接触」を受けたとクレームが寄せられた。ジョンがハグ好きなのは、誰でも知っている。それを悪意のない振る舞いだと気にしない人も多かったが、気にしている人もいたことが表に出た。以前にこのことについてジョンと話し合ったことはあるが、今回寄せられた告発はより深刻で、ジョンにきちんと問いただした方がいいことは明らかだった。

その年の一一月に、私とアラン・ホルンがジョンに会い、ジョンが六か月の休みを取って自らの行動を振り返り、そのあいだに私たちが状況を判断するのがいいだろうと全員が合意した。休みに入る前に、ジョンは部下たちに次のような声明を出した。「みなさん全員が、私にとっては世界で一番大切な宝物です。みなさんをがっかりさせたとしたら、本当にごめんなさい。特に、望んでもいないのに私からハグをされたり、どんな形でも一線を越えたと感じられる振る舞いを受けた人たちに、心からお詫びします。私に悪気はなくても、みなさんにはみなさん自身の境界を決める権利があり、その境界は尊重されるべきです」

ジョンのいないあいだ、ピクサーとディズニー・アニメーションに代わりの経営チームを置き、どちらの社員とも何十件もの聞き取り調査を行なった上で、会社にとって一番いい選択は何かを決めることにした。

それからの半年間は、私のキャリアの中でも最も大変な課題が山積みの六か月になった。この六か月のあいだに、私たちはD2C戦略を詰め、上層部の人事問題を片付け、フォックス買収に向けた分析と交渉を行なった。そしてますます、フォックスの持つコンテンツ、グローバルな事業展開、優秀な人材、そしてテクノロジーは、ディズニーの姿を大きく変えるものになると確信するようになった。もし、万が一にも、フォックスを買収し迅速かつスムーズに統合しつつ、同時にD2Cの戦略を実行できたら、ディズニーは未来に向けて過去最強の立ち位置を確保できるはずだ。

交渉を進めるにあたって、ルパートには三つの思惑があった。まずひとつはフォックスを買ってくれそうな会社の中で、ディズニーが一番規制当局からの承認を得やすいだろうと思われたことだ。二つ目はディズニー株式の価値だ。フォックスはこのままなら、はるかに規模の大きな競合企業の中で雑魚として生きることになる。ルパートはそのフォックスの支配的株式を持ち続けることもできるが、ディズニーと一緒になってはるかに足腰の強くなった統合企業の一部を所有することもできる。三つ目は、フォックスとディズニーの統合がスムーズに進み、新たな統合企業が大胆な道に踏み出すことができるとルパートが確信していたことだ。

二〇一七年の秋を通してルパートと交渉を続けるうちに、わかったことがあった。ルパートの抱える課題はいろいろとあったが、その中でも悩ましかったのは息子のラクランとジェームズの処遇だ。息子たちは子供の頃からルパートがメディア帝国を築く姿を見て育ち、いつの日か自分たちがそれを受け継ぐだろうと思い込んでいた。それが、他社に売却されることになったのだ。彼らにとってたやすく受け入れられる状況ではなかったが、私ははじめから、家族のことはルパートに任せて、買収交渉では事業面に集中しようと心に決めていた。

その秋のあいだに、ケビン・メイヤーと私は、ルパートとCFOのジョン・ナレンに何度か会った。最終的に、買収価格は一株二八ドル、総額にすると五二四億ドルと決まり、全額をディズニー株式で支払うことにした。ルパートと最初に話してから数か月のあいだにフォックス売却の噂が流れ、それをきっかけに他社も買収を考えはじめた。ライバルとして現れたのはコムキャストで、私たちよりもはるかに高い値段で株式交換を提示していた。コムキャストの最初の提示価格が私たちより高くても、フォックスの取締役会はディズニーに味方するだろうと確信はしていた。その理由のひとつは、コムキャストが規制のハードルを越えられない可能性が高いことだった（コムキャストはすでにNBCユニバーサルを傘下に収めており、ケーブルテレビとしても全米最大級だったため、規制面で相当高い壁に突き当たる可能性が高かった)。

感謝祭の週末、ケビンと私はベルエアの邸宅でもう一度ルパートとジョンに会った。ブドウの木が何列も延々と続くワイナリーの中を、四人で長い散歩に出かけた。散歩の終わりにルパートが、一株二九ドルより下なら受け入れないと切り出した。すると、当初の予定よりおよそ五〇億ドルも高い買い物になってしまう。コムキャストの提示額を私が警戒して、もっと高い値段を出す気になるはずだとルパートは考えたのだろう。もちろん、私は買収を成立させたかったけれど、途中で退却することも考えてはいた。フォックスのさまざまな事業に強く惹かれてはいたし、それがディズニーの新事業にどう役立つかを隅々まで想像しはじめていたものの、その実行には巨大なリスクが伴うこともわかっていた。すべてをうまくやってのけるには、莫大な時間と労力が必要になる。万一買収を完了させて規制当局の承認も下り、無事に統合が進んだとしてもまだ、市場で何が起きるかは見通せず、不安材料も多かった。私自身も、あと三年ディズニーに残ることについては迷いがあった。私にとって、またはディズニーにとって、それがいいことなのだろうか？　その答えはわからなかったが、あまり考えている時間もなかった。ルパートとのミーティングの終わりには、この買収から考えうるすべての価値を引き出さなければ割に合わないと感じていた。そこで、去り際に「二八ドルまでしか出せない」とルパートに告げた。

私が値段を上げなかったことにルパートが驚いたかどうかはわからないが、私たちが価格を引き上げないと他社に獲られてしまうのではないかとケビンは心配していた。だが、私は最後は勝てる自信があった。フォックスにとって、コムキャストと一緒になるリスクは高すぎる。月曜の朝に出社してすぐケビンに電話をかけ、ナレンに連絡して今日の終わりまでに返事をするように伝えてくれと頼んだ。その日の終わりにルパートから私に電話があり、ディズニーの提示を受け入れると言われた。そしてまた、彼のワイナリーに招かれて行ってみると、息子のラクランもそこにいて、合併を祝って乾杯をした。ラクランがこの出来事をどう思っているのだろうと私は心の中で考えずにはいられなかった。それからの二週間は細かい点を詰めていった。一二月一二日、私は『スター・ウォーズ／最後のジェダイ』のプレミアに出席するためロンドンに飛んだ。ロンドンにいるあいだにルパートのオフィスでバルコニーに立ち、握手をしている写真を撮った。一四日に買収を発表する時、その写真も一緒に公開することになっていた。

一三日の午後遅い時間にロスに戻り、そのまま翌朝の発表の準備に取り掛かった。翌朝東部標準時間の朝七時に『グッド・モーニング・アメリカ』に出演することになっていた。時差があるのでディズニーのスタジオ入りはこちらの午前三時になる。それからメイクなどの準備を完了して生出演する時間が朝の四時。前日の準備ミーティングの最中に、人事部長のジェイン・パーカーが部屋に入ってきて、ESPNの社長を務めるジョン・スキッパーから連絡はあったかと聞いた。

「いや、ないけれど」気になって聞いてみた。「何か問題でも?」

ジェインの表情から問題が起きたことはわかったので、今すぐに対処する必要があるのか、翌日の発表後まで待てるかと訊ねた。「いい話ではありませんが、待てます」とジェインは言った。

一二月一四日は私のキャリアの中でも最も忙しく、分刻みで別々の物事に対処しなければならない一日になった。その日のスケジュール帳を見返してみると、こんな予定になっている。朝四時にテレビ番組の生放送で買収の発表。五時に投資家との電話会議。六時に経済ニュース番組の生放送出演。六時二〇分にブルームバーグ。七時に投資家とのウェブキャスト。八時から正午まで、両党の大物上下院議員との電話懇談会。政治家への説明は、買収に伴う規制当局からの承認プロセスに備えるためだ。午後になってやっと、人事部長のジェインが昨日できなかった話をしにやってきた。ESPN社長のジョン・スキッパーが薬物使用を告白したと言う。また薬物がきっかけでほかの深刻な問題も抱えており、ディズニーにも害が及ぶ可能性があるとジェインは教えてくれた。ジョンと翌日電話で話す予定を入れ、私は一旦帰宅した。この日、これほどたくさんのことが一度に起きることを予想せずに、ずっと前に別の予定を入れていたからだ。それは、母校であるイサカ大学の学生たちと、エンターテイメントとメディア業界の未来についてスカイプで話をすることだった。

ESPNのジョンとは、翌朝話をした。ジョンは私生活で深刻な問題を抱えていることを認めた。ジェインに聞いたことと、今ジョンが認めたことから、次の月曜に辞任してほしいとジョンに言い渡した。私はジョンのことを高く評価していた。頭がよく、人あたりがよく、才能豊かで、忠誠心の厚い人物だった。だが、企業の誠実さはそこで働く人の誠実さに左右される。ジョンのことは個人的に好きだったし彼のことが心配でもあったけれど、彼がディズニーの規範に背いたのは明らかだった。ジョンを辞めさせるのは辛い決断だったが、正しいことだった。とはいえ、ここにきてディズニーにとっても、私個人にとっても、CEOになって以来最も厄介な事態がしばらく続くことになってしまった。つまり、ESPNとアニメーションという、ディズニーの柱になる二つの事業のリーダーを失ってしまったのだ。

ルパートと買収の合意を結んだことで、規制当局からの承認を得るための複雑な手続きがはじまった。まずは、合併の詳細を説明する膨大な書類を証券取引委員会（SEC）に提出しなければならない。両社の財務状況や、買収に至った経緯を時系列で余すところなく公開する必要もあった（今回の場合には、ルパートとのはじめてのミーティングの詳細や、その後のすべての会話の記録を文書にして提出しなければならない）。買収申請がSECに承認されたら、フォックスとディズニーはそれぞれの株主に、申請の詳細と取締役会からの買収の承認に関する推薦状を添えて、議決権行使委任状を送付する。株主による議決権行使期限もそこに明記され、株主総会の日を期日としてすべての投票が集計される。このプロセスが完了するまでの期間は六か月。そのあいだに、他社はさらに高い買収価格を提示してもいいことになっている。

今回の買収は複雑な案件だったものの、規制当局からの承認の目処は、はっきりとついていた（フォックスの取締役会がそもそもコムキャストではなく私たちに決めたのは、それが理由だった）ので、二〇一八年六月のフォックスの株主総会で決議される予定を立てていた。ただし、ひとつだけ気になることがあった。私たちのプロセスが進む中で、司法省がAT&Tによるタイム・ワーナーの買収差し止めをニューヨーク地裁に訴えていたのだ。コムキャストはこの裁判の行方を注意深く見守っていた。もし地裁が司法省の訴えを認めて買収を差し止めれば、コムキャストは自分たちもまた同じ障害に突き当たることを予想して、もう一度フォックスに買収を提示する可能性はなくなる。だがもしAT&T側が勝訴したら、取締役会も株主も規制面での障害を理由にコムキャストを排除できなくなる。すると、コムキャストがさらに高い買収価格を大胆に提示してくるかもしれない。

私たちとしては、ディズニーがフォックスを買収する前提で先に進み、その方向で準備をはじめるしかなかった。ルパートと買収の合意を結んだすぐあとから、私はこの二社の巨大企業をどうやってひとつにするかを具体的に考えることに集中しはじめた。すでにあるディズニーという会社に、フォックスをただ付け加えるだけでは意味がない。注意深くフォックスを融合し、その価値を守りながら新しい価値を生み出していかなければならない。私はこう自問した。統合された新会社はどんな姿になるだろう？　何が可能になるだろう？　そしてどうなるべきだろう？　もし歴史をすべて消し去って、今持っているすべての資産を使ってこの瞬間から新しい組織を築きあげるとしたら、どんな構造になるだろう？　クリスマス休暇のあと仕事に戻った私は、自分のオフィスの隣の会議室にホワイトボードを持ち込んで、思いついたことをそこに描きはじめた（私がホワイトボードの前に立ったのは、二〇〇五年にスティーブ・ジョブズと一緒に例の話し合いをして以来はじめてだった）。

私が最初にやったのは、「コンテンツ」と「テクノロジー」を分けることだ。コンテンツ部門は三つに分かれる。映画（ウォルト・ディズニー・アニメーション、ディズニー・

スタジオ、ピクサー、マーベル、ルーカスフィルム、二〇世紀フォックス、フォックス2000、フォックス・サーチライト）、テレビ（ABC、ABCニュース、地方局、ディズニー・チャンネル、フリーフォーム、FX、ナショナル・ジオグラフィック）、そしてスポーツ（ESPN）だ。そのすべてを、ホワイトボードの左側に書き入れた。右側にはテクノロジーに関連することを書き入れる。アプリ、ユーザーインターフェース、ユーザー獲得と維持、データ管理、販売、配信、そのほか。二つを分けたのは、コンテンツの人材を制作に集中させ、テクノロジーの人材を配信や流通に集中させて、最適な形で収益を生み出す方法を見つけたいと思ったからだ。ホワイトボードの真ん中には「物理的なエンターテイメントとグッズ」と書き込んだ。規模の大きな、多方向に拡大中のさまざまな事業がこの傘の下に入る。キャラクターグッズ、ディズニー・ストア、グローバルなグッズとライセンス契約、クルーズ、リゾート、そして六つのテーマパークだ。

私は一歩下がってこのホワイトボードを眺め、「よし、これだ」と思った。「これが、今の時代のメディア企業のあるべき姿だ」と感じたのだ。ホワイトボードを眺めているだけで元気が湧いてきて、それから数日は私ひとりでさらに細かい点を詰めていった。その週の終わりに、チームのみんなにこのボードを見せることにした。ケビン・メイヤー、ジェイン・パーカー、アラン・ブレイバーマン、クリスティーン・マッカーシー、そして私の右腕になっているナンシー・リーを部屋に呼び入れた。「みんなにちょっと面白いものを見せたいんだ」と言って、ホワイトボードを見せた。「新会社がどんな姿になるかを描いてみた」

「ひとりで考えたんですか？」とケビンが聞く。

「ああそうだ。どう思う？」

ケビンがうなずく。確かに筋が通っている、と思ってもらえたようだ。ここで、それぞれの部署に、役割に合った名前をつけなければならない。買収を発表した瞬間から、当然ながらどちらの会社でも、誰がどの部署を担当し、誰が誰の下につくのか、誰の役割が大きくなり、誰の力が小さくなるのか、どのように役割が変わるのかについて不安が湧き上がっていた。その冬と春を通して、私は国内外の各地を回ってフォックスの重役と会っていた。ロスでも、ニューヨークでも、ロンドンでも、インドでも、ラテンアメリカでも、フォックスのリーダーや彼らの事業を知ることに努め、彼らの質問に答え、不安を和らげると同時に、彼らの力をディズニー内部の人材と比較し、見極めていた。AT&Tの判決がコムキャストに有利にならないことを前提に、株主が買収を承認してくれたらすぐに、難しい人事判断を次々に下すことになる。それに備えて、ただちにリストラに手をつける準備が必要だったのだ。

AT&Tに対する地裁の判決と、フォックスの株主投票を目前に控えた五月末のある日、私が七時少し前に出社すると、ABCの社長を務めるベン・シャーウッドからメールが届いていた。メールには、その朝女優のロザンヌ・バーがツイートした言葉が書かれていた。オバマ政権のアドバイザーを務めたバレリー・ジャレットを「ムスリム同胞団と猿の惑星の合いの子」だと揶揄するツイートだった。ベンはメールにこう書いていた。「深刻な問題が起きました……憎しみに満ちた許されない言葉です」

私はすぐに返信を打った。「確かに問題だ。今オフィスにいる。『ロザンヌ』を継続できないかもしれないな」

ABCのプライムタイムに『ロザンヌ』を復活させると発表したのは、ちょうど一年前の二〇一七年五月だった。私は『ロザンヌ』復活に大乗り気だった。私がABCエンターテイメントのトップを務めた一九八〇年代の終わりから九〇年代のはじめにかけて、ロザンヌと仕事をし、彼女が大好きになっていたからでもあるし、彼女のコメディがちょうど今の時代の政治に対する多様な反応を映し出すような面白い番組になるとも思ったからだ。

番組の復活前、ロザンヌが過去にとんでもない炎上発言をツイートしていたことを私は知らなかったが、オンエアがはじまったあと彼女はまたツイッターでさまざまな話題について思慮のない、時には不快なつぶやきを投稿するようになっていた。バレリー・ジャレットに関するツイートが出る数週間前の四月のある日、私はロザンヌを昼食に誘った。これ以上ないほど楽しい昼食だった。ロザンヌは手作りのクッキーを持参してくれて、昔話に花を咲かせた。彼女にとって私は数少ない昔馴染みのひとりで、以前から私を信頼していたと言ってくれた。

昼食も終わりに近づいた頃に、私からこう切り出した。「ツイッターから離れないとダメだよ」復活した番組の視聴率は絶好調で、ロザンヌがふたたび生き生きと活躍しているのを見て、私は純粋に嬉しかった。「今、絶好調じゃないか。台無しにしないでくれよ」「わかってるわよぉ〜」例の甘ったるく鼻にかかったユニークな声で、ロザンヌは返事をした。もうツイッターに近づかないと約束してくれたので、彼女も今の成功が儚《はかな》いものであり、簡単に消え去ってもおかしくないことを理解してくれたものだと、私は勝手にほっとしていた。

私が忘れていたのは、あるいは心の中で目を背《そむ》けていたのは、ロザンヌはこれまでいつも不安定で何をしでかすかわからないということだった。私がABCエンターテイメントの社長になりたての頃、ロザンヌとは親しくしていた。プライムタイムを任された時、『ロザンヌ』の最初のシーズンがすでにはじまっていて、彼女が才能に恵まれながらも、どれほど気まぐれで情緒不安定かを私は間近で見ることになった。おそらく私の父が躁鬱病だったこともあってロザンヌに同情してしまったのかもしれないが、その時は自分が彼女の面倒を見てあげなくてはならないように感じていたし、彼女もそのことに感謝していた。

ベンからのメールを読んだあと、私はゼニア、アラン、ベン、そして当時ABCエンターテイメントの社長だったチャニング・ダンジーに連絡を取り、対応について彼らの意見を聞いた。一時的な降板や出演料の差し止めから、厳しい警告や懲戒まで、さまざまな対応が考えられた。だがそのどれも、足りないように思えた。ロザンヌをクビにするとまでは誰も口にしなかったものの、それがみんなの頭のどこかにあることはわかっていた。私はやっと口を開いた。「選択の余地はないな。人として正しいことをするだけだ。政治的に正しいことでも商業的に正しいことでもなく、人として正しいことをやるしかない。うちの社員が同じことをつぶやいたら、すぐにクビになっていたはずだ」私の言ってることがおかしいと思ったら、自由に反論してほしいとみんなに頼んだが、誰も反論しなかった。

ゼニアが声明文を書き、それをチャニングが発表した。私はバレリー・ジャレットに電話をかけて謝罪し、番組打ち切りを決めたことを伝え、あと一五分で打ち切りを発表することも伝えた。バレリーは礼を言ったあとに、その晩MSNBCに出演して、スターバックスが店舗を閉鎖して多様性研修を行なうというニュースに関連して人種差別について話す予定になっていると教えてくれた。「あなたから電話があったことを番組で話してもいいかしら？」と聞かれたので、いいですよと答えた。

それからディズニーの取締役会にメールを送った。「今朝、みなさんもロザンヌ・バーのツイートを見て目を覚まされたことでしょう。彼女はバレリー・ジャレットを『ムスリム同胞団と猿の惑星の合いの子』とツイートしました。このツイートはどのような文脈であろうと許されない、醜悪な言葉です。その結果、ロザンヌの番組を打ち切ることを決断しました。偉そうなふりをするつもりはありませんが、私たちは企業として政治やビジネスにかかわらず、いついかなる時でも正しいと思うことを行なうよう努めてきました。言い換えると、この会社に関わるすべての人とすべてのプロダクトに品格と誠実さを求めることが何よりも優先されますし、二度目のチャンスはありません。すなわち、ディズニーの品格を公然と傷つけるような振る舞いを許すべきではないのです。ロザンヌのツイートは社の理念に反するものであり、私たちは倫理的に正しいことをするしかありません。このあとすぐに、打ち切りの声明を発表いたします」

これは実際、簡単な決断だった。収益への打撃がどのくらいになるかについては聞かなかったし、気にもしなかった。このような状況では、目先の商業的な損失に囚われず、この会社の人とプロダクトの品格と誠実さを何より大切にするという、シンプルな原則に従うべきなのだ。

その日とその週の終わりまで、多くの人に褒められ、一部の人には貶《けな》された。制作会社のトップや政治家やスポーツ界の人たちからの賛同には元気づけられた。ニューイングランド・ペイトリオッツのオーナー、ロバート・クラフトも私たちの決断を支持してくれた。バレリー・ジャレットはすぐにメールをくれ、私たちの対応に心から感謝していると言ってくれた。オバマ前大統領からも感謝の言葉をもらった。トランプ大統領からはツイッターで口撃を受けた。ABCニュースの中で私たちがトランプ大統領について「ひどいこと」を言ったとして、謝罪を求めていた。ABCニュースの社長であるジェームズ・ゴールドストンにケリーアン・コンウェイから連絡があり、私がトランプ大統領のツイートを見たか、そして何か言うことはないのかと聞いてきた。「見た。ない」と答えておいた。

ロザンヌの炎上事件が起き、二一世紀フォックスの買収話が進んでいたちょうどその頃、ジョン・ラセターの六か月の休職期間が終わりを迎えた。何度か話をしたあとで、ジョンがディズニーから完全に引退することがお互いのためだという結論に達し、その決断の中身については公開しないことで合意した。

ジョンの引退は、私にとってもこれまでで最も難しく複雑な人事判断になった。ジョンの引退後、ピート・ドクターをピクサーのチーフ・クリエイティブ・オフィサーとし、『アナと雪の女王』の脚本と監督を担当したジェニファー・リーをウォルト・ディズニー・アニメーションのトップに任命した。どちらも仕事ができ、みんなに愛され、ひらめきを与えてくれる存在で、この二人がリーダーになったことは不幸中の幸いだったし、私たちは彼らのリーダーシップに救われた。この二人がいなければディズニーにとって辛い時期がまだ続いていたはずだった。

# 第14章　未来への布石

二〇一八年六月一二日、ニューヨーク地裁はAT&Tによるタイム・ワーナーの買収を承認する判決を出した。翌日、コムキャストのブライアン・ロバーツがフォックスに新しい買収価格を提示する。一株二八ドルという私たちの提示額に対して、全額現金で一株三五ドル（総額六四〇億ドル）を支払うというものだ。価格が私たちよりはるかに高いだけでなく、全額現金での支払いは、株式より現金を好む多くの株主には魅力的に映るはずだった。この半年間頭の中に思い描き続け、必死にまとめようとしてきた買収が、突然手からすり抜けそうになっていた。

フォックスの取締役会は一週間後にロンドンで開かれることになり、そこでコムキャストからの提示について決議することが決まった。その前ならこちらも新しい価格を提示できる。いくらにするのかを急いで決めなければならない。提示価格を上げるにしても、コムキャストより少し低い価格を提示するという選択もあった。その場合は、AT&Tに有利な判決が出ていてもなお、フォックスの取締役会が、私たちの方がコムキャストより規制当局の承認を受けやすいと信じてくれるのを願うしかない。コムキャストと同じ価格を提示することもできる。その場合にも、多くの株主が株式より現金を好むことを知りながら、彼らが私たちを見捨てないことをただ願うだけになる。あるいは、コムキャストより高い価格を提示して、相手がさらに値段を上げてくるほどの余裕がないことを願うこともできた。

ディズニー上層部と投資銀行のさまざまな人たちが、議論に参加していた。その全員が、コムキャストより低い価格か、同じ価格を提示するように勧めていた。規制の問題が私たちに有利に働くことに賭けろということだ。私は逆に、一発で決められる価格を提示しようと決心し、取締役会もそうできるほどの価格まで上げることを承認してくれた。一方、アラン・ブレイバーマンは司法省と話し合いを続け、コムキャストとの争いに勝ってフォックスを手に入れたら規制当局の承認を得られるように、着々と手を打っていた。

フォックスの取締役がコムキャストの提示に投票する二日前、私はアランとケビンとクリスティーンとナンシー・リーと共にロンドンに飛んだ。ディズニーのチーム内でも私たちの提示価格を知る人はほんのひと握りに留め、絶対に漏れないように全員に確認した。私たちがコムキャストより高い価格を提示することを、ほんの少しでも相手に知られたくなかった。ロンドンではいつもなら決して泊まらないホテルに、偽名を使ってチェックインした。本当かどうかは知らないが、コムキャストはライバルのプライベートジェットの動きを追跡することもあると聞いたので、私たちはまずベルファストに飛び、そこから別の飛行機をチャーターしてロンドンに向かった。

ロンドン行きの前に私はルパートに電話をかけて、「明日会いたい」と伝えた。翌日の午後遅く、ケビンと私はルパートのオフィスに向かい、ルパートとジョン・ナレンに会った。ピカピカの大理石のテーブルを四人で囲み、一二月にルパートと発表用の写真を撮ったバルコニーを眺めた。私はすぐに本題に入った。「三八ドルを提示したい」と切り出す。「現金と株式と半々だ」ディズニーとしてはこれが限界だと伝えた。

一気に三八ドルまで上げたのには理由があった。中途半端な値段を出せばコムキャストも上げてくると踏んだのだ。私たちが三五ドルにすれば、相手は三六ドルに上げる。私たちが三六ドルに上げれば、向こうは三七ドルを出すはずだ。もう少しなら出せるはずと競り合っていくうちに、四〇ドルまで上がってもおかしくない。一方で、こちらがいきなり三八ドルに上げれば、彼らは少なくともあと三ドル上げることができるかを、じっくりと考えなければならなくなる（コムキャストは全額現金での支払いを提示していたので、その分借入金がかさみ、膨大な負債を抱えることになる）。

コムキャスト側は、翌朝フォックスの取締役会が彼らの提示を採決するものと思い込んでいた。だが、ルパートは私たちの新しい提示価格を取締役会にかけ、それが承認された。取締役会が終わってすぐ、フォックスはディズニーの新しい買収提案を受け入れることをコムキャストに伝え、同時にフォックスとディズニーで買収合意の共同発表を出した。私たちも新しい買収条件について投資家に説明しなければならなかったが、誰にも知られないように事を運んでいたのでロンドンで会議室を確保していなかった。そこで、ホテルの私の部屋にスピーカーホンを持ち込んでそこから投資家向けの電話会議を開いた。それは、現実とは思えないようなシーンだった。数人がホテルの部屋に集まって、クリスティーンと私が投資家に向かって話しかけているあいだ、後ろのテレビではさっき私たちが発表したばかりのニュースが流れていた。

最終的な買収条件を提示してまもなく、アラン・ブレイバーマンに司法省との合意にこぎつけられるように頑張ってほしいと急かした。テレビのスポーツ放送市場で私たちのシェアはすでにかなり大きかったので、フォックスの地方スポーツ局を所有することが問題になるのはわかっていた。スポーツ局を売却することにすれば司法省との取引を早くまとめられると考え、そうすることで話をつけた。そうなると、まだ長く複雑な規制当局の承認プロセスが待っているコムキャストに対して、かなり優位に立てる。そのうえ、コムキャストはもちろん、三八ドルを上回る価格を提示しなければならなかった。それからわずか二週間で、司法省からのお墨付きをもらった。もし私たちがスポーツ局の売却に合意すれば、司法省はこの合併に反対しないと彼らは保証してくれた。このお墨付きが決め手になった。

フォックスの取締役会がディズニーを支持したあとで、新しい委任状と一緒に取締役会による全会一致のディズニー支持の推薦状が株主に届けられる。株主決議が行なわれるのは七月末で、そのあいだにコムキャストが私たちより高い価格を提示してくる可能性は充分にあった。その数週間は神経をすり減らした。メールを開いたり、経済ニュースにチャンネルを合わせるたびに、コムキャストが高い値段を提示してくるのではないかとヒヤヒヤしていた。七月の終わりに、私はケビンと一緒に会議に出席するため三日間イタリアに向かい、そこからロンドンに戻った。

CNBCで『スクワーク・オン・ザ・ストリート』という経済番組の司会を務めるデビッド・フェイバーから電話がかかってきたのは、ロンドンで車に乗っている時だった。私が電話に出ると、デビッドがこう訊ねた。「今回の発表に何かコメントは？」

「どの発表だ？」

「コムキャストの発表です」

すぐに喉から心臓が飛び出そうになった。「まだ聞いてないが」

今しがた出たばかりのニュースをデビッドが教えてくれた。「コムキャストのブライアン・ロバーツが諦めると発表したんですよ」

私は、コムキャストがさらに高い価格を提示したに違いないと思い込んでいたので、諦めたと聞いてつい口が滑った。「まさか！」そのあとすぐ気を取り直して、正式なコメントを伝えた。「君が私に最初にニュースを知らせてくれたということを、視聴者に言ってくれてかまわないよ」と私は言った。デビッドはその通りに視聴者に伝えた。しかも、私が「まさか！」と言ったことも一緒に伝えたのだった。

買収が実際に完了する前にまだ、アメリカ国外でディズニーが事業を展開している各国の規制当局からの承認の手続きが必要だった。ロシア、中国、ウクライナ、EU、インド、韓国、ブラジル、メキシコなどの国々だ。私たちは数か月かけて、ひと地域ずつ順番に承認を取っていった。そしてとうとう、ルパートとの最初の会話から一九か月後の二〇一九年三月に正式に買収手続きを完了し、ひとつの会社として前に進みはじめたのだった。

すべてがちょうどタイミングよく収まってくれた。翌月の四月一一日には、ディズニー本社の敷地内で新しいD2C事業の詳細をお披露目する大々的なイベントが開かれた。このイベントは、時間をかけて入念に準備され、隅々まで考えられた発表会だった。この時までにもしフォックスの買収が完了していなければ、まったく違ったイベントになっていたはずだった。特設スタジオの巨大な舞台を前に、数百人の投資家とマスコミの面々が何列もの座席を埋めつくしていた。

発表する準備ができたら、新しい配信サービスについての情報を投資家に公開することを、以前から約束していた。しかし、どのくらい詳しい情報を公開するかについて、社内でも意見が分かれた。私はすべてを見せたかった。これまでも、私たちが直面する課題について正直に公開してきた。例の二〇一五年の業績発表でも、業界の破壊的変化について見たままを語った。だから今もまた、その破壊と向き合い、破壊を受け入れ、私たち自身が破壊者になるためにやってきたことをすべてそのまま見せたかったのだ。私たちが創り出したコンテンツと、それを届けるために私たちが開発したテクノロジーを世の中に披露したかった。また、私たちのこの新しい戦略にフォックスがぴたりと合い、この戦略を劇的に前進させてくれることも、証明したいと思った。この戦略を達成するのにどのくらいのコストがかかるか、短期業績にどのくらい打撃があるか、そしてここから得られる長期的な利益をどう予想しているかをすべてさらけ出すことが欠かせないとも感じていた。

私が舞台に上って一分半ほど話したあとに、ディズニーと二一世紀フォックスの歴史を描いた美しい動画を流した。「私たちは新しい方向に向かっている。でも、私たちの事業の核には創造性がある」ということが、この動画から伝わるはずだった。ディズニーとフォックスは長年にわたって、人々の記憶に残る非凡なエンターテイメントを創り出してきた。そして今、この二社がひとつになり、かつてないほど強い力でエンターテイメントを創り出そうとしている。

このイベントは、二〇〇四年に私がはじめて受けた取締役会との面接を締めくくるものになった。あの面接で、私はディズニーの未来について話し、その未来は三つのことにかかっていると話した。ひとつ目は良質なオリジナルコンテンツ。二つ目はテクノロジーへの投資。そして三つ目はグローバルな拡大だ。当時は、この戦略がどんな形になって現れるのか想像もできなかった。もちろん、私が話した三つの柱がこれほどまでに明らかな形になって、未来の組織の姿を世の中に発表できるような日が来ようとは思いもしなかった。

たくさんの事業部のリーダーが次々と舞台に上がり、新しい配信サービスで提供されるオリジナルコンテンツやこのために選んだコンテンツを紹介していった。ディズニー、ピクサー、マーベル、スター・ウォーズ、そしてナショナル・ジオグラフィックもコンテンツを提供する。ディズニープラス向けのマーベルのオリジナルドラマや、ルーカスフィルムからはスター・ウォーズの実写ドラマシリーズ『マンダロリアン』も配信される。ピクサーのシリーズもあれば、ディズニーの新作ドラマ、『わんわん物語』をはじめとするオリジナルの実写映画もある。サービス初年度だけでも二五の新しいシリーズ作品と一〇本のオリジナル映画または特別番組が配信されることが決まっていて、すべての作品がこれまで私たちが制作してきた映画やテレビ番組に引けを取らない高い志と質へのこだわりを持って作られていた。最終的にはすべてのディズニー作品、つまり一九三七年の『白雪姫』以来ディズニーが制作したアニメーション作品のすべてが配信されるようになる。また『キャプテン・マーベル』や『アベンジャーズ／エンドゲーム』を含むマーベル作品も配信される。フォックスがここに加わると、六〇〇話を超える『シンプソンズ』の全エピソードも提供できるようになる。

プレゼンテーションの後半で、アジア事業の新しい社長になったウダイ・シャンカールが舞台に上り、インド最大のストリーミングサービスであるホットスターについて語った。D2C戦略に転換するという決定は以前に下していたものの、ここでフォックスを買収したおかげで、世界で最も伸び盛りの活気ある市場で、最大のD2Cプラットフォームを手に入れたのだ。

ケビン・メイヤーが舞台に上り、スマートテレビとタブレットと携帯でアプリがどう動くかを披露しているのを見て、二〇〇五年にスティーブが新しいビデオiPodの試作品を手に持って、私のオフィスに立っていた姿を思い出さずにはいられなかった。あの時の私たちは、業界のライバルもうらやむほどに、変化を前向きに受け入れた。そして今また同じことをしている。およそ一五年前に自問した問いに、私たちは答えようとしていた。良質なオリジナルコンテンツは、変化する市場の中でこれまでに増して価値を持つようになるのでは？　より時代に即した、より斬新な方法で私たちのプロダクトを消費者に届けるにはどうしたらいいだろう？　どのような消費習慣が生まれ、私たちはそれにどう対応したらいいだろう？　テクノロジーによって破壊される側になるのではなく、どうしたらテクノロジーを新たな成長の武器にできるだろう？

アプリ開発とコンテンツ制作に費用がかかり、そのうえ食い合いによる既存事業の損失も発生することを考え合わせると、最初の数年間は毎年数十億ドルの利益が飛んでいく。新しいサービスが利益面で成功を収めるには、しばらく時間がかかる。まずはじめに成功の目安になるのは加入者数だ。世界のどこでもできるだけ多くの人に利用してもらいたかったので、最初の五年間に六〇〇〇万人から九〇〇〇万人程度の加入者が見込める値段に設定した。月額六ドル九九セントで提供することをケビンが発表すると、会場がどよめいた。

ウォール街の反応は予想をはるかに超えていた。二〇一五年に私が破壊的な産業変化について語った時には、ディズニーの株価が急落した。今回は上がり続けた。投資家相手の発表会の翌日、ディズニー株価は一一パーセントも上がり最高値をつけた。その月末までには、三〇パーセント近くも上がっていた。それから二〇一九年春までの期間は、私がCEOになって以来一番といっていいほど好調な時期だった。この頃に『アベンジャーズ／エンドゲーム』が公開され、史上最高の興行収入を記録する。その後、アナハイムのディズニーランドに、スター・ウォーズの世界を再現したテーマランド「ギャラクシーズ・エッジ」がオープン。それからコムキャストが持っていた残りのフールー株を取得し、ディズニープラスで配信しないコンテンツをここで提供できるようになった。フールーの取得でディズニー株はまたもや上がった。もし私がこれまでの経験で学んだことがあるとしたらそれは、これほど多くの社員を抱え、世界に大きな足跡を残してきた巨大企業では、予想もできないことがかならず起きるということだ。悪い知らせを避けては通れない。だが、この瞬間だけはいい気分に浸ることができた。一五年にわたる必死の努力が実った気がした。

フォックスとの買収交渉をはじめる前、私は二〇一九年六月をもってウォルト・ディズニー・カンパニーを引退することになっていた（その前にも引退を予定したことはあったが、予定通りにはいかなかった。だが、ABCに入社してから四五年になる二〇一九年には絶対にここを立ち去ろうと心に決めていた）。それなのに、引退どころか、CEOになって一四年間で今が一番働いているし、これまで以上に大きな責任を感じてもいた。六八歳にもなってまだ、こういう人生を送っているとは想像もしなかった。もちろん、仕事に飽きたわけでもなければ、充実していないわけでもない。これほど猛烈に仕事に打ち込んでいても、どこか物足りない気持ちが忍び寄ってくるのだ。私たちが熱を込めて計画し実現に努めてきた未来は、私がいなくなってから現実のものになる。私の新しい引退日は二〇二一年一二月に延ばされたが、その日はそれほど遠くないものとして、頭の片隅に常に意識している。引退するんだという実感が思いがけない時に湧き上がることもある。仕事に差し障るほどではないが、折々にこの旅が終わりに近づいていることを改めて感じる。数年前、とても親しい友人が車のナンバープレートをプレゼントしてくれた。そこに書いてあったフレーズは、「ディズニー後に人生はあるか？」。答えはもちろんイエス。とはいえ、今の私には昔よりこの問いが切実なものに感じられて仕方がない。

ひとりの人間があまりにも長いあいだ大きな力を持ち続けるのは、かならずしもいいことではない。このところますますそう確信するようになった。経営者がバリバリといい仕事をしている時でさえ、トップの交代は必要だ。ほかの経営者も同意してくれるかどうかはわからないが、あまりに大きな権力がひとりに集中すると、その力を抑制することが難しくなる。最初の変化は小さなことだ。自信が過信に変わり、それが失敗のもとになる。何もかも知り尽くした気になり、ほかの人たちの意見をせっかちに切り捨てるようになる。わざとやっているわけではなく、トップとして自然と上から目線になってしまう。だから上に立つ人は意識して多様な意見に耳を傾け、注意を払わなければならない。私は、周囲の最も近しい重役たちに歯止めになってもらうよう頼んでいる。「もし私がイラついたり見下した態度を取っていることに気づいたら、教えてほしい」実際、彼らから注意されたこともあるが、それほどしょっちゅうではないと思う。

本書のようなリーダーシップ本では、あたかも私がCEO時代に経験したディズニーの成功はすべて、最初から持っていたビジョンを完璧に実行した結果であるかのように描かれてしまいがちだ。たとえば、柱となる三つの戦略に集中したことが、今の成功につながったと言ってしまいたくなる。だが、その筋書きは振り返ってみてやっと描けるものだ。本当のところは、この会社を導いていくために、私には未来への計画が必要だった。良質なコンテンツが一番大切だと、私は信じていた。テクノロジーと破壊を恐れるより受け入れる方がいいこともわかっていた。そして、新市場への拡大が生き残りに欠かせないことも、確信していた。しかし、この計画を立てた時には、この旅が私をどこに連れて行ってくれるのか、具体的にはまったくわかっていなかった。

経験がなければ、リーダーシップの原則の何たるかなど知りようがない。だが、私には素晴らしい指導者がいた。マイケルはもちろん、その前にはトムとダン、そして二人の前にはルーンがいた。それぞれが独自の道を極めた達人であり、私は彼らからできる限りすべてを吸収してきた。その上で、私は自分の直感を信じ、周囲の人たちに彼ら自身の直感を信じるように励ましてきた。そうした直感を、ここで私が説明する具体的なリーダーシップの原則として理解できるようになったのは、ずっと後になってからだ。

私がCEOとなった初日にディズニーの全社員に送ったメールを、最近読み返してみた。そのメールの中で私は未来に向けた三つの柱となる戦略について語っていたが、子供時代の思い出についてもいくらか綴《つづ》っていた。『ディズニーランド』や『ミッキーマウス・クラブ』を見ていたこと、そしていつかディズニーランドに行きたいと夢に見ていたこと。ABCで働きはじめた一九七四年の夏、どれほど緊張して硬くなっていたかについても、記していた。「子供の頃にこれほどたくさんの素敵な思い出を与えてくれた会社を導く日がやってくるとは夢にも思いませんでしたし、仕事という旅が私をこの場所に連れてきてくれるとは、想像もつきませんでした」

ある意味では、ここまできたことがいまだに自分でも信じられない。一方で、不思議なことだが人生の物語が落ち着くところにぴったり落ち着いたとも感じる。一日が次の一日につながり、ひとつの仕事が次の仕事につながり、ひとつの人生の選択が次の人生の選択につながる。その筋書きは一貫していて、完全にまとまっている。旅の途中のどこかで違った方向に行ってしまっていてもおかしくはなかったはずだ。だが、幸運や、いい指導者や、直感に従って「あっち」より「こっち」を選んでいなければ、私が今この物語を伝えることはできなかっただろう。成功は運次第だし、私はこれまでありえないような運に恵まれてきた。今振り返ってみると、すべてが夢のような出来事にも思える。

私はブルックリンの居間でアネット・ファニセロや『ミッキーマウス・クラブ』をテレビで見て育ち、祖父母に連れられて生まれてはじめての映画『シンデレラ』を見に行き、その数年後にはベッドの中で『デイビー・クロケット　鹿皮服の男』の名場面を頭の中で繰り返し再生していた。そんな自分が、運命のいたずらで、ウォルト・ディズニーの遺産を守り、次の世代に引き継ぐ責任を負う立場になったことが、いまだに信じられない。

おそらく、そんな感覚は誰しも同じなのかもしれない。どんな大人になっても、何を成し遂げても、その昔、物事が単純だった頃と同じ子供の自分がまだそこにいる。ある意味で、リーダーシップの基本もそこにあると私は思う。世界中から、権力者だ重要人物だと祭り上げられたとしても、本当の自分を見失わないことが、リーダーの本質だ。自分を過信しはじめた瞬間に、肩書きに頼りはじめたその瞬間に、人は自分を見失ってしまう。人生のどの段階にいても、あなたという人間は昔も今も変わらないことを心に留めておいてほしい。それが何よりも難しく、何よりも大切な教訓だ。

# 付録　リーダーの原則

この本の最後に、リーダーシップについてのさまざまな教訓をひとところにまとめると役に立つのではないかと思いついた。具体的ですぐに使えそうな教訓もあれば、哲学的なものもある。こうした断片的な知恵のかけらを集めてみると、この四五年にわたるある種の地図のようなものが浮かび上がってくる。私がこの人から毎日教わっていたこと。あの人から学んだこと。当時は理解できなかったけれど、経験を積み重ねた今になってやっと腑に落ちること。こうした知恵と、私がこの本を通して背景や重要性を伝えようとした物語を、読者のみなさんが身近に感じ、みなさん自身の経験に反映させていただけたら幸いだ。ここに書いたのは私のキャリアの土台になった教えだ。これがみなさんの役に立つことを願っている。

・優れた物語を語るには、優れた人材が必要だ。

・イノベーションか、さもなくば死か。今ほどこの言葉がぴったりくる時代はない。新しいものを恐れていると、イノベーションは起こせない。

・「完璧への飽くなき追求」について、私はよく語っている。これは、具体的にはさまざまなことを意味するし、「これ」と特定するのは難しい。一連のルールというより、心構えと言った方がいい。それは、どんな犠牲を払ってでも完璧を求めることではない。ほどほどに満足しない環境を作ることだ。「ほどほどでいい」と言いたい気持ちを押し返すことなのだ。

・自分が失敗したら責任をとろう。仕事でも私生活でも、失敗を潔く認めれば、周囲の人たちにより尊敬され、信頼されるようになる。失敗は避けられない。だが、失敗を認め、失敗から学び、時には間違うこともあるという手本を示すことはできる。

- 周囲の人に親切にしよう。どんな人にも公平に共感を持って接しよう。これは相手への期待値を下げることでもなければ、失敗してもかまわないと伝えることでもない。むしろ、あなたが人々の声に耳を傾けていることや、あなたがいつも落ち着いて公平な気持ちを持ち続けていること、そして真摯な失敗であれば挽回のチャンスが与えられることが周知される環境を作ることだ。
- 卓越した仕事をすることと、人を気遣うことは、両立できる。完璧を目指しながらも、物だけでなく人を気にかけることを忘れてはいけない。
- 本物の誠実さ、つまり自分が何者かを知り、善悪を分かつ一線をはっきりと引くことは、人を導く上での秘密兵器になる。リーダーが自分の直感を信じ、敬意を持って人と接していれば、その人が導く組織もまた同じ価値観を体現するようになる。
- 経験よりも能力を評価・信頼し、その社員が難なくできると思う以上の力量を必要とする役割を与えよう。

•聞くべきことを聞き、わからないことは堂々とわからないと認め、学ぶべきことをできるだけ早く学ぶよう努力しよう。

•クリエイティブな人材に創造性を発揮してもらうには、微妙なさじ加減が必要だ。彼らに指示を与える時には、相手がこのプロジェクトにどれほど心血を注いだか、その人にとってこのプロジェクトがどれほど大きな賭けなのかをいつも心に留めておこう。

•否定からはじめない。小さくはじめない。はっきりと筋の通った大きなアイデアが自分にないことを隠すために、細かいことばかりを気にして重箱の隅をつついてしまう人は多い。小さなことばかり気にしていると、小さな人間に見えてしまう。

•ABCのプライムタイムを担当した初年度に学んだことの中で、何より心に深く刻まれたのは、独創性は科学では割り切れないものと受け入れることだった。私は失敗に慣れた。努力不足が理由ではなく、イノベーションを起こすには失敗を許容することが必要だとわかったからだ。

・無難にやりすごすことを目標にしてはいけない。偉大な何かを創り出すことを目標にしてほしい。

・野心が先走るとチャンスを逃してしまう。将来やりたい仕事やプロジェクトばかりに固執すると、今いる場所が我慢できなくなる。今ある責任をきちんと果たせなくなるようでは、野心がむしろ邪魔になりかねない。今の仕事で成果を上げ、じっくりと辛抱強く待ち続け、チャンスがきたらそこに飛び込んで活躍することが大切だ。勤勉さと活力と集中力を発揮し、チャンスが浮上した時に、上司から頼られるような存在になろう。

・上司だったダン・バークから、こんな走り書きを渡されたことがある。「トロンボーン用潤滑油の製造業に参入しようなんて、夢にも考えちゃいけないよ。世界一のトロンボーン潤滑油メーカーになれるかもしれないが、消費量なんてたかが知れてるんだから！」手間がかかる割には見返りのほとんどない小規模なプロジェクトに自分と会社のリソースを注ぎ込むなということだ。その走り書きを今も私は机にしまって、重役たちと、どのプロジェクトを追いかけるか、どこにエネルギーを注ぎ込むかを話し合う時に使っている。

・上層部の人間関係がうまくいかないと、会社全体がうまくいかなくなる。いつも両親が喧嘩ばかりしているようなものだ。そこで育つ子供たちは、親にも、お互いにも敵意を向けるようになる。

・リーダーが本来の役割を果たしていないと、周囲の人にそれがわかるし、すぐに彼らの敬意を失ってしまう。リーダーは人々に寄り添わなければならない。出席したくないミーティングにも、ずっと座っていなければならないことも多い。人々の問題に耳を傾け、解決の手助けをすることも大切だ。それもすべて、リーダーの仕事のうちだ。

・誰しも自分の代わりになる人はいないと思いたがる。しかし、その仕事ができるのは自分だけだと思い込んではいけない。いいリーダーになることは、替えのきかない人間になることではない。人々が自分の代わりに仕事を果たせるよう、準備を助けることだ。彼らに意思決定の機会を与え、身につけるべきスキルを見つけ、向上に手を貸し、時には彼らに次の段階に進むには力が足りないことを正直に伝えることだ。

・企業の評判は、そこで働く人々の行動と、その企業が生み出すプロダクトの品質がすべて積み重なったものだ。いついかなる時でも社員とプロダクトに誠実さを求めなければならない。

・マイケル・アイズナーはよく、「マイクロマネジメントは過小評価されている」と言っていた。私も賛成だ。だが、それにも限度がある。細かい部分に気をつけることは、それを大切に思う気持ちの表れだ。「偉大なもの」はたいてい、ほんの小さなことの積み重ねだ。マイクロマネジメントの欠点は、それが周囲の人のやる気を失わせ、リーダーから信頼されていないと部下に感じさせてしまいかねないことだ。

・よくあることだが、リーダーは勇気ではなく恐れから、激しい変化の中で生き残れそうもない古いモデルを頑なに守ろうとする。今後の変化に適応するために、自分たちの現在のモデルを客観的に見て、利益の出ている事業を自ら壊していくのは難しい。

・リーダーがいつも社内で「破滅だ」と触れ回っていれば、そのうちに悲観的な雰囲気が会社全体を覆ってしまう。リーダーは周囲に悲観論を振りまいてはいけない。士気が失われてしまう。悲観論者についていきたい部下はいない。

・悲観論は被害妄想を招き、それが守りの姿勢につながり、リスクを恐れるようになってしまう。

・楽観論は自分への信頼と、一緒に働く人たちを信じる気持ちから生まれる。それは、物事がうまくいっていないのに、うまくいっていると言うのとは違う。根拠もなく「何とかなる」と伝えることでもない。自分と他人の能力を信じるということだ。

・人は時として、大きな賭けを避けようとする。やってみようとする前にはなからダメだと諦めてしまうのだ。しかし、一見不可能に思えることも、実はそれほど遠い夢ではないことも多い。熟慮と努力によって大胆なアイデアが実現できる。

・リーダーは優先順位をはっきりと繰り返し伝えなければならない。優先順位がはっきりと伝わらなければ、周りの人も何を優先したらいいかがわからなくなる。すると、時間と労力と資本が無駄に使われてしまう。

・部下たちが日々リーダーの思惑を推測しなくて済めば、士気は上がる（部下の部下たちの士気も上がる）。リーダーの仕事はたいてい複雑で、多大な集中力とエネルギーが必要とされるが、次のような単純なメッセージならわかりやすい。「私たちの目的地はここ。そこにたどり着く方法はこれ」

・テクノロジーの進歩によって古いビジネスモデルはいずれ時代遅れになる。それをただ嘆いて現状を守ることに全力をかける人もいるが、ライバルより努力してテクノロジーを理解し、熱心に、また創造性を持ってそれを受け入れる方がいい。

・過去より未来が大切だ。

・みんなから褒められている時には誰でも前向きな気持ちになれるものだ。自分を見失いそうになった時に前向きでいることははるかに難しいが、そんな時こそ前向きな姿勢が必要になる。

・交渉ごとにおいて、敬意を持って相手と接することの大切さがわかっていない人は多い。

少しの敬意が大きな見返りを生み、逆に敬意がなければ大変な損をすることもある。

•宿題はきちんとやっておかなければならない。準備を怠ってはいけない。たとえば、大型買収の際に必要な財務分析を行なわなければ、買収を実行すべきかどうかは決められない。しかしまた、一〇〇パーセント確実なものなどないことも知っておくべきだ。どれほどデータがあっても、買収にはリスクが伴うし、そのリスクを取るかどうかの決断はリーダーの直感にかかっている。

•もし「何かが違う」と感じたら、それはあなたにとっては正しい道ではないのだろう。

•多くの企業は、自分たちが本当のところ何を手に入れようとしているのかを充分理解しないまま、企業買収を行なっている。物理的な資産なり、製造設備なり、知的財産なりを手に入れているつもりの会社は多い(産業によってはその考え方が間違っていない場合もある)。しかし、ほとんどの場合、買収で手に入れるのは「人」だ。クリエイティブな産業では、そこに価値がある。

・CEOはその会社を体現する存在だ。つまり、リーダーの価値観、その誠実さ、人間味、正直さ、周囲の人への振る舞い方が、その会社の価値観を代弁するものになる。部下が七人しかいなくても、二五万人であっても、このことは変わらない。あなたのイメージが会社のイメージそのものになる。

・長年のあいだには、功績を上げた人に対して辛い知らせを告げなければならないことが何度もあった。その中には友人もいたし、私が任命した役割で活躍できなかった人もいた。問題をできるだけ率直に伝え、何がうまくいっていないのか、どうしてその状況が変わらないと思うのかを説明してきたつもりだ。企業ではこうした場合によくまわりくどい言い回しを使うが、私はそれをむしろ失礼だと感じてしまう。相手を尊敬していれば、自分の下した決断の理由をきちんと説明する義務があるはずだ。どう伝えても辛いことに変わりはないのだから、少なくとも正直に話した方がいい。

・誰かを雇い入れる時、仕事ができて善良な人を周りに置くように努めよう。人間として素敵な人、つまり公平で率直でお互いに敬意を払うことができる人に仕事でお目にかかることは、残念ながらそれほどない。だからこそ、尊敬できる人を採用し、善良な社員を育てよう。

・どんな交渉でも、最初から自分の立場を明確にしておこう。はじめのうちは期待させてあとでその期待を裏切るようなことになったら、短期的には得をしても長期的には信頼が損なわれる。

・自分の不安をチームに投影するのは逆効果だ。部下のストレスを理解していることを伝えるのと、あなた自身も部下と同じようにストレスを感じていて、それを和らげるために結果を出してくれと尻を叩くのとでは、わずかなようで大きな違いがある。

・交渉ごとはほとんどの場合、個人的なものだ。特に、その本人が生み出した何かを売り買いする場合には個人的な感情が絡む。その取引で自分が何を手に入れたいのかをはっきりわかっていなくてはならないが、相手にとって何が大切かに気づいていなければ、欲しいものは手に入らない。

・何かを創り出す仕事であれば、偉大なものを創り出すことを目標にしよう。

- 今うまくいっているビジネスモデルを壊すには、相当の勇気がいる。長期的な見返りの代わりに短期的な損失を覚悟しなければならないからだ。そうすると、慣習や優先順位が壊れてしまう。新しいモデルに置き換わるにつれて、従来のビジネスが次第に脇に置かれ、侵食されていき、損失が出はじめる。企業文化や心構えの点で、それはなかなかできない相談だ。これまでずっと従来の事業の成功で報酬が決まっていた人たちに、「これまでの仕事はあまり気にかけなくていい。その代わりに、こっちを心配してくれ」と言っているようなものだ。しかも、「こっち」はまだ利益が出ていないし、しばらくはカネにならない。こうした先の見えない不安には次のように対処しよう。戦略的優先課題をはっきりと伝えること。未知の未来に対して、前向きでいること。そしていきなり混乱に放り込まれてしまった人に寄り添い、公平に接すること。
- あまりに長いあいだ権力を握り続けるのはよくない。権力の座に長く座っていると、自分の声が他人の声より大きくとどろいていることに、気づかなくなる。自分が何か言うまでほかの人たちが意見を抑えることに慣れてしまう。人々はあなたにアイデアを提案するのを恐れ、反対するのを恐れ、一緒に働くのを恐れるようになる。リーダーに怖がらせるつもりがなくても、周囲は怖がってしまう。リーダーは自ら進んでこうした悪影響を取り除かなければならない。

・リーダーは純粋に謙虚な気持ちで仕事と人生に取り組まなければならない。私が成功できたのは、ひとつには努力したからだが、それ以上に多くの人たちの努力と支えとお手本があったからであり、私の力の及ばない運命のいたずらに恵まれたおかげでもある。

・世間からいくら権力者だと言われたり重要人物だと持ち上げられても、自分が何者かをしっかりと持っていなければいけない。自分を過信しはじめ、肩書きに頼るようになったら、自分を見失った印だと思った方がいい。

# 謝辞

「成功には多くの父親がいるが、失敗は孤児である」という古いことわざがある。私の場合、成功には多くの父親、そして母親がいる。この一五年間に私たちがディズニーで成し遂げたことはすべて、数えきれないほど多くの人たちの努力の積み重ねのたまものだ。ディズニーの上級管理職の面々、数十万人の社員のみんな（親しみを込めて「キャスト」と呼ばせてもらう）、そして制作に関わる数多くのクリエイティブな人たち——監督、脚本家、俳優、そして本書の中に何度も出てきた作品に膨大な時間と労力を注ぎ込んできた多くの才能ある人たち。そのすべての人たちの集合的な努力が、成功の土台になっている。

お礼を言わなければならない人たちをひとりひとり挙げていたらきりがないので、ほんのひと握りの人たちだけしかここには記していない。彼らの力がなければ、私もディズニーもここまでの成功を収めることはできなかった。

ステファニー・ボルツは最初から最後までこの旅に伴走してくれた。すべての予定を滞りなく進めていってくれたばかりか、長年にわたっていつも笑顔を絶やさず私を助けてくれた。

アラン・ブレイバーマンとゼニア・ムーカもまた、旅のはじめから私と一緒にいてくれた。私にもディズニーにもこの二人は欠かせない。

ケビン・メイヤーは戦略と交渉の達人だ。CEOの右腕として彼ほどの戦略パートナーは望めない。

ジェイン・パーカーはこの一〇年間、人事部長を務めてきた。人事に最も優秀な人材がいなければ会社は回らない。ジェインは人事部のスターであり、人事を超えた役割を果たしてくれている。

また、私は素晴らしいCFOにも恵まれてきた。トム・スタッグス、ジェイ・ラズロ、クリスティーン・マッカーシーだ。彼らの賢さ、ものの見方、戦略面と財務面の専門知識のおかげで多くの偉業が可能になった。

キャラクターグッズとテーマパーク事業のトップを務めてきたボブ・チャペックは上海ディズニーランドの開園に欠かせない貴重な仕事をしてくれた。

ジョージ・ボーデンハイマーとジミー・ピタロはESPNを立派に率いてくれている。

アラン・ホルンは私が雇った最高のエグゼクティブだ。彼のリーダーシップのもとで、映画制作部門は商業的にも芸術的にも輝きを放った。

ジョン・ラセターとエド・キャットマル、そして監督とアニメーターの偉大なチームのおかげでピクサーは引き続き、生き生きと独創性を開花させ続け、ウォルト・ディズニー・アニメーションも復活できた。

ボブ・ワイスと一〇〇〇人以上のイマジニアリングのクリエイターが、上海ディズニーランドをデザインし建設してくれた。上海ディズニーランドは、ビジョンと情熱と創造性と忍耐力と非凡な努力と犠牲のたまものだ。

ディズニーのCEOになっておよそ一五年のあいだに、私を助けてくれた偉大な「首席補佐官」が何人かいる（「首席補佐官」はあだ名だったが、その後正式な肩書きにした）。レズリー・スターン、ケイト・マクリーン、アグネス・チュー、そしてナンシー・リーは何者にもかえ難い存在だ。そして、ヘザー・キリアコウも長年私を支えてきてくれた。

ウォルト・ディズニー・カンパニーの取締役たちにも、お礼を言わなければならない。ジョージ・ミッチェル、ジョン・ペッパー、オリン・スミス、そしてスーザン・アーノルド。私たちの夢を支えてくれたこと、そして彼らの助言と励ましに感謝している。成功した企業には、ひとつの共通点がある。経営陣と取締役会の間に強い協力関係があるということだ。ウォルト・ディズニー・カンパニーの成功にも、このことが欠かせなかった。

この会社で働きはじめて四五年。多くの上司に仕えてきた。この本で触れた上司もいるが、私を導き、信じてくれたすべての上司にお礼を言いたい。

ハービー・カルフィン
ディート・ヨンカー
パット・シアラー
ボブ・アプター
アーウィン・ウェイナー
チャーリー・ラベリー
ジョン・マーティン
ジム・スペンス
ルーン・アーリッジ
スティーブ・ソロモン
デニス・スワンソン

ジョン・サイアス
ダン・バーク
トム・マーフィー
マイケル・アイズナー

そして最後に私とこの本を作ってくれたチームにお礼を言う。

ジョエル・ラベルの協力と友情に心から感謝している。私が学んだ教訓と思い出と経験を君と共有できたことをありがたく思う。

エスター・ニューバーグが私を導き本を書くよう説得してくれたことにも感謝している。本を書くなんて簡単だと言う彼女の言葉に、すっかり騙されてしまった。

アンディ・ワードのリーダーシップ、助言、そして励ましをありがたく思っている。

# 訳者あとがき

二〇二〇年二月二五日、驚きのニュースが飛び込んできた。ウォルト・ディズニー・カンパニーのCEO、ロバート・アイガーがこの日をもってCEOを退《しりぞ》くという（二〇二一年一二月末まで会長職に留まる）。後任はボブ・チャペック。ディズニーで二七年間、映画配給、パーク＆リゾート、そしてキャラクターグッズの販売部門を歴任してきたベテランだ。

## 退任ショック

なぜこのニュースが驚きをもって迎えられたかというと、アイガーの任期が二〇二一年末までと定められていたからだ。もともと予定していた二〇一九年六月の引退を、フォックスニュースの買収と統合を成功させるために二〇二一年の終わりまで延ばしたことは本書にも書いてある通りだ。その任期半ばで、しかも新型コロナウイルスの影響で上海と香港のディズニーランドの一時的な閉園が決まったあとということもあり、アイガーのCEO交代のニュースを受けて、ディズニーの株価は大幅に下落した。市場がこのニュースにショックを受けていたことは間違いない。アイガーの交代を伝えるニュースの枕詞に、「この時代の最高のCEOのひとり」「ディズニーをメディア帝国に変えたCEO」「買収の神様」「コンテンツとテクノロジーを結びつけたCEO」というフレーズが使われていたのは印象的だった。

事実、アイガーがCEOに就任してからの一五年のあいだにディズニーの時価総額は約五倍になった。ピクサーやマーベルの買収を通してオリジナルコンテンツは他社の追随を許さないほど充実し、凋落していたアニメーション部門からは『アナと雪の女王』をはじめヒット作が続く。上海ディズニーランドをオープンし、二〇一九年には満を持して動画配信ビジネスにも参入した。実写映画でも『アベンジャーズ』シリーズが大ヒット。アイガーはタイム誌の二〇一九年「ビジネスパーソン・オブ・ザ・イヤー」に選ばれた。

## 理想の上司・理想の部下アイガー

今ではアメリカの実業界において伝説のCEOとなったロバート・アイガーだが、就任した当初は「古臭いスーツ族」であり「つなぎ」の経営者だと思われていた。アイガーは一流大学のMBAを取得したいわゆる「プロ」経営者ではない。大学を卒業してまもなく、ネットワークテレビ局のABCにスタジオの雑用係として入社する。そのABCがキャピタル・シティーズに買収され、またディズニーに買収されるという憂き目にあった。だが、買収されるたびに新天地で才能を発揮し、経験を積み、階段を登っていった。叩き上げである。

本書『ディズニーCEOが大切にしている10のこと』では、アイガーがディズニーのCEOに就任する前（第1部）と後（第2部）に分けて、彼がどのように階段を登っていったのか、そして「勤勉だが退屈」だと思われていたアイガーが世間をあっといわせる大型買収を次から次に成功させていく様子が克明に描かれている。

本書から浮かび上がってくるアイガーの仕事人としての人物像は、「理想の上司であり理想の部下」だ。人柄は前向きで誠実。野心はあっても謙虚に辛抱強く目の前の仕事に力を注ぐことができる。上司に忠実で、自分が失敗したら「自分がやりました」と正直に打ち明ける。責任を誰かに転嫁しない。そしてリーダーとなってからは大胆に賭けに出る。過去より未来を見据える。既存のビジネスを壊すこともいとわない。そして、部下への気遣いと卓越した仕事は両立できると信じ、それを実行する。タイム誌はアイガーを評して

『あいつはいやなやつ』などという人が周りにひとりもいない、エンタメ界では稀有《けう》な存在」だと書いている。

## 究極のリスクテイカー

アイガーがはじめて世間をあっと驚かせたのは、ピクサーの買収を成功させた時だろう。前任者マイケル・アイズナーとスティーブ・ジョブズの確執のせいで、アイガーがCEOに就任した時にはピクサーとディズニーはほぼ絶縁状態になっていた。だが、アニメーション部門の立て直しが急務と考えたアイガーは、周囲の大反対を押し切って就任早々にピクサーの買収に踏み切る。あのスティーブ・ジョブズの懐《ふところ》に飛び込み、彼の信頼を得て、仕事を超えた友情を築いていく様子は本書の読みどころのひとつでもある。

アイガーの原則のひとつは、「手間に見合わない小さな案件に手を出すな」である。その言葉通り、CEOになってからのアイガーは地に足のついた人柄とは対照的に、際どい案件にも挑んでいく。ディズニーの純粋なイメージとは正反対のダークヒーローを持つマーベルの買収は、市場での憶測もほとんど出ていないような意外な案件だった。そして、白人男性ばかりだったスーパーヒーロー映画に、黒人や女性のメインキャラクターを持ち込み成功させた。ルーカスフィルムの買収後は、思想信条のまったく違うルパート・マードックから二一世紀フォックスを買い取る。ピクサーとマーベルとルーカスフィルムを足し合わせたよりも大きな金額を、ここに賭けたのである。

アイガーの進撃はそれに止まらなかった。その先に見据えていたのは、消費者への直接配信（D2C）ビジネスだ。二〇一九年一一月に開始したディズニープラスは三か月で二八〇〇万人の加入者を獲得。フールーの三〇〇〇万人とESPNの加入者を加えると、述べ六〇〇〇万人を超える加入者を獲得している。その結果、ディズニーはコムキャストやネットフリックスも抜いて時価総額で世界四〇位以内に入る、エンターテイメント界の最大勢力となった。

## ディズニー後に人生はあるか？

「ディズニー後に人生はあるか？」この問いに対し、答えはイエス、とアイガーは本書で答えている。政界への進出も本書ではちらりとほのめかしているが、アイガーのような人物に政治の中枢で活躍してほしいと熱望するのは私だけではないだろう。上院議員か州知事か、はたまた未来の大統領か、それともまったく別の道を行くのか。本書を読むとますます、今後の活躍が楽しみになる。

アイガーも書いているとおり、世の中の評価は後付けだ。どんな優れたリーダーも最初から結末がわかっているわけではない。だが同時に、優れたリーダーにはその人なりのスタイルと原則があり、それに忠実に生きてきたからこそ成功していることも事実である。リーダーを目指す人たちに、アイガーの原則が助けになることを祈っている。

最後に、本書を翻訳するチャンスを与えてくださった早川書房の一ノ瀬翔太様、日本版に賛辞を寄せて下さったファーストリテイリング会長兼社長の柳井正様に心からお礼を申し上げたい。

二〇二〇年三月

## 文庫版によせて

　ロバート・アイガーがディズニーのCEOとして返り咲くというニュースが世界を駆け巡ったのは二〇二二年の暮れも押しせまった頃だった。コロナウイルスの影響で株価が暴落していた二〇二〇年二月に退任を発表してから約二年半、会長を辞して正式にディズニーを去ってからはわずか一年後の電撃就任である。

### 長引いたコロナの影響

　二〇二〇年にアイガーの後任としてCEOを引き継いだのはボブ・チャペックだ。ディズニーで二七年間主要部門を歴任してきたものの、メインの仕事はパーク&リゾート部門である。周囲からも「パーク&リゾートの専門家」と見られていた。チャペックが率いてきたパーク部門は、予想外に長引いたコロナウイルスの影響を受け、世界中で大打撃を受けた。アイガーの在任中に五五〇億ドルから二六〇〇億ドルまで上がったディズニーの時価総額は退任後、一六五〇億ドルまで下落した。チャペックの就任後は映画の興行収入も激減し、クリエイティブ的にも新しいヒット作に恵まれなかった。

## ディズニープラスの明暗

そんな中で唯一の明るい話題は、二〇一九年に立ち上げたディズニープラスがわずか三年でネットフリックスを超える有料会員を獲得したことだ。ディズニープラスでしか見られないオリジナルコンテンツを拡充し、新規の視聴者を囲い込んだ。現在の会員数はフールーとESPNプラスを足して二億三五〇〇万人を超えると言われる。一方で、制作費と宣伝費が増加したことでチャペックの在任中には絶好調なはずの配信ビジネスも赤字に転落してしまった。そこでアイガーは、クリエイティブ部門に再び意思決定の主導権を握らせて、ディズニーの原動力である「ストーリーテリング」を強化しようとするなど、組織再編に意欲をみせている。

## 難しい後継者選び

アイガーがふたたびディズニーに戻ってきたのは、この会社への愛着と株主への責任を彼が感じていたことはもちろんだが、後継者を育てて選ぶことがいかに難しいかを示している。ディズニーは世界一のエンターテイメント企業というだけではない。人々の思い出と経験を形作り、多くの人生と深く結びつく企業である。その歴史の中でCEOを務めたのはわずか七人しかいない。伝説のCEOであり、今では中興の祖とまで呼ばれるアイガーを引き継ぐのは容易ではないはずだ。アイガーが戻ってきたことに世間が喜べば喜ぶほど、次の後継者選びは難しくなることが予想される。今後の後継者の育成と選択も含めて、経営陣の力量が試されるだろう。

二〇二三年二月

◎著者紹介
**ロバート・アイガー**（Robert Iger）
ウォルト・ディズニー・カンパニーCEO。1951年生まれ。1974年、ABCテレビ入社。スタジオ雑務の仕事から昇進を続け、41歳でABC社長に就任。ディズニーによるABC買収を経て、2000年にディズニー社長に就任。2005年よりCEO、2012年より会長。2020年2月、CEOを退任するが2022年11月に復帰。2019年タイム誌「世界で最も影響力のある100人」および「ビジネスパーソン・オブ・ザ・イヤー」に選出された。

◎訳者略歴
**関 美和**（せき・みわ）
翻訳家。杏林大学外国語学部准教授。慶應義塾大学文学部・法学部卒業。ハーバード・ビジネス・スクールでMBAを取得。モルガン・スタンレー投資銀行を経てクレイ・フィンレイ投資顧問東京支店長を務めた。訳書にウィット『誰が音楽をタダにした？』（早川書房刊）、ロスリングほか『FACTFULNESS』（共訳）など多数。

本書は、二〇二〇年四月に早川書房より単行本『ディズニーCEOが実践する10の原則』として刊行された作品を改題・文庫化したものです。

HM=Hayakawa Mystery
SF=Science Fiction
JA=Japanese Author
NV=Novel
NF=Nonfiction
FT=Fantasy

# ディズニーCEOが大切《たいせつ》にしている10のこと

〈NF600〉


二〇二三年四月十日　印刷
二〇二三年四月十五日　発行
（定価はカバーに表示してあります）

著者　ロバート・アイガー
訳者　関《せき》　美《み》　和《わ》
発行者　早川　浩
発行所　株式会社　早川書房

郵便番号　一〇一 - 〇〇四六
東京都千代田区神田多町二ノ二
電話　〇三 - 三二五二 - 三一一一
振替　〇〇一六〇 - 三 - 四七七九九
https://www.hayakawa-online.co.jp

乱丁・落丁本は小社制作部宛お送り下さい。
送料小社負担にてお取りかえいたします。

印刷・三松堂株式会社　製本・株式会社川島製本所
Printed and bound in Japan
ISBN978-4-15-050600-1 C0134




本書は活字が大きく読みやすい〈トールサイズ〉です。